黃仁宇的大歷史觀

出版說明

黃仁宇先生的著作已經出版十餘本，但仍然有一些論文散落各處，未曾收入現已出版的著作中，對於喜愛黃仁宇先生及其作品的讀者來說，這不能不是一個遺憾。有鑑於此，北京中華書局編輯部在黃仁宇哲嗣黃培樂先生的大力支持下，通過多方途徑搜集整理黃仁宇先生集外文字，編成一冊，以補充現有版本的不足，同時也作為黃仁宇先生一百週年誕辰的特別紀念版。書名題為：《黃仁宇的大歷史觀》也正是要再次彰顯黃仁宇先生強調長時間與慢結構的大歷史觀點。

黃仁宇先生的讀者都知道，他最擅長的就是以具體的例子說明大歷史的道理。他常提到「歷史的長期合理性」這一觀念，意思是說，我們看歷史最大的通病就是以個人的道德立場講解歷史。道德不僅是一種抽象籠統的觀念，也是一種無可妥協不能分割的因素，如果它一提出，則涇渭分明，好人與壞人蓋棺論定，故事就此結束。然而天地既不因堯舜而存，也不因桀紂而亡，一個國家與社會之所以會與時代脫節，並非任何人的過失，我們要看的是，各時期的土地政策、財政管理、軍備情形、社會狀態、法律制度等。我們要考慮的是，能夠列入因果關係的，以在長期歷史上的合理性為主，對其他的細微末節，不過分重視，甚至每個歷史人物的賢愚得失，都要認為是次要的。

本書共收論文十篇，其中〈倪元璐：新儒家官僚的「現實主義」〉、〈十六世紀明代中國的軍費〉、〈明代的財政管理〉、〈中國社會的特質〉等四篇原為英文論文，由陳時龍先生譯為中文。透過這十篇過去沒有機會閱讀的文章，讀者當能更加體會上述的黃仁宇先生的歷史觀點。

目次

黃仁宇的大歷史觀

◆

黃仁宇

中國社會的特質

一個技術層面的詮釋[1]

李約瑟　黃仁宇[2]

1 本文最初為李約瑟博士一九七四年四月三十日在香港大學發表的演講。兩位作者對從與J. J. Broeze博士、C. Feinstein博士、Iain McPherson博士、瓊・羅賓遜（Joan Robinson）教授、米庫拉什・泰希（Mikulas Teich）博士的討論中所獲得的幫助及對相關問題的澄清表示感謝。本篇載於香港大學亞洲研究中心《東方文化》，十二卷，一、二期合訂，一九七四年。（譯者按：此文先有戴開元先生的譯文〈中國社會的特徵——一種技術性解釋〉，載見《李約瑟文集》，遼寧科技出版社一九八六年版，頁二七八—三〇九。譯者在翻譯過程中參考了戴先生的譯文，謹致謝忱。）

2 當時參與劍橋大學凱斯學院（Caius College, Cambridge）的集體研究工作。

當一九四九年中華人民共和國成立，許多外國觀察者相信，新的中國領導階層將會與舊的傳統完全決裂。今天，四分之一個世紀過去了，革命的劃時代效應已然清晰可見。然而，越來越明顯的是，中國的社會和文化傳統已經被納入新的秩序之中。毫無疑問，這將會發揮巨大的影響，不僅會影響中國人自身的命運，而且會決定人類將來的命運。

在中國這個世界上人口最多的國家，她的歷史延續性有時被視為是智慧引導的勝利。許多西方學者在中國人的共產主義、儒學、道教，甚至佛教之間找到了一些理論共同點。儘管它們之間的差異有很多，但它們之間的聯繫卻被以各種各樣的方式加以證明。但是，這容易過分強調哲學家的影響，而弱化了具體的環境及經濟因素的作用。

中華民族精神的構成，當然是一個可以進行不同詮釋的主題。但是，正如我們所看到的，無論意識形態的重要性多麼強大，也不能掩蓋其下還存在著氣候、地理和社會融合等物質性力量這樣的基本事實。中國的歷史之所以不同於其他一切文明的歷史，乃在於中國在西元前若干個世紀裡就已經發展出了一種中央集權的政治體制。由於此種體制必然能夠動員還只是相當原始的技術來支持，因而它也確實是一項很大的進步。然而，中國所達到的高度中央集權，並不是源於政治思想家們的想像，而是由環境造成的。地理是壓倒一切的因素。在隨後的幾個世紀中，這種中央集權體制因為不得不持續地被加以完善並維繫，使中國的政治和倫理的成熟程度遠遠超過其他制度的發展，如多樣化的經濟制度、系統化的民事契約法、保護個人的司法體系等等。隨著時間的推移，後述的那些制度相對而言依然沒有得到充分的發展，反而確定無疑地被抑制，以免它們擾亂帝國的統一管理。結果，沒有預想到的是，由於缺乏所謂的技術精細化，中國的官僚政府通常表現得廣度有餘而深度不足。這一點給人留下的印象很深刻。中國官僚政府所獲得的支持，主要來源於社會習俗和社會價值觀。鼓勵個人附屬於各類初級團體；然而，如果一種教導式的道德規範強調個人對他的同胞的義務，它也就會抑制他所有的對於自然權利的訴求。過去兩千年裡，這些情況沒有什麼改變。

人們很快就會發現，傳統中國社會中有許多不利於資本主義的生長但卻有利於向社會主義過渡的因素。單純而一致的民族文化概念、表意及單音節的語言（外國人很難學會）而形成的統一性、德治而非法治、中產階級發展的缺失（這一點下面會提到），以及一直以來對商業利益和商業動機的抑制——一旦時機來臨，所有這些都成了更傾向於社會主義的特徵。因此，要對中國今天所處的地位進行評價，我們的報告就必須首先對中國過去一些重大的發展情況進行探討。

早期的統一與中央集權

中華文明發源於黃河沿岸，的確意義非常重大。那條大河在大片的黃土層之間出入。由風吹來的沙土密集堆積而成的黃土層，厚度通常超過三百英尺。結果，黃河的淤沙含量令人歎為觀止。世界上絕大多數的大河如果含沙量超過百分之四到百分之五，就已經相當高了。然而，黃河河水的含沙量卻曾經有過百分之四十六的觀測紀錄。它的一條支流的含沙量，則高達前所未聞的百分之六十三。黃河河道的最後五百英里，注入的支流不止一條。因此，黃河的河道經常淤塞，堤壩被沖潰，以至於今天黃河的河床要遠遠高出鄰近的華北平原。

在帝制時代以前，各自修建的治水工程經常是彼此分開的封建國家之間發生紛爭的原因，因為這類水利設施通常會給鄰近的國家帶來問題，並加劇禍害。早在西元前六五一年，相關的諸侯國就舉行過一次聯合大會。會議中，參與者們鄭重承諾，絕不改變黃河的河道，以免給其他國家造成麻煩。然而，承諾是無效的。隨著中國進入戰國時代，即西元前五世紀初至西元前三世紀末，爭霸的諸國甚至會故意決堤，來淹灌敵對國的領土。直到西元前二二一年統一中國的出現，這個問題才得以解決。這樣，雖然一些人可能言之過重，但不可否認的事實是：防洪、灌溉以及後來的散裝運輸所形成的對水利工程的需求，有利於帝國的統一。不僅如此，這一環境背景，同樣還是解釋為什麼中國實行傳統官僚制而非貴族制的最好理由之一。水利控制及其管理，總是會跨越封建諸侯領地的邊界，而只有由一位君主及其各級官僚才能夠掌控它。

當然，中國並不是唯一崛起於河谷流域的文明。埃及發源於尼羅河；巴比倫發源於底格里斯河和幼發拉底河；穆罕耶達羅（Mohenjodaro）文化發源於印度河。但是，所有這些都離歐亞大陸的中心地帶相對較近，相互間的影響及征服也相當明顯，而不像中國那樣隔離於雄偉的青藏高原之外。青藏高原，自然而合適地孕育了以須彌山為中央山系的印度概念以及以崑崙山為中央山系的中國概念。為什麼其他所有的古代河谷文明，都作為一個可以辨識的實體而消失，為後來的笈多、蒙兀兒、羅馬、拜占庭、伊斯蘭文化所取代，可中國文明卻不間斷地從新石器時代的仰韶文化和龍山文化一直延續到今天？對於任何試圖尋求解答這一問題的人來說，這至少是部分的答案。

黃河及其泥沙造成了巨大的問題，而氣候對中國也從不存善意。早期中國的作者們，由於沒有現代氣象學的幫助，理所當然地認為每六年就會有一次嚴重的農作物歉收，每十二年會有一場大規模的饑荒。迄至一九一一年以前，歷朝官修正史記載，在二一一七年中，洪災不下一千六百二十一次，旱災不下一千三百九十二次。平均下來，每年發生的災害超過一次。只是到現在，我們才對這種現象作出充分的解釋。

在中國，降雨的季節性很強。大約百分之八十的降雨發生在夏季的三個月，而正在這個時間段，季風風向也發生改變。年降雨量的起伏也很大，因為中國的季風是受氣旋影響，而不是受地形影響。換句話說，潮濕的季風並不借助高山來做它的冷卻劑，而是依靠來自北方或東北方的冷氣流。冷氣流使潮濕的季風上升到足夠的高度，從而增加其濕度。氣流交匯的固定模式不會改變，但由於兩種變量未必同步，故其實際效果逐年之間也就差異頗大。氣流交匯的點可能要比預想的數量更多，或者數量更少。正是這種變化，導致中國頻發水旱災害——這是一種歷史紀錄中常見的氣象學現象，然而時至今日依然在發揮作用。有時候，兩種自然災害會在相同時間、不同地區內發生。

在西元前二二一年之前的數個世紀裡，曾經歷一系列血腥的內戰。現存的記載會造成這樣一種印象，即：戰爭能夠使得各國國君推行他們的強國計畫，解決他們的私仇。但是，那些資料中留有足夠的線索表明，自然災害至少也要部分地為這種紛擾的狀況負責。農民因為飢餓和食品短缺而參加戰爭。莊稼被正在交戰的軍隊掠奪。災荒時節食品供應的中斷構成開戰的理由。而且，有能力分發救災物資的大國必然能取得勝利；它們也能吸引更多的追隨者。這樣，一系列事件的連續發生，幾乎自動產生了這一問題的合理的解決方案。這個解決方案，目標就是要形成一個統一的中國和一種中央集權的官僚制管理方式，從而能夠獨力調動所有必要的資源來緩解地區性災害。

但是，大自然還給中國設置了另外一個難題，即北部邊疆的安全問題。解決此一問題的方案，也與國家統一和中央集權相關；長城的修建就絕妙地證明了這一點。以氣象學的術語而言，長城這一條屏障，總體上與十五英寸等雨量線一致。這清楚地表明，長城以南年降雨量能達到十五英寸，而十五英寸降雨量是穀物生產所需要的最低雨量。在長城之外，降雨則更為稀少；大部分河流在入海之前即已乾涸；游牧是主要的生存方式。拉鐵摩爾把長城稱做「世界上最純粹的邊疆之一」，認為它作為區分文化群落、社會風俗、語言、宗教的分界線存在了兩千多年。由於對長城另一側的少數民族的和平同化通常不會有持久的效果，北部邊疆始終是中原農民與游牧部落之間衝突不斷的區域。有時候，中國也會深入北部及西北的草原大漠，發起攻擊，但每當它不這麼做時，就只得對機動優勢極強的游牧部落的入侵採取防禦態勢。在中國歷史上，中國的大部分地區被起源於游牧部落的皇室所統治，是很常見的事情。實際上，元代和清代，整個國家都控制在蒙古人和滿洲人之手。此處的情形，跟羅馬帝國極為相似，但最後羅馬乾脆就被「蠻夷化」了，而中國卻從未被「蠻夷化」。無論如何，軍事動員及後勤保障都需要一個統一的中國。這再一次證明，穿著制服的官僚所具有的動員力量，是貴族們想都不敢想的。

除了這些因素以外，中國人的居住密度、農業種植的普遍性、內陸水網、居民語言的同質性，都有利於統一。這裡也沒有任何建立中央集權制度過程中所不可克服的障礙。但是，與黃河水患的防治、連續不斷的救災以及對邊境游牧民族威脅的控制這些因素不同，中國在人文和社會地理的有利條件幾乎沒有加強統一問題上的迫切感。如果僅僅是這些條件，它們儘管也很可能會發展出中國的中央集權政治，但步伐卻會更慢，當然其基礎可能也會更扎實。歷史的進程和這種情況相距甚遠。人們偶爾也會說，統一和中央集權在青銅時代結束之後很快就誕生於中國。由於生存壓力，統一化進程沒有為地方性制度和習俗做法的成熟留出任何時間。貴族政治的特質也許能培育出地方性制度和習俗做法，而廣泛推行的、注重效率和統一的官僚政治卻不能。道家的技術和放任主義、墨家的科學和宗教、法家的講求統一以及享樂主義者的自我修養，在某種意義上說都因高度必要的中央集權的儒家官僚制國家而受到了傷害。帝制中國的權威之獲得，是傳承自兩種資源：官僚制之前的諸侯國的體制結構、在這些諸侯國發展成熟的政治思想家們尤其是儒家的相關思想。

前面我們還提到其他古代偉大的河谷文明，而且，任何關於中國封建官僚制特徵的討論都會提出這樣的問題：跟中國的官僚體制相比，為什麼印度卻沒有多少相似之處？印度同樣遭受水旱災害的侵擾；印度也受到威脅，主要是西北邊境異族的入侵，而且在她漫長的歷史中實際上也發生過多次；印度也需要至關重要的水利工程，雖然除了南部的維查耶納伽爾（Vijayanagar）王國以外，這些水利工程從未修繕到它們應該達到的程度。那麼，導致中國的歷史經驗與大部分其他文化如此不同的「未知因素」，究竟是什麼？也許正是在這一點上，剛才提到的那些「不緊迫的」因素才會顯出其突出的重要性。在印度，語言、宗教和社會（等級）的多樣化從很早時期就主宰著整個次大陸，與中國內部的同質性驚人地不同。中國人能將周邊部族吸納到自己的文化中來（例如越、蠻、契丹、女真），而不會削弱自己的文化，甚至還可以同化征服者，如蒙古人和滿洲人，直到他們所有的可辨識特徵孑然無存。

不僅如此，中國還向整個東亞輸出她的文化，以至於朝鮮、日本和越南都在某種程度上都是她的子文化。確實，「單一的」表意語言在其中發揮了很大部分作用；深有特色的中國農業耕作方式及相應的技藝、多個世紀以來培養得越發合適的中國官僚行政管理的特定程序，也都起著很大作用。中國沒有發展出具有等級特徵的制度；三教中的任何一教都不能高於一切、讓人服從，或者享有世俗權力，這兩點也非常重要。

在歷史悠久性方面，唯一可以與中國相提並論的其他文明，應該是尼羅河邊的古埃及文明。埃及還曾流行過同質性的表意語言。這也許不是偶然的。當然，中國和埃及之間也有差異。埃及的存在確實比中國更早，因為當中國的商王朝開始之時，埃及法老的機構已存在了兩千多年。然而，阿拉伯和伊斯蘭文化勝利一千五百年之後，統一的中國在今天依然是現實的存在。中國幅員遼闊，其河流、群山、平原可以在相當於歐洲大小的區域內延伸；與此十分不同的是，埃及則被條形區域兩側的沙漠限制得非常狹窄。這樣一來，為什麼中國的經驗與任何其他的河谷文明不同，理解起來也許就不太困難了。

農業社會的官僚政治管理

在中國這麼大的一個農業國家裡，她所形成的組織嚴密的官僚政治工具，在世界歷史上也是無與倫比的。領取全額薪水的專業管理群體，把行政官職視為等級秩序內完全可以互換之物。這就極大地要求標準化和精確度，從而也產生了兩個後果：首先，賦稅所徵物品的大規模運輸意味著薪水和地方開支通常都是在源頭處扣除，而不是在京城支取，從而導致各層面無休止的侵吞貪汙傾向；其次，通用型地方官員的可以互換之原則，意味著專業人才（水利工程師、數學家、天文學家、醫學家）總是被擱置一邊而很少能身居高職。由於官員們並不代表他們所治理的省分或地區的財政利益，政府並不依靠地區財政利益的平衡而達到穩定。統治者與被統治者之間的關係，只在於它們共同屈服於帝制統治之下。中央政府似乎是，也的確是唯一的權力源泉。然而，由於國家太過龐大，中央政府的權力也並非總能有效運行。

在中國統一的早期階段，上述需求及狀況派生出不同的解決方案。例如，為了幫助行政管理者的工作，就有了法典的制作。雖然如此，但總體來說，這些法律制度回避了羅馬法的法律抽象特徵，而每件案子的審判都會綜合考慮社會環境，不會排除那些看來可能無關的因素。既然傳統中國的法律總是首先關注刑法，所以辯護律師制度也就沒有發展起來。然而，由於最優秀的中國官員中有人如此熱中於司法，在世界各大文明中，最古老的法醫學著作就產生在中國，例如宋慈在一二四七年編纂的《洗冤錄》（意思是洗雪不公正罪名之紀錄）。隨著王朝的更迭，軍事政權轉變成為文官政府，控制也小有鬆弛，行政紀律很快得到重建。

大體上來說，轉而忠誠於一個通過武力建立新王朝並且聲稱自己得到「天命」的統治家族，成了士人們的習慣。通常，政府聲稱自己的目標就是道德教化，而且公共教育則被動員起來加強它的地位。

然而，所有這些特徵儘管重要，卻並不能夠彌補因缺乏充分的交通、通訊、金融信貸、會計方法、信息搜集、資料分析等技術支持所帶來的不足；這些技術，是任何一種現代官僚管理都不可或缺的。這並不是說，傳統中國沒有保存檔案，也沒有進行任何調查統計。實際上這些事情都做過。然而，儘管設有史館，大臣們也都有幕僚，但中國的政府機構距離它必須以之為基礎的技術還是太遙遠了。人們記得，第一位皇帝秦始皇每天要閱讀大量的簡牘文書；人們也會記得，因此而必定會造成官方決策十分遲緩，這種情況延續了一個又一個世紀。

結果，在官僚管理體制發展史中，中國遵循著「進三步，退兩步」的模式。這樣進退維谷的處境表明：一個高度中央集權的體制會形成太多的重壓和緊張，任何地方分權都可能開始一場使得統一政府瓦解的毀滅過程。在每個政治分裂時期，人們可以見到這種過程的發生。在獨立神權政治運動出現的漢朝末年以及節度使世襲割據的唐朝末年，這種過程更是看得特別清楚。然而，隨著時間的流逝，重新統一總是隨之而來。即便是過去一個半世紀裡外國殖民者的侵略，也沒有改變這種模式——在國民黨時期各省軍閥割據之後，我們又在今天的中央集權的力量裡看到這一點。漢語的表意性質在此處起到最為重要的作用，因為它阻止了以語言個性化為基礎而形成的碎片式民族國家最終會造成的離心分裂。即便某些方言有很大的差異，例如在廣東和福建，也從來沒有為這種分裂提供基礎。中國經常發生內戰，但從來沒有內部的民族之間的衝突。相應地，在某種程度上，中國也就缺少戰爭對科學技術的促進因素，一如歐洲那樣。

當然，在處理經濟問題時，中國不同的王朝有不同的設計。然而，由於某些背景因素並未發生多少改變，行政管理中會有許多長期不變的共同特徵。其中一項特徵就是：兩千年間，國家實際上從未間斷地持續、強有力地推動農業發展。在每一個主要王朝創建之初，帝國政府都會忙碌於農業生產的恢復。政府會向流民分發土地、種子和耕畜；荒地的開墾也會得到支持，而作為獎勵，這些新墾土地可以減免稅收；改進了的農業工具和農業機械得到了推廣。在其餘時間裡，政府也會推廣新的農作物品種，傳播先進的耕作方法，對農業生產進行調查。修建治水和灌溉工程，也總是被視為國家的重要功能。而且，即使由少數民族建立的王朝，也同樣能認識到農業是帝國的經濟基礎。例如，《農桑輯要》在元朝曾經多次刊印，僅一三一五年版的印數就達到了一萬冊，而授命編纂《農桑輯要》的人正是忽必烈。這跟羅馬帝國恰成對比：羅馬帝國陷入不幸，部分原因的確是因為它沒有對農業發展予以足夠的重視。

由於稅收是直接從普通民眾那裡徵收，國家自然極其討厭那些有能力截留基層生產者收入的中間階層。在中國歷史的早期，精力充沛的皇帝有力地打擊貴族之家，就好像是從社會主義思想裡得到靈感一般。無論北魏還是隋朝，都對四至六世紀分裂時期占主導地位的士族發起過致命的打擊；唐朝則不時地對佛教寺院財產進行大規模查抄。在南宋的最後二十年，南宋試圖從東部沿海的地主那裡購買每戶超出一百畝以外之土地的三分之一，但購買價格幾乎只是象徵性的，所以這筆交易與查抄沒有多大差別。出身農民的明王朝建立者，曾開展了一系列的查抄豪強之家的活動，其中不少於十萬人似乎因此殞命。此後，一三九七年，戶部曾給這位皇帝遞交過一份全國剩餘的殷實地主家庭的名錄。上面列舉的一萬四千二百四十一個名字，是那些擁有土地七百畝及七百畝以上的人。他們所擁有的財產並沒有全然揭露，然而，無論是名單中列舉的最小財產數量，還是名單中的戶數，都給我們這樣的印象：當時全國「上層」或「中層」階級並不是一個十分強大的群體。

不幸的是，這一領域仍然有許多誤解尚待澄清。帝制政府對富家勢族影響力的清除，並不總是成功的。在後漢時期，即西元後初期的幾個世紀裡，地方豪強及土地兼併的失控導致了帝國秩序的瓦解，從而引發了中國歷史上歷時最長的動盪。在其他時間，也有相近的情況出現，只是規模較小一些而已。有時候，行事不依常理的任性帝王，會向其寵臣濫賜土地，就像晚明所發生的那樣。當時的文人之所以痛恨並且大聲抗議此類濫賜行為，是因為這些與他們對良好政府的設想是截然相反的。然而，一些現代學者把所有這些情況當作封建時代或莊園制度重現的證據，其詮釋未免太過簡單化了。

當然，從某種意義上說，中國存在著階級鬥爭和階級壓迫。儘管官職不是世襲，但整個皇室和仕紳官僚的統治機構仍會像車軛一般緊勒在農民的脖子上。然而，帝制中國與中世紀歐洲的區別還是巨大而又深刻。像歐洲男爵那樣占有大規模的私人土地，在中國只能是作為特例而出現，絕不是普遍狀況。仕紳地主的數量太多，分布也太過分散，以至於難以作為一個組織化的集團而行動。他們也從來不會以《大憲章》的方式公開而集中地表達他們的權利訴求，要求增進他們的共同利益。有時候，傑出的商人會調動充足的財政資源來影響朝廷，使他們自己融入官僚機構之中，並逃脫法律懲罰；但是，儘管政府會在商業中幫助那些商人，商人們卻從來都沒有足夠的影響力來迫使政府向他們做出法律上的讓步。農民不時地起而反叛，發洩著他們的不滿；但是，農民也不能提出一個在組織上可以取代帝制秩序的其他選擇。從技術上來說，這個國家精明地維持高度中央集權而同時要促進特定的經濟利益，是不大可能的。中國從來就沒有嘗試過讓社會經濟群體作為「社會階層」進入政府。實際上，傳統中國的政府運作，跟詹姆士．哈林頓在《大洋國》裡所擬定的原則總是完全相反的。傳統中國正是通過將主要經濟群體逼向死角，以展示自己的力量。一旦私人團體能夠將他們的經濟實力轉化為政治權力，那麼，這個政府離崩潰也就不遠了。因此，人們可以說，無論西方軍事貴族式的封建主義還是西方的城邦自治，都無法在傳統中國社會中找到對應點。

因此，在封建歐洲，公共事務實際上歸於拼圖狀私人領地的男爵之手，幾乎不需要任何偽裝。然而，中國的制度卻均勻地滲透著某種公共精神。不過，這種公共精神只能依靠皇帝個人的警惕來維護。這是中國制度的缺陷。如果皇帝做不到這一點，制度就會允許一大群與政府聯繫緊密的人來壓榨窮人和無發言權的人。中國制度的結構缺陷，反映在這樣的事實之中，即：在頂端的帝王權威與中層以下的大量納稅人之間，存在著一個管理真空地帶。地方政府總是人手不夠。為了防止子系統在帝國秩序中出現，地方自治是不允許的。在中國歷史上，除極少例外，國家也一直拒絕謀求商人群體的幫助，儘管商人們的幫助也許有助於彌合國家後勤方面的缺口。商人提供的服務，一般是被強行徵募，而不會以合作方式被接受。因此，商人從未有足夠的影響力來改變行政管理方式，也不足以導致國家體制的修正。因此，一句話，即便個別商人有時能獲得巨大的財富，但中國不會出現中產階級（如果你喜歡，可以稱之為資產階級）。而且，商人們如果要進行工業資本投資項目，從來得不到鼓勵，實際上大部分時間裡肯定會遭到反對。於是，財富通常消耗在土地市場，或者被用來以各種方式購買進入學者／仕紳官僚行列的資格。

在這樣的基礎之上，現代官僚體制的精確化和標準化特點是無從達到的。整個社會體制也缺少結構上的穩定。隨著中央集權的財政體系持續生效，財政權力保持在最高層，而財政責任卻落在較低層級人員的身上；財政體系缺乏理性的特徵，也延伸到操作層面，導致理論與實踐之間嚴重的不協調。毫無疑問，這也是傳統中國形成獨裁主義政府的基本原因之一。通常，官員們深知來自上面的指令不得懷疑，而他們的命令也同樣不許平民提出挑戰；因為，如果經常以西方世界司法審查的方式來質疑的話，帝國政府的整個機制將喪失運轉能力。然而，這樣一種制度明顯會妨礙複雜的傳入、傳出功能的發揮。

隨著時間的流逝，任何針對國家經濟的改變都會遭到越來越強的抵制。在執行其重大職責的時候，如守衛邊疆、鎮壓內亂、建設大型公共工程、救災等，帝國政府自己關心的主要是人力及食品供給的增長；關鍵因素乃在於數量，而不在於質量。由於包圍在龐大的農業經濟之中，帝國政府充足的動員能力得以保證；而向更先進的領域如開礦、海外貿易挺進，帝國政府收穫甚微。而且，工業、商業儘管在某些特定地理環境中必然發展起來，但工商業的擴展卻只能更容易產生地區間的不平衡。這種不平衡，對於一個所受教育和訓練只是為管理單純的農業社會的官僚機構而言，是掌控不了的。我們永遠不要忘記，傳統社會秩序的序列是「士、農、工、商」。僅次於學者/仕紳的是農民，再次是工匠，而商人處於最低的位置。一個王朝帶著原始落後經濟的狂野精神而興起，然後在將這種經濟引導到更高發展階段後，它就失去活力而變得頹廢。這種情況在中國歷史上反覆出現。

問題的關鍵在於，中國是一個巨大的農業社會。從某種意義上說，這個農業社會過早地處於一種中央集權官僚體制的管理之下，而其經濟規模又使得它具有非競爭性。穩定總是比變化、過程更受珍視；而工業和技術的發展，常常走在西方的前面。令人奇怪的是，那些驚天動地的發現和發明對歐洲產生重大影響，而中國卻能夠不為所動。關於這一點，我們在別的地方曾有過細緻的闡述。火藥武器沒有使中國及其周邊的戰爭發生很大的改變；然而，在歐洲，火藥武器卻摧毀了封建城堡和戴著頭盔的騎士們。馬鐙也是由中國人發明的。馬鐙的發明雖然曾使中國人領先一時，但是東亞的騎馬射箭技術還是像以前一樣。指南針和方向舵使歐洲人發現了美洲，但是中國的航海家們卻不過依舊在印度洋和太平洋上從事著他們的和平之旅。印刷術在西方促進了宗教改革運動和文藝復興運動的興起；然而，印刷術在中國所能做的，除了保存大量的本來也許會佚失的書籍外，就是可以在更廣泛的社會領域內徵募官僚。也許，從來沒有一種文化，能夠像中國文化這樣可以自我控制與自我平衡！但是，這樣說，絕非像許多西方人所說，中國陷於「停滯」。中國只不過是以其特有的速度前進而已，而歐洲在科學革命後其變化進入到一個按指數增長的階段。

科學技術和貨幣經濟的低水平發展

中國早期在社會組織方面的進步，與歐洲的緩慢發展形成鮮明的對比。反過來，中國自一四五〇年以來缺乏真正的社會進步，和西方發生的偉大運動形成了對照。這些運動包括宗教改革、資本主義的興起和科學革命，使現代世界得以形成。但是，在考慮與眾不同的現代科學的誕生時，我們總是有必要牢記：除了古希臘曾達到一定的高度以外，在過去的兩千年裡，中國在科學和技術上所達到的水平一直比歐洲高，而且要高出很多。當然，科學和技術繁茂生長於社會之中，也總是會受到這個社會的影響。因此，人們會作這樣的猜測：包括造紙、印刷、水力機械鐘、地震儀、先進的天文氣象儀器（如雨量計）在內的偉大的中國發明，以及拱橋、吊橋等等，都在某個方面對中央集權官僚制國家來說是有用處的。另一方面，人們可能會認為，火藥、指南針、軸動舵、縱帆和明輪推進器等等原本不應該產生於它們實際發生的那種環境之中，而更應該產生於海洋商業文明之中。然而，雖然中國社會本質上自身就有創造那些技術的沃土，但是技術發展肯定曾遇到過某種突然的停頓。齒輪、曲柄、活塞連桿、鼓風爐，以及旋轉運動與直線運動轉換的標準方法——所有這些，在中國都比在歐洲更早出現，有些要早得多。毫無疑問，它們都沒有獲得原本應該做到的充分利用，因為對於一個官僚體制竭力要保護和穩定的農業社會來說，沒有應用它們的需求。換句話說，中國社會不能總是成功地將發明轉向「革新」（innovation）——熊彼特用該詞指代某項發明的廣泛應用。發現和發明甚至逐漸消亡，這樣的例子並不少見，例如地震觀察、鐘表製造術以及醫療化學中的某些發展。

有機統一的觀念也可能影響了中國的科學思想。中國的思想家更傾向於將宇宙視為有機統一的整體，而在要對宇宙各部分的內部機制加以分析時畏縮不前，並且一貫拒絕在精神和物質之間畫出清晰的界線。正如現代科學今天才開始認識到的那樣，這種思想具有巨大的力量；但是，它也有嚴重的缺點，尤其在探索性方法與程序的應用方面。而且，中國科學思想之中，有著官僚政治的特定陋習。最著名的例子是，《易經》所提供的鴿籠般分類的抽象概念，很容易就具象化為真實而活躍的有效力量。饒是如此，中國人無論在數學、天文學、聲學、磁學和古代早期化學方面，還是在植物學、藥物學方面，其紀錄都極為輝煌。

但是，難道我們在此不能從偉大的尼古拉．哥白尼那裡得到一點線索嗎？作為波羅的海地區弗隆堡教堂的司庫，哥白尼不僅撰寫了舉世震驚的《天體運行論》，而且還寫過一篇關於貨幣的重要論文：〈論貨幣的一般理論〉。在這篇論文中，哥白尼率先提出了格雷欣法則中的論斷，即「劣幣驅逐良幣」。拋開官僚制社會可能對科學技術的狀況造成影響的所有思考，讓我們看看：在具體條件上，科技之不能持續發展與貨幣經濟的不發達是否相關？當然，我們清楚，貨幣經濟本身也是一種從屬性的現象，是一種測量標準。在某種程度上，如果創業的衝動在中國社會一直得到允許的話，貨幣經濟則早已切實地建立起來了。貨幣只是反映經濟中起作用的其他力量，而不是支配它們。然而，試著提出以下的問題也是合理的：許多障礙抑制了各式各樣的發明和卓越的科學見解服務於公共利益，而貨幣經濟能夠成為我們得以衡量這些障礙的最好標尺之一嗎？

乍看起來，這個問題似乎很奇怪，因為中國有兩千年的銅幣流通史。所謂的五銖錢就是為公眾而設計的；在其產量達到最高點的北宋，每年鑄幣達五十億枚。中國還是世界上第一個發行全國性流通紙幣的國家。甚至，作為所有文明中最早的信用券——「飛錢」，早在唐代就已經出現。

但是，區別在於，現代貨幣體系既不是絕對真實的，也不是完全抽象的。它的形成既依賴於政府的法令，也依賴於公眾的參與。現代貨幣體系與信貸密不可分；它的廣泛被接受增加了財產的可轉讓性，並且使更寬泛的借貸成為可能，從而使閒置的資本發揮作用。加速的經濟活動最初消耗了未充分就業的勞動力，然後引發對節約人力之發明的需求。在資本主義下成長的現代貨幣體系，已經被證明是一種行之有效的刺激技術進步的手段。毫無疑問的是，古代及中古時期的中國，並不因為害怕技術進步導致失業而拒絕使用那些節省勞力的發明。這樣的例子我們幾乎沒有遇到。但是，貨幣在傳統中國並不能實現上述所有功能。

儘管銅幣四處流通，中國政府卻從來沒有停徵實物稅。它向民眾徵收實物，編派勞役。政府一般也向官員和士兵們支付糧食當作薪俸，而佃農的田租幾乎全是實物。此外，大宗的商貿交易則使用布匹、絲綢和貴金屬作為交換中介。因此，銅幣的作用很有限。銅幣從未能得到公共和私人資產的支撐，其價值很大程度上由它們實際的金屬含量決定。在傳統中國，金銀的貨幣理論如此牢固，以至於實際上不可能將銅幣的面值與其實際價值分離開來。當銅幣面值高於實際價值時，偽造銅幣的現象就不可遏止，然後是公眾拒絕接受銅幣或者打折扣使用銅幣。當銅幣面值低於實際價值時，那麼，使用者會將銅幣重新熔化以謀取利益。

紙幣的流通則涉及另外一個極端。有人會說，這種極端就是紙幣太抽象了。北宋的交子和元代的中統鈔，據說得到了足夠的儲備金的支持。但是，交子的總發行量以及元中統鈔最初的發行量都是如此之少，以至於它們幾乎無法被稱為國家的通貨。當紙幣的流通涉及較大數目時，它並沒有儲備金，因為國家沒有此類國庫儲備。這些例子表明，僅僅依靠政府收入來支撐全國範圍內的貨幣流通是遠遠不夠的。很簡單，所使用的手段與要完成的任務並不匹配。

當紙幣的發行沒有儲備金的支撐，其貨幣理論看起來就像是跟一些現代經濟學家所倡導的理論一樣。他們認為，通貨價值的真正源泉是它的「接受」，這種「接受」進而演變成一種「行為模式」。然而，西方世界將紙幣的起源追溯到金匠的收據條和銀行的活期存單，而它們在十七、十八世紀推動了私人資本的形成。在發展的最後階段，中央銀行的建立、國家債務的規範化、商業法的建立，將公共財政和國家財富整合起來，共同支撐統一貨幣，直至所有交易都由此一貨幣制度支配為止。國家稅收相應地與貨幣供應、國家財富成比例增長。這種資本主義發展特有的進程，變得強大且不可逆轉。對中國來說，不可能省略所有這些步驟而能在二十世紀前發展出一種成功的半抽象的貨幣。以金屬含量決定其價值的銅幣獨自做不到這一點，而僅僅由帝國的命令支撐的紙幣也同樣不合適，因為公眾沒有參與到必須有一定程度抽象性之貨幣的形成過程中來。因此，像許多日本和西方學者所做的那樣，聲稱中古的中國曾發生過「貨幣和信貸方面的革命」，就很容易誤導人們，因為他們從未解釋為什麼這些革命沒能導致基本社會體制的變化。歐洲的資本主義確實產生了這些變化，即便是最正統的馬克思主義歷史學家也同意在那個時候，即「資產階級革命」時期，資本主義是巨大的進步力量。但是，在經濟科學進步神速的今天，進入現代科技世界還有很多替代的途徑可走，所以當然也沒有任何理由能夠說明今天的中國還應該走歐洲的資本主義道路。

當十五世紀明朝最後一次發行寶鈔失敗，中國採用了未加鑄造的銀子作為共同的交換媒介和普遍的支付手段。但是，這卻使所有的人都屈服在硬通貨的暴政之下。那種情形，類似於今天的消費者們被要求用金塊或碎金購買汽油和支付食品雜貨帳單。政府不知道有多少銀子在流通，對貨幣流通量的調整能力也較低。由於深知貴金屬只要需要就可以兌換現金，富勢之家將金銀塊埋入地下保存以策萬全，而小康之家則濫用黃金飾品和銀具。利率很高，最發達的信貸機構就是當鋪。在十六世紀後期，中國有兩萬家當鋪；即使到十九世紀晚期，仍然還有七千家當鋪在經營。

信貸的不發達，肯定與缺乏嚴密的商業法是有聯繫的。但是，傳統中國不可能制定出這種西方模式的法律。商業法的執行，需要司法獨立，涉及對財產權的絕對承認，這些都與中國的社會價值觀念和社會組織原則相反。中國社會的價值觀和原則支撐著傳統中國的政治結構。這種政治結構建立在一個基礎之上，即所謂的公共福利必須高於個人私利。如果這一點被拋棄，這個遼闊帝國的官僚制管理就會完全坍塌。誠實公正當然優於法律制裁，但是現代社會能否以誠實公正為基礎發展起來，卻值得討論。

社會後果

在中國歷史上，向貨幣經濟發展的趨勢曾有過三次高漲的運動，即漢代、宋代以及晚明。中國歷史學家把漢代的大工業生產者稱為「沒有成功的資本主義企業家」，而把晚明的運動稱為「資本主義萌芽」。日本學者，包括一些附和的西方漢學家，把宋代的轉折稱為「文藝復興」和「商業革命」。我們無法毫無疑懼地接受這些詞彙，因為無論哪個時代，這些運動都流產了。所以，我們的觀點很簡單，即：在農業社會的中央集權官僚管理和貨幣經濟發展之間，存在著根本的體制方面的不兼容性。缺乏巨大的商業和工業，貨幣經濟不可能產生。

早先幾個世紀裡南方稻產區的發展、水路運輸的改善，帶來了宋代非凡的繁榮。這一點沒有爭議。同樣，西屬美洲白銀的進入、棉紡織業的傳播，在明朝末年也推動了中國沿海地區的經濟發展。但是，在省與省之間的商業中，在基本組織上沒有任何調整，也就不會在全國範圍內發生質的變化了。

現代商業行為的特徵，是信貸的廣泛使用、不帶個人感情的管理、服務業的協作。然而，無論在宋代，還是在明代，這些條件都是不存在的。時人文獻很少對商業行為有直接的描述，但是大量的小說卻提供了相當完整的圖景，可供我們查驗是否與其他資料相一致。直到十七世紀，商業路線上最重要的人是行商。行商總是要讓他的全部資金保持流動。通常，他會雇傭一個或者更多一些的夥計，但他自己卻不會缺席任何一筆商業交易。因此，某一個省的商業協會設在另一個省分的會館或者寬敞的客棧，其重要性可想而知。在一個城市或市鎮購買或者出售商品，要通過當地的經紀人來操作，而經紀人則提供寄宿旅舍和儲藏商品的場所。這意味著供應和銷售都還不穩定，而生產還完全是分散的。棉紡織業（直到通商口岸的工廠興起以前）仍然只是為農村家庭提供額外收益的家庭手工業。像茶葉、漆器等商品都得靠行商到鄉村生產者那裡等候、收集。借貸的擴展，只是一種特殊情況下的個人信用，而不是普遍行為。雖然行商和地方經紀人間的長期合作——有時延續數代——逐漸發展成一種兄弟般友愛的關係，但他們的業務不能合併，而他們之間的關係也無法制度化。僅僅通過信件來購買商品的情況是沒有的，而長期訂貨和自動化的物流則前所未聞。

這樣的圖景表明，沒有信貸制度，對於任何個人來說，其商業活動無法擴展到本人在場之外。生產製造的資金支持零零碎碎；每一種按件計算的貨物都只能現金交貨，運輸自理。然而，儘管商業模式相對粗放，一些行商的資本卻極其驚人。在十六世紀末期以前，個人攜帶三萬兩左右的銀子去經商似乎頗為常見。由於中國經濟的規模以及消費市場集中於各級政治中心，無論中國人的描述，還是外國人的描述，大城市給人的印象總是富庶的。然而，他們有利的觀察，並不能改變以下基本事實：中國商業運作上的特徵，並不表明國內貿易有巨大突破。

妨礙舊中國國內貿易發展的另外一個因素，就是缺少與資本主義「法律與秩序」概念相對應的公共安全。除了商業路線上有組織的盜匪的活動外，搬運工和船夫也經常是略加偽裝的歹徒，而城鎮則藏匿了大量的「流氓」——失業者或半失業者，肯定都是未能充分就業的人。如果有機會的話，哪怕是以不誠實的手段獲得一小串的錢，這些人也會願意幹的。在發生內戰的年代，所有這些因素自然會變得亂上加亂。即便在和平的年代，作為警察力量的衙門吏胥、信使、衙役及獄卒，無論在城鎮還是在周邊的鄉村都遠遠不夠。此外，由於其他稅收不能滿足需求，各省政府在水陸商業路線的某些關卡處對所有商品徵以過境稅，即聲名狼藉的「釐金」。

因此，商業的風險極高，商業擴張的可能性也嚴重受到制約。因此，對於異常成功的商人及其後人來說，退出商業的誘惑很強烈。由於只有受教育的學者才能獲得社會聲望，才能加入令人迷戀的文官「紳士」圈子，商人們退出商業的欲望就會更強烈了。如果學習儒家經典就可以獲得高貴的地位，誰還願意成為一個富裕的暴發戶呢？這取決於一個人的人生目標，而經商賺錢在中國並不是傳統的最為人羨慕的人生道路。因此，只要有可能，商業利潤總是被用於購置土地和房產，或購買奢侈品，甚至購買官職，而不是投資工業。這種情況在此後幾個世紀裡也沒有什麼改善。山西商人著名的票號，只是在十八世紀才突起的，而其使用者也僅限於一個相當封閉的群體。涉及債務追討的商業保證，仍然經常依賴於道德原則，而不受法律強制；富有財富的人仍然避免將資金投入到生產上。所有這些仍然再一次強調：兩千年來，中國社會一直否認商人能夠在國家事務中充當領導角色——無論他是銀行家，還是企業家。如果說現代科技在西方的興起與商業資本主義及工業資本主義的先後興起確實相關，那麼，我們就再一次接近了這種現象為什麼只能發生在歐洲的解釋了。在中國人的生活中，有一種根深柢固的意識形態上的反商業主義；然而，一個社會如果產生不了富格爾或格雷欣這樣的金融家，那麼它也就產生不了伽利略或哈維這樣的科學家。

也許，中國經濟史應該抓住最富成果的發展線索，即集中注意力於中國發明設計的更具經濟意義的面貌。為什麼針對內陸運輸的簡單發明獨輪車，一旦早於歐洲將近一千年出現在三國時期（西元三世紀），就毫無阻礙地傳遍整個帝國？為什麼兩宋王朝（十到十三世紀）龐大數量的鋼鐵生產沒能導致某種程度的工業資本主義？如果人們知道十三、十四世紀水力已廣泛應用於中國的紡織機械（跟歐洲十八世紀才廣泛在紡織機械上應用水力恰成對比），而那些相同的紡織機、併紗機、捻線機卻肯定激發了稍後義大利的絲織工業，人們就忍不住要問：在中國，為什麼工業化生產沒能隨之而起？對此，我們至今仍沒有圓滿的答案。

官僚思想對成功的商人家庭有著磁鐵一樣的吸引力，一如催眠一般，只是中國故事的一部分。除此以外，我們必須考慮到各種因素，如剩餘勞動力商品市場尚不發達、中國商品的大規模海外市場未能打開、工廠生產的投資缺乏等，它們都反映了貨幣經濟受到壓抑的情況。社會革新為什麼只在有些時候緊隨發明而出現？對此，我們需要更嚴密細緻的分析。例如，像獨輪車和灌鋼法一樣，龍骨車在幾十年內就迅速推廣開來。但是另一方面，水力機械表這個在八世紀的發明，相比起歐洲十四世紀才出現該發明，本應該有燦爛的預期，卻從未得到大規模的應用，而計時機械始終局限於皇宮或者省級官員的衙門之內。的確，官僚制國家有它自己的推動力。如果對社會穩定的渴求超過了經濟增長或普遍繁榮，我們就不妨說，維持一個基本的農業社會結構，比從事甚至允許任何形式的商業或工業發展，更有利於朝廷和官僚士大夫。

人們可能會說，在一個需要勞動力來生產糧食以滿足大規模人口基本需求的農業社會，中國的發明通常是節省勞動力型的發明。但是，這些發明很難成為生產發生根本變化的起點，因為與此相反的是，除了城市的流氓無產者外，剩餘勞動力是不存在的。中國的官僚制國家機構一般徵收實物稅，且以實物支付其組織成員薪俸，但是這與剩餘資本在私人手中積聚是不能並存的。因此，儘管有著大量的技術儲備和發明人才，農業社會的停滯性卻得到強化，不同社會階層的發展受到了阻礙，對農業商業化和生產力發展的促進也延緩了。

此外，投資的缺乏阻礙了國家自然資源的開發。在十六世紀繁榮的表象之下，人們很少提及當時全國大量被廢棄的礦井。許多之前私有和公有的礦井已不再開採了。礦工們由於得不到補償，被迫鋌而走險成為盜匪。實際上，一五六七年，封閉各省的礦井成了一項國策。從浙江到山東，礦場由士兵們守衛，鄰近區域的百姓被重新安置，甚至連通往礦井的道路也被破壞。資金不足還影響到長期以來由國家專賣的食鹽生產。在明朝初年，食鹽生產者將鹽水放到直徑達二十尺的巨大的鐵釜中蒸發。但是，到王朝末年，大部分鐵釜都不見了，取而代之的是襯有用鹼處理過的紙張的竹筐。由於自身承受著財政壓力，政府便大量預支未來的鹽引（取鹽憑證），將它們售與商人以彌補財政赤字，有時將十多年後的食鹽提前預支。商人預付鹽引款的應計利息如此之高，以至於後來得鹽販賣反而無利可圖了。政府還不時地停止發售鹽引，結果，在內陸省分，人們強烈地感受到食鹽緊缺。在歐洲和日本，當政府銀根收緊時，銀行財團就會墊款。與此不同的是，帝制時代的中國政府沒有可以求助的正常資源，結果便常常是縮減公共服務。

大量有關明代官吏貪汙和政府腐敗的證據，不應該干擾我們的視線。我們觀察到，在一六〇〇年左右，政府的正常收入低於三千萬兩白銀。這是一筆相當小的政府預算。晚至一九〇〇年，清代每年的收入接近一億兩白銀，相當於一七〇〇年英國的水平。但是，在一七〇〇年，英國人口還不到一九〇〇年中國人口的百分之二。其間差別，取決於兩者對貨幣問題所採取的不同的解決方案。

中國故事最陰暗的一面是，由於沒有合適的出路，農業的盈利又傾向於回歸土地持有及農業剝削。說起剝削，就以為只是地主向佃農徵收重租，是過於簡化了，甚至有些天真！如果只是那樣，中國革命就不會是那麼痛苦而漫長的鬥爭，西方和日本帝國主義侵略者也就不可能在中國作惡到他們實際達到的程度。實際上，剝削的大小規模皆有；它延展於鄉村生活各個層面；剝削者也通常跟被剝削者有著很相似的經濟和社會背景。地租只是剝削方式的一種而已。其他的剝削方式還有高利貸、抵押貸款、農作物收益分成等。現存的契約文書證明，至少在十六世紀，這些方式都是極為常見的。有時候，堂兄弟之間也會出現對小塊土地的扣押權以及高達每月百分之五的貸款利息。二十世紀四〇年代土改的資料表明，這樣的情況直到當時仍然存在。

這種借貸形式，跟傳統中國的小規模財政是一致的。在悠久的傳統之下草擬的契約，一旦得到村裡的中間人見證後就可以生效，並不用政府批准。我們所談到的作為個人財產變化而發生的農業耕地之剝奪，卻也提供了農業社會背景下高度的社會流動性。在過去五百年，中國的人口和耕地都有大量的增加。無疑，人口和耕地的膨脹，部分原因幾乎肯定是因為得到了這種戶與戶之間借貸的資金支持。但是，從國家經濟的角度來看，所有這些會引導著農業盈餘去支持最小可能規模的農業耕作，並且給那些在技術進步上最沒有準備的耕作者們帶來最大的壓力。一線生產者的薪酬仍停留在生存的水平；大量的剝削者及半剝削者無所事事，比地主們對經濟構成了更實質性的損害。換句話說，整個發展過程延續下去，將會帶來大規模的人口、總體更低的生活水平乃至更為缺乏的資本，以及嚴重的經濟和社會問題——這些問題由於殖民主義者的侵入而加劇，從而使近代中國充滿了痛苦和掙扎。

在某種程度上，正是因為中國農村的農業技術太成功了，才使得那些被證明有助於提高生產率的方法受困於勞動力的增長。因此，進一步機械化的動機並不存在。如果出現與資本積累有關的勞動力不足，對技術進步產生刺激作用，機械化的動機就會有了。但是，即便如此，如果沒有近代科學的出現，我們還是很難想像技術進步能夠將中國農業帶入近代世界。這樣，我們就要再一次回到這樣一個問題：歐洲之近代科學，其起源是什麼？

歐洲的過去和中國的未來

資本主義之在歐洲，無疑是一種由許多因素所造成的產物。軍事貴族的封建主義，不管有什麼樣的表現形式，都是疲軟而脆弱的，而在這個意義上說，中國的封建官僚主義卻是強大的。從地理上說，歐洲有許多島嶼，點綴著從事海外貿易並且願意進行對外征服的城邦國家。此外，歐洲距離另外一個商業中心，即說阿拉伯語的地區，非常之近。古希臘科學通過他們傳遍整個拉丁世界，從而奠定了近代科學的大部分基礎（不是全部，因為還有中國人的貢獻）。受此刺激，一種容易運算的數學發展起來，並被運用到計算、借貸以及航海上。宗教改革的成功包括了對傳統的決裂；歐洲人很快就得出結論：實際上，歷史可以有真正的改變，而上帝也的確會讓所有的事物常變常新。鼓勵與上帝直接溝通的新教，意味著人們可以讀書識字；儘管需要從閱讀《聖經》開始，最後卻以迄至當時聞所未聞的現象結束——一批真正有文化的勞動力誕生了。因此，文字所造成的階層門檻就被一掃而空了；經理、工程師、手藝人和普通工人漸漸變得沒有太明顯的差別了。文藝復興以後的歐洲，幾乎可以被視為一堆火種，注定將會有「工業革命」隨之而來。這火花，也許就是那個有著幾近無限的市場而起源於一個島國的英國棉紡織業。

一旦近代科學運動發軔，情勢將隨之而變。我們就有可能追溯近代世界如何從一個接一個的發現或發明中在歐洲、北美形成。那些地區的人們從自然中得到超乎尋常的暗示，並且機遇不錯。在十三世紀末，不列顛諸島產生了重要的商業城市，尤其是倫敦。由於所處緯度較高，那裡亟需燃料。至少早在那時候，露天煤已可獲得，但不能滿足需求。然後，人們在文藝復興時期發現了大氣壓強；到十八世紀，之前難以逾越的限制因素——煤礦的排水，因為薩維利和紐可門的發明而得以解決。瓦特設計完成的蒸汽機帶來了以紡織行業尤其是棉紡業為先導的工業革命，並且導致蒸汽船和鐵路的誕生。然後，蒸汽機又反作用於科學，催生了力能學和熱力學的發展。接著，十八世紀的電學應用於電氣工程，能夠提供廉價方便的人造光源以及由中央發電站產生的牽引動力。石油工程是最後產生的，最初提供照明和用作潤滑劑；但是，之後人們發現，它與內燃機提供的原動力可以在無人照管的情形下工作，並且可以驅動我們現在如此熟悉的小型汽車向各個方向前進。就這樣，煤、鐵、石油成了西方世界的真正財富，遠比金、銀更重要；西方世界的人們是幸運的，因為他們可以從自己所在地區的地下得到大量的此類自然資源。如果沒有煤、鐵和石油，近代科學便一文不值；有了煤、鐵和石油但卻沒有近代科學，例如在中國，新的社會形態也不可能誕生。

以上揭示的背景似乎是說，這個世界早應該建議中國與自己的過去決裂，並且認真模仿西方。實際上，這樣的建議大約在五十年前非常流行，甚至被少數中國知識分子接受。然而，歷史卻證明了這些建議十分荒謬。

中國回避了這個觀念，即財產權是不可剝奪的權利；這不是因為中國的哲學家們不能構思出這樣一種觀念，而是因為這樣的觀念本身跟兩千多年以前就已經發揮作用的中國自然環境不相容。中國放棄發展獨立的司法，不是因為中國人天生就輕視法律，而是因為在他們的歷史中從來就沒有形成過平等的城邦公民之間以及國王和封建主之間的對峙局面——這種局面需要法官的仲裁。在中世紀晚期及近代，中國缺少資本主義企業家，或許是因為這樣的信念：政治穩定性比經濟利益有更大的好處。當然，中國商人不缺乏積極主動、誠實、節儉、精打細算、機敏靈活的品格。這已經充分地表現在他們作為商人的成功上——在十九世紀中國人僑居的所有海外國家，中國商人們的成功遠遠超過當地人。但是，其他中國人所關心的只是政府以及它的難處。這些背景真正反映的是，中國問題的解決方案更可能要從傳統主旨的調整中去尋找，而不是去模仿外面的世界。比起任何資本主義的形式，社會主義的形態跟中國的過去更相配，因此才會有共產黨對國民黨的勝利；但是，社會主義也會產生一些完全不同、水平更高的管理者。

一旦中國找到了其問題的解決方案，中國經驗對於世界上其他國家而言是無價的。例如，二十世紀五〇年代初期的土地改革，大約使北部中國（那裡種植旱地作物）每人獲得五畝耕地，南部中國（那裡的主要植物是水稻）每人獲得一畝耕地（一畝比五分之一英畝還要小）。如果土地分布方式仍然是個人占有的話，那麼，這種程度的小塊分割將會排除技術進步的任何可能性。因此，在這種條件下，集體所有制成為唯一合乎邏輯的答案。面對全世界人口的穩定增長和自然資源的減少，中國的實驗理應引起人們的強烈興趣，並予以重視。

中國革命最重要的一個方面是，它的目標不僅是尋找到一條工業化的捷徑，而且還要以更大的合理性來取得這些成就。這要求勇氣和紀律。幸運的是，因為中國人在其早期歷史中要學著去克服如此之多的不利條件，所以在中國社會的遺產中，從不缺少勇氣和紀律的品質。實際上，對於中國人來說，放棄他們自己的優點而採用一直以來與他們格格不入的生活方式是不明智的。

中國過去的困境，在本質上基本是技術性的，而現代科技肯定可以解決這些困境。在國家所有制下，信貸的產生不再是問題，因為整個國家的資源可以蓄積起來，發揮最有利的用處。政府可以得到全國百分之三十的國民生產總值，並將其中的大約百分之四十用於投資。這是財政資源管理上的巨大成績。當然，中華人民共和國的注意力是集中在經濟發展上。這體現在，在國務院的大約三十位部長之中，半數以上跟經濟有關。

但是，對於這種情況的現實主義的評估，並不能使我們得出結論說，所有的問題都已經得到解決。中國領導人自己也從未這樣宣稱過。發展現代經濟的技術，不是要構建人為的平衡，而是要利用不平衡的狀況。運輸和勞動力成本、物資的可用性，以及市場條件，會決定一項事業的可行性。在社會主義國家，這樣的考慮在必要的時候可以先置之不理；然而，因為重視長期的目標或者服務於非經濟的目的，短期利益也經常被忽視。如何把握優先性問題，如何服務不同的需求，是今天中國的智庫們正傷腦筋的問題。這個問題全然是中國式的，而且無論就其性質還是就其規模來說，都是前所未有的；因此，解決這麼一個問題，不會有現存的模式可以遵循。

的確，中國的人民公社已經沒有再辦下去了。刺激經濟快速增長的下一步，極可能會產生更龐大的區域之間及集體之間的商貿往來。隨著中國逐漸放棄那種維持龐大、統一、非競爭性的經濟的傳統方式，這一點非常重要。地方上全面發展，以及大量工業的分散發展，感覺是更為合適的方式。

中國可能遇到的最大危險，也即中國領導人決心要避免的，就是新一代技術官僚的出現。在計畫和協作經濟中，大量問題的存在不可避免地導致了一定程度的專業主義；這很容易就為一個新的管理階層鋪平了道路。在受雇人員數量如此之大的背景下，這可能會把社會主義變為帝制中國官僚統治的復活。每念及此，足以讓每個中國人毛髮倒豎。對此，最好的預防手段是教育改革。因此，政治和道德教育至少應該獲得與技術知識同等的重視；能否接受高等教育很大程度上要取決於個人服務社會的熱情和獻身精神。這種強調或許有時候曾走得太遠，但是卻很少有退縮的跡象。

我們也許可以下結論說，所有這些事情都是相對的，而不是絕對的。在任何一種革命開始成熟的時候，其決策總會帶有更多的彈性。今天，中國人所面臨的問題跟世界上其他地方的人所面臨的問題是一樣的，即如何才能找到經濟合理行為與其他生活品質之間的和諧。使中國人的解決方案不同的，是中國獨特的歷史背景，而每一個人是可以從中學到一些東西的。

注：關於這篇論文的完整的文獻和參考書目，可參見《中國科學技術史》（劍橋大學出版社，第七卷）。本篇論文是《中國科學技術史》第七卷的第四十七、四十八章內容概要的草稿。

原載 *Journal of Oriental Studies*（Hong Kong）, 12: 1/2（1974）, pp. 1-16.

從唐宋帝國到明清帝國

中國一九八〇年間和過去一九二〇年間比較，會顯示出很大的區別。這兩個時期的差異，不是單從領導人物的宣言與宗旨所能解釋得清楚的，也不是用一種抽象的道德標準所能概括的。其中今昔之不同，大部由於下面的低層基構業已改變，內面的因素，可以互相交換替代；如此中國將由過去不能由數目字管理的局面，進而能在數目字上管理。據北京國務院一個研究機構的報告，從一九七九年到一九八五年六個年頭中，中國城鎮人口淨增一億二千七百萬，每五個農民就有一個或遷居或改業。這是歷史上空前的一個變動。針對以上情況，整個中國歷史都要重寫。

我現在所提出的，只是當中一個問題：中國的唐宋帝國，是外向的，而且是帶有競爭性的。與之相較，明清帝國的大勢（當然內中也有例外）則符合內向及非競爭性（introvertive and non-competitive）的概稱。這與我所說中國今日局勢已經打開有密切的關係。顯然的，傳統歷史家以一成不變的道德觀念衡量每一個朝代，馬克思主義的學者動輒將中國歷史一兩千年批判成為一個悠長的「封建社會」，都不能解釋何以中國的「第二帝國」與「第三帝國」之間，會產生這樣一個龐大的區別。

我提出這個問題，也如本會發起人的通知，採取marco historical的立場，以長時間遠距離的姿態觀察歷史，也以大刀闊斧的手腕檢討歷史；用技術因素作主，不重視道德觀念，綜合的方法多，分析的分量小。這些地方都與刻下西方治「漢學」的習慣有很大的區別，這也是今日面臨著中國空前的一個變化，非如此即不能應付當前的局面。

（二）

唐朝接著隋朝倒溯回去，透過北周與北齊，西魏與東魏，可以將它的體制一直追溯到北魏拓跋氏民族身上去。這大約兩百多年的準備，產生了以下的影響：

拓跋人以胡人漢化的姿態創立中國式的朝代，起先著重擊破其他游牧民族，將他們的牲畜人馬一網打盡，所俘虜的人口，強迫改為農民，計口授田，先造成一個堅強的農業基礎。又接受崔浩的建議，北攻南守，不到力量充實之前，不問鼎中原。這種政策，沒有被後人繼續。拓跋燾的進兵到長江北岸，就未免早熟；拓跋宏的過激的漢化，也終引起北魏政權的分裂。但是有了以前奠定的基礎，又有當中各過渡朝代的調整，而尤以隋文帝的慘澹經營，李家唐朝，到底仍承襲了一個草創的體制。這種組織，以一個新生農業社會作支柱，內中以絕大多數的小自耕農為主體，相對的不受魏晉南北朝北以來巨家大室的壟斷，也不受少數民族內王公大人等新貴族的掌握，才能夠與民伊始。其統制的力量，也是由北向南，由西向東，由土地平坦、人文因素簡單的地區向繁複的地區發展。所以唐宋帝國表現著一種擴充性，與明清帝國之帶有保守性和收斂性相反。錢穆論唐朝，提及「政權無限止的解放」，「政府組織之無限止的擴大」，都是由於從一個簡單而原始的核心組織，向各方伸展放大之所致。

唐朝的稅收和軍事動員組織，如均田、租庸調和府兵制的詳細條文已不是今日一班讀者企望知道的事，但是這些條文顯示著一種間架性的設計（schematic design）。又譬如一個農民，有田五十畝，又不說他只有田五十畝，而說他應受口分田八十畝，待受田三十畝，而責成他和實有田八十畝的同樣納稅；嚴格說來，這也就是不計資財，按丁抽稅，並且食糧布帛和力役弄成一捆包紮（package），兵役也和稅收不可區分，所以Denis Twichett說初唐的財政機構，是一個極為原始（primitive）的組織。我們也可以想像其所以能如此，其下面統治的人口的結構也簡單，稅率又特別低，其中貧富高低可以忽略不計，阻礙這混同均一的力量都已消除。

一般專家的結論，這種簡單劃一的局面到安祿山造反之際，也就是西元七五五年左右已不存在。唐朝中期的財政和稅收，有了兩次主要的更革。我們與其說政策改變促成社會變化，毋寧說是現實的環境業已變移，執政者只好勉強遷就。主要的原因是人口增加，社會進化，政府所控制的土地不夠分配，原始的結構不符現實。第一次的改革，出現於宇文融的「括戶政策」。西元七二三年玄宗李隆基派宇文融為勸農使，將現下版籍無名的戶口，一律著令自首，也不究既往，免稅六年，以後也只繳極輕的稅，得戶八十餘萬，田亦稱是。玄宗末期三十年，戶口由七百多萬增至九百六十萬，一方面是這種妥協政策的成功，一方面也造成以後黨爭的線索和根源。

第二次重要的改革乃是楊炎的兩稅制。其實兩稅早已開始於安祿山造反之前，於長安地區施行。西元七八〇年之全國推行兩稅，其重點也並不在「夏輸無過六月，秋輸無過十一月」。其實質則是按土地面積和出產數量就地抽稅，中央也缺乏統一的稅率和法則，所有詳細的辦法，由地方政府規劃，中央與之磋商，協定他們次年應該繳納的數量。

在這種情形之下，各地自行作主，節度使兼攬軍政、民政和財政；所謂「藩鎮之患」，是必然的趨勢。雖說德宗李适和憲宗李純企圖恢復中央統一的體制，都沒有效果，並且德宗想加強中樞的力量，組織「神策軍」用宦官統制，更開宦官主政之門。九世紀的下半葉，又再有王仙芝和黃巢的造反，唐朝在這種情形之下又繼續的存在達一個半世紀，也不失為一種奇蹟。陳寅恪的解釋，則是只要長安仍能以東南的物資作本錢，保障西北的邊防，李唐王朝還是能繼續存在。

九世紀之後，不僅中國本部人口的重心由北向南、由西向東的運轉完成，而且外患的主要方向也由西北遷向東北，這中間天象與農業畜牧業的各種因素所產生的影響，還待專家開發啟示。我們從已經知道的事實也可以判斷，漢人多數民族與少數民族的南北對峙，對中國以後幾百年歷史的發展有決定性的影響。這當中一個重要的改變則是以後的少數民族能夠控制華北的人口。西元九三六年石敬瑭割燕雲十六州與契丹，算是開這南北對峙之門。宋太祖趙匡胤一生的事業以統一南方為主，可是他「安內」的目的，完全在「攘外」。他曾對趙普說，他有朝一日歸復北方的失土，打算在古北口一帶設防，成為日後明朝修築邊牆的根據。《遼史》的記載，契丹還沒有進兵中原之際，在浙江的錢鏐，就已向他們進貢。以雙方距離之遠，為什麼就要奉蠟丸書，預先打交道？可見得這南北對峙，先聲奪人，不是一般的外患可比。也因為如此，宋朝表現著一種競爭性和擴充性，在歷史的事蹟上是唐末和五代的延長。

五代十國繼續著唐末地方分權的趨勢，「以部曲主場院」，進展到各節度使在境內自派州縣官，自行徵兵抽稅，無疑的已將各地稅收的名目和總額，發展到空前的限度。引用數目字的研究，目前還沒有發現，但是根據各地方志，例如一五六六年（嘉靖四十五年）的《徽州府志》就可以得到一個相當明確的概念。五代以來很多的制度，也能夠由宋朝繼續下去。例如樞密院的設置，在兵部之外，樞密使有如現代的參謀總長，直接向皇帝報告，兵部反成為了一個管儀仗和民兵的次要機構。又例如三司的設立，以戶部管傳統的農業收入，鹽鐵管新型的工商收入，度支管輸運和分派，三個單位並為一體，也不始自宋代而由五代開始。

提到這一題目，我們也可以由王賡武的專著繼續看下去。宋朝不務虛名，專求實際，在著眼於軍事財政與稅收的前提下，也振轉了前朝地方分權的趨勢，而執行其中央集權；其辦法是以中央所統制的兵員構成「禁軍」，諸州鎮之兵則曰「廂兵」，各地防守的則為「鄉兵」。

而中央經常抽取下級的優秀兵員，而將自己的老弱淘汰給他們。各地的稅收與物資則分為「上供」、「送使」和「留州」。其「使」為軍使，也有將各地物資按中央指派分配的義務。

這樣一來，宋朝的重視軍備與財政，與唐末和五代的藩鎮相較，產生了一個相反的後果；藩鎮為軍閥割據，但是職位世襲，所管的地方又小，所以以部曲管理場院，即是以中下級軍官看察財政稅收的機構，因為彼此利益之所在，政府與民間有一種休戚相並的聯繫，和日本的「大名政權」類似。宋朝固然做到「於是外權始削，而利歸於上」的地步，但是一個中央集權官僚主義的體制，到底也有它的弊病。

宋朝與少數民族的作戰，敗多勝少，不僅西夏與契丹所占領的土地不能歸復，而且北宋亡於金，而南宋亡於元。以一個人口多、資源豐富、文化程度高的民族與國家，始終不能與外表為劣勢的對手抗衡，是歷史上一個值得檢討的問題。

這其間原因甚多。但是今日我們有了長時間遠距離的經驗，則可以概括的說，北宋與南宋，都已經進入一個「不能在數目字上管理」的局面。在什麼情形之下一個國家可以在數目字上管理？我這講稿一開始就說及低層機構中，各因素要能互相交換（interchangeable）。其所以能互相交換，是權利與義務相等，公平合法，不是由上級一紙指令行之。可是我們看到《宋史·食貨志》提到宋朝抽稅時，「既以絹折錢，又以錢折麥，以絹較錢，錢倍於絹，以錢較麥，麥倍於錢，輾轉增加，民無所訴」。這也並不是「貪汙」，而是在農業社會裡官僚主義之下，私人財產權沒有保障，所有的數字加不起來，徵兵抽稅都全靠由上向下加壓力，被徵與被抽的，不是公平而應當擔付的，而是最沒有力量抵抗的。所以統計無法著實，只有數字的膨脹。現在在美國的很多教科書都提到西元一〇二一年北宋一年的收入是一億五千萬（150 million）緡，其來源於《宋史．食貨志》裡面的一句話：「天禧末……天下總入一萬五千八十五萬一百」。天禧的最後一年為天禧五年，西元為一〇二一年，所以得到上面的一個數字。據當日時價計算，這數字值金一千五百萬兩，約等於今日六十至七十億美元。

當日世界上無此集中的財富。其中應收入而在繳庫之前早已耗費的不說，《宋史．食貨志》裡也有很多關於統計無法著實的記載，例如賦稅可以預借六年，例如「戶口詭隱，不校可知」，又例如「中書主民，樞密主兵，三司主財，各不相知」。司馬光說兵幾十萬可以是「詭數」，可見得當日不能在數目字上管理的程度，而上述統計也沒有實際的意義。

西元十一世紀，也就是王安石變法的時代，宋朝的財政，就需要商業化。徵諸各經濟發達國家的例證，其人員與物資既已大量的集中，則必須要民間的商業性與服務性的機構，作第二線第三線的支持。但是宋朝時私人財產沒有保障，司法獨立始終談不上（即二十世紀也談不上），數目字的膨脹，反貽害無窮。今日還有些人寫書，說得宋朝「商業革命」、「文藝復興」等等等等，令人無從批評。可是全漢昇的研究，當日開封完全是一個消耗市場，各種物資有進無出；這種收支不平衡的情形能夠長期繼續，乃是因為大批官僚、教師、學生、醫生囤集，開封政府能以收租納稅的方式使不平衡成為平衡。這種現象和歐洲現代的國家相比，也可以說是政治組織早熟，經濟組織趕不上，西歐社會無此成例。

因為以上的情況，宋朝的財政是多元的，軍事上從動員到作戰，其中補給線既長又不確實，反不如北方少數民族以一種單元的經濟，簡捷的將人馬食糧投付於戰場。這中間值得我們注意和反省的則是遼與金以後仿效宋朝體制，也都陷於宋人之覆轍。

這種問題，元朝也沒有嚴重的考慮如何對付。蒙古人的政策可以說是自相矛盾。比如元世祖大量的輕租減稅，一面又大量的徵集人員物資征日本；北方的稅制與南方不同，一方面因襲唐宋以來以小自耕農為主要納稅人的體制，一方面又令諸王及后妃公主食采分地；一方面不信用漢人理財，任用回紇人和西番人，可是一到包稅政策弄到人人嗟怨，又對他們誅殺不遺餘力。元朝被批評為「馬上得天下馬上治之」，在理財的一方面，批評得並不過分。在歷史上講，元朝也只在中國第二帝國與第三帝國之間成為一個過渡階段。

如此各種因素造成明太祖朱元璋創制的財政體系的邏輯，明朝的設施顯然是收縮性的。明清財政稅收，有很多體制上相似的地方，也可以從孫以都的文章和陳恭祿的教科書上看到，其稅收的幅度小也可以從王業鍵、Madeleine Zelin 最近的著作上看出。所以清朝雖有康熙乾隆的開疆闢土，其整個組織仍是內向的和非競爭性的，其詳細情形，不是本篇論文所能概述。只是若不如此，中國在一九一二年民國成立以來，就不會遇到如此一個荊棘叢生的局面。

我建議如此修改歷史，可以得到下列的結論：

一、中國歷史上的朝代，不一定是一個獨立的單元。在很多情形之下其因果互相重疊，很多朝代的歷史可以連貫的解釋。

二、這樣大歷史（亦即macro-history）的檢討中，用學院派系disciplinary approach的方法不容易找到正確的結論。歷史上最重大的事件每事只發生一次，各獨特的事件，各有其環境與背景，各種因素在時間上的匯合（timing），尤其無法分門別類的歸納。但是研究歷史也不能全無線索。我的經驗用財政作中心，可以彌補這樣的缺陷；財政與稅收，涉及高層機構，也涉及低層機構，也與軍事法律經濟有關，最能保持一個大問題的全盤局面。（中國的財政史並非經濟史。）

三、兩百年前，亞當・斯密（Adam Smith）著《原富》就提出中國的財富，至宋元而達到最高點，至明清而停滯。今日我們從唐宋帝國與明清帝國間比較至少已可提出初步的解答。其重點則是和西歐相比，中國原始型的農業財富，缺乏商業性的組織結構，資金無法存積。

四、若有人問：如此解釋歷史，難道哲學與思想全不重要？

我就要說，它們有很密切的關係。宋代的理學，已經表示擴展性和帶競爭性的方針沒有出路，因之理學家強調收斂性和內向。我們務必看清大多數理學家在政治上是反對派（dissidents）。周敦頤、程顥、程頤和張載都經過呂公著推薦，他們的政治思想也和王安石的作風不能相入，內中程顥因與王安石意見不合而辭官，程頤屢薦不起，最後只居學職。南宋的朱熹做反對派兩次，起先為主戰派為不合時宜，後來反對韓侂胄的北伐又不合時宜。陸象山經過監察官的彈劾。他們的主靜主敬，知死生，六經皆我注腳，都有唯心的趨向，即是朱子的窮學問也不是以窮學問為目的，而是以宇宙事物去證實他心目中的倫理和道德。所以從一個學歷史的人之眼光看來，他們之成為政治思想家，也反映著北宋末年和南宋初年富國強兵的政策沒有出路，於是他們才提倡內向，也替日後明清帝國的體系，先造成了一種理論上的根據。

（二）

一二七九年元軍與南宋的殘餘艦隊海戰於廣東新會南之崖山。最後元軍合圍，宋左丞相陸秀夫負著他所立的帝昺——一個七歲的孩子——赴海死，宋亡。這不僅是一個令很多孤臣孽子痛哭流涕的日子，這劃時代的一二七九年也給中國文化史上留下了傷心的一頁。一般講來，中國都市物質文化在宋朝時達到突飛猛進的最高潮，茲後就再沒有表現這種傑出的姿態。在科技方面講，中國的拱橋，建築之用托架，造船之用艙壁以造成不透水的船艙，航海之用指南針，踏水輪之船艦，火藥，三弓床弩，占儀，水鐘和深度鑽地的技術，而極可能的煉鋼爐及水力紡織機都已出現於宋代（後二者之圖片，見於一三一三年之《農書》，去宋亡只三十四年）。撫今追昔，我覺得胡適所譯拜倫之〈哀希臘歌〉兩句，很相近的表達了我們對趙宋王朝的一種類似的情緒。此即是：

> 我徘徊以憂傷兮，
> 哀舊烈之無餘！

為什麼這一般好形勢，不能繼續？我們不能將責任完全推在少數民族身上去。遼、金、元戰時對中國的破壞，程度不深。戰爭一停止，他們也致力建設。如果說他們沒有打開局面，則在他們後面明清兩朝時也不能保持唐宋以來的高度進展。

這樣一個龐大的問題，本身已近抽象，當然各有解釋。譬如英國漢學家Mark Elvin就認為傳統中國農業生產，在技術上原有很多可以增進的地方，但是到了某種程度之後，勞動力投入多，而增進的成果不成比例的上升，到後來勞力增加，收穫只供食用。同時中國的經濟過於龐大，也不容易作質量上的改進。這樣的解釋，不能說他不對，可是很難令人相信這已經全部解答了這一個龐大的問題。

我的解釋也只能跟隨著縱談大歷史的立場，提出和前後文銜接的兩個大因素。一是中國財政無法商業化，因之傳統社會，不能進入以商業法制管理的階段。另一則是思想上的內向，以理學或稱道學為南針，先造成一種收斂性的社會風氣。這兩種互為因果，也都在北宋末年開始顯著登場。

關於財政不容商業化，其最重要的關鍵，還是官僚政治，無從個別的而且確切的保障私人財產權益。其背景則是以大量小自耕農作當兵納稅的體制不能廢除，中層缺乏有效的聯繫。既無財力遍設法庭，也不容各地地方習慣自創系統，同時小民也不能聘用律師。如是司法與行政不分，縣級官僚萬能，他們所能掌握的也是簡陋的刑法。政府管制之所不及，則靠宗法社會的家族首長支撐。不僅宋朝如此，明朝十六世紀的好官海瑞尚在他的文集裡明寫出：「凡訟之可疑者，與其屈兄，寧屈其弟；與其屈之叔伯，寧屈其侄。」這樣一個法官，尚未開堂審案，就已將他自己的偏見明白寫出，也只能在中國出現。其結果則是真理與威權，全是由上至下。負擔最重的人們，也是最無力負擔的人們。而且這種體制，也靠均一雷同的環境作主；一有變態則毛病與問題更不可爬梳。宋朝的折稅與和糴，產生「以錢較絹，錢倍於絹；以錢較麥，麥倍於錢」的情形。傳統中國又未曾開設商業特別的法庭，商業資本不可能在這種環境裡繼續集累。因其缺乏組織與結構的縱深，商業也只能大體保持原始的農村內的企業型態。

於是相對於現代西方社會的長處有如經濟多元化，中國則以普遍的種米麥備饑荒為著眼。長期如此，其生活程度不能增高，也無普遍的製造高級商品之可能。工資既無法增高，也無發明節省勞力的機械之必要。這種種原因，限制高度的分工。最後擔任科技之設計者一般為匠役，而不是有學識的專家。

宋元理學，原稱道學，《宋史》即有「道學傳」。但是道學這一名詞為時人取用，似在南宋。一一八三年吏部尚書鄭丙上疏，提及：「近世士大夫有所謂道學者，欺世盜名，不宜信用。」監察御史陳賈也對孝宗趙昚說及：「臣伏見近世士大夫有所謂道學者，其說以謹獨為能，以踐履為高，以正心誠意克己復禮為事。若此之類，皆學者所共學也，而其徒乃謂己獨能之。」他們攻擊得最嚴刻的對象，乃是朱熹。

然而朱熹繼承北宋時程顥及程頤之學。「道學傳」就說：「迄宋南渡，新安朱熹得程氏正傳。」而程氏兄弟又曾向周敦頤受學，周敦頤所作的「太極圖」則間接的得自五代至北宋初年的一位神秘人物，世稱「華山道士」的陳摶。所以以上諸人，而更有張載，因為他也極端的崇仰二程，都受有陳摶的影響。《宋史》「隱逸傳」則說及「摶也讀易，手不釋卷」。所以理學以儒為表，以釋道為裡，在正心誠意之間加上了一段神秘的色彩，又歸根於一種宇宙一元論，更提倡有一則有二，有陰則有陽，有正則有邪，都與這受學的源流有關。

朱熹是一個容易惹是非的人物。《朱子大全》裡面有很多他自己做地方官的文件，裡面看出來他為人精細，處置事件也有條理，所以孝宗曾說「朱熹政事卻有可觀」。可是他一列於朝堂，就品評是非。朱熹初年秉承他父親的遺志，主張拒絕向金言和，後來他卻反對韓侂胄的北伐。可是他又不像孟子一樣的說「此一時也彼一時也」；而標榜「言規恢於紹興之間（一一六二年前）者為正；言規恢於乾道以後（一一七三年）為邪」。這已經將一個技術問題當作一個道德問題。他在一一八八年諫孝宗：「陛下即位二十七年，因循荏苒，無尺寸之效可以仰酬聖志。」這已經相當的唐突。而他接著又解釋皇帝之無成就乃是修養的功夫不夠。「無乃燕閑蠖濩之中（退朝無事的暇時），虛明應物之地（心靈與外界接觸時），天理有所未純，人欲有所未盡」，以致「一念之頃公私邪正是非得失之機交戰於其中」。他的建議則是「願自今以往，一念之頃，必謹而察之，此天理耶？人欲耶？」

這段文字充分的表現著一般理學主靜主敬的態度，也強調著個人心情凝靜時在思想與行動「將發未發」之際，不可錯過機緣立即求善的重要。其宗旨與周敦頤所說「寂然不動者誠也，感而遂通者神也」接近。這類似宗教經驗的虔誠感應，在朱子看來，與《大學》所說的「正心誠意」可以融會貫通，也和孟子所謂「養氣」互相發揮。但是朱熹不以為這種方法出自個人經驗；他也不以之對皇帝做私人的忠告，而認為這是天經地義，為天子及以下所有讀書做官的人必所遵循。

十二世紀至十三世紀之交中國面臨著一段艱苦的局面：一個龐大而沒有特長的官僚機構無從掌握一個日趨繁複而多變動的社會。在全面動員、長期預算膨脹下南宋已經險象環生，而以財政上之紊亂為尤著。朱熹指出這些弱點非不真切。同時他做地方官的紀錄，也證明環境需要他破除成規，以便對專門問題，找到合適的解決。他不強調這些技術上的因素，而偏在半神學半哲學的領域裡做文章，因此產生很多不良的影響。

周密說到宋亡前夕一般崇拜道學的人物之作風：「其徒有假其名以欺世者，真可以噓枯吹生。凡治財賦者，則目為聚斂；開閫捍邊者，則目為麄材。讀書作文者，則目為玩物喪志；留心政事者，則目為俗吏。其所讀者，止《四書》、《近思錄》、《通書》、《太極圖》、《東西銘》、《語錄》之類。」這些人的功業則是「其為太守，為監司，必須建立書院，立諸賢之祠，或刊注《四書》，衍輯《語錄》。……稍有議及其黨，必擠之為小人」。最後則「其後至淳祐間（度宗咸淳，恭帝德祐，包括元軍入臨安前十年），每見所謂達官朝士者，必憒憒冬烘，弊衣菲食，高巾破履，人望之知為道學君子也」。

又加以傳統政治制度的設計，採取間架性，真理由上而下，皇帝的面目為「天顏」，他的命令則為「聖旨」。朱熹之所提出，事關整個儒家經典所綜合之樞紐；既見於他的奏疏，也聞於他主講的經筵（皇帝座前的讀釋經史）。朝廷無法等閒視之。要不是全部支持它，就要全部否定它，因之也給朋黨鬥爭留下了一種工具。

朱子歷仕高宗趙構、孝宗趙眘、光宗趙惇和寧宗趙擴四朝。每朝之間他都產生了小大的糾紛，要不是得罪皇帝，就是冒瀆重臣。所以他被召之後又外派，剛做殿前文學之臣又做宮觀的主持人。最後他在寧宗朝得罪韓侂冑，落職罷祠，於一二〇〇年逝世。道學也一度被趙宋政府斥為「偽學」。可是一二二四年趙昀繼寧宗為帝，是為日後之理宗。韓侂冑已早死。理宗自己又崇拜朱熹的著作，他曾說「恨不與之同時」。於是追贈朱熹太師，又和周敦頤、二程、張載同從祀孔子廟。茲後朱熹所注的《四書》，也為歷代開科取士的標準；他也可以說是繼儒家的正統。

* * *

理學屢經現代學者研鑽。周程朱張的學說出入於形而上和形而下，而以張載所謂太虛無形，氣有聚散，朱熹綜合前人學說，闡揚氣與理之構成各物最為中外學者稱道。因為所敘牽涉哲學，也近於各個人的人生觀，我們不能遽爾的說它對與不對。而且它在好幾個世紀使中國大多數學人相信儒家的倫理觀念不僅有自然法規（Natural Law）的支持，而且本身就是自然法規，我們不能不讚賞它力量之龐大。可是我們在二十世紀末期，正在清算傳統的政治設計，亦即一種認為法制與經濟的體系，必先以抽象的公式造成，由上層機構賦予下層的辦法，不能不對和這種設計互為表裡的思想系統徹底批判。

理學或道學將倫理評論之理與物理之理、心理之理混為一體，在一二〇〇年前後仍與歐洲思想界不相軒輊。可是歐洲在一六〇〇年前後已將有關於倫理之理與物理之理劃分清楚。〔此亦即李約瑟（Joseph Needham）所謂Natural Law與Law of Nature不同。〕而在中國則二者依然混同。以朱熹做總代表的理學或道學不承認宇宙間各種事物有他們力所不能及，無從解釋的地方。馮友蘭之《中國哲學史》內十一至十三章，摘錄以上諸人語錄一百九十八則，每則都出於肯定的口氣，似乎人類應有的知識，都在他們確切掌握之中。這種態度無疑的已受當日皇權萬能的影響，即此一點已與科學精神背馳。如是理學家或道學家所談及的很多事物（抽象之事與具體之物混為一談），只能美術化的彼此印證，不能用數目字證明。其結果則有如李約瑟之所說，朱熹在沒有產生一個牛頓型的宇宙觀之前，先已產生了一個愛因斯坦型的宇宙觀。

〔在這裡我們可以推廣Francis Bacon所說，認為現代科學實為不斷的懷疑（persistent disbelief）之成果。〕

中國的第二帝國（隋唐宋）表現一種開放性格，第三帝國（明清）表現一種收斂性，同時文化的風尚，已開始內向。其實後者思想上的根據，已在理學或道學肇始。

周敦頤曾在北宋神宗時代做中下級地方官，與呂公著、趙抃接近，又受他們推薦。二程兄弟都曾任朝列，程顥與王安石口頭衝突而被逐。程頤與蘇軾不合而被流竄，死後被奪官。

張載也先得罪王安石，後又與有司議禮不合以疾歸。朱熹之不見容於南宋朝廷，已如上述。即與他同時的陸九淵（時人不以為他是道學家，在《宋史》裡他的傳記獨載於「儒林傳」），也被給事中所劾。驟看起來，他們的思想應當在政治上代表一種在野派（opposition party）的傾向，可能掀動一段新思潮。可是實際正因為趙宋在政治經濟與法制之間找不到一個具體的方案，打開出路，這些思想界的領導人物才反而求諸己，希望增強道德。如他們之所謂主靜、主敬、慎獨，以及上述「一念之頃，必謹而察之」，都不外傳統「克己復禮」的方式，首先則內向，次之則以他們注釋的經典為萬能，於是造成一種正統的風氣。即朱子之道學問，仍不外以外界的事物，「證明」他自己過去誦習詩書的信念，並無追求真理之決心，與陸九淵所謂「六經注我，我注六經」並無實質上的區別。他們雖崇奉孔孟，但是孔孟，尤其是孔子注重身體力行，並沒有將他們的言行造成一種思想上的系統，認為這是一切真理的淵藪等情事。

周程朱張的學術思想，長於紀律，短於創造性，因其目的則是韓愈所提倡的「衛道」，所以不能不取防勢。張載所說「吾道自足，何作旁求」已經表示其保守性格，程顥所害怕的也是「正路之榛蕪，聖明之蔽塞」，仍表示其不能採取主動。所以他們雖構成思想上的一大羅網，其中卻缺乏新門徑和新線索，可以供後人發揚。朱熹集諸家之大成，他將人欲講成與天理相對的一個負因素，最值得注意。嚴格言之，則是人類的欲求（desire或craving）與自然法規（Natural Law）是對立的。（他自己也知道這一點有毛病，所以他對「食色性也」一段添注：「甘食悅色固非性，而其『天則』，則食色固天理之自然，此說亦是。告子卻不知有所謂『天則』，但見其甘食悅色，即謂之性也。」這種解釋牽強猶疑，已與他以上作說對立的觀念相衝突。）我們姑不論其正確與否，將人欲與天理對立，即表現意識形態之粗線條，也還是楬櫫著至善與極惡、君子與小人的分野。如此也難怪當日法制不能展開。朱熹做地方官，就執行「人子不蓄私財」的原則；這也難怪程頤於一〇八六年差判登聞鼓院，辭不就。他的理由是：「入談道德出領訴訟，非用人之禮。」於此已不經意的表示任司法官較講學的為卑下，而兩者也有互相衝突的可能。

我們不能認為周程朱張應對宋朝的覆亡負責，他們的思想狹義的強調君子與小人之分，抹殺個人的私利觀，卻替以後專制皇權加強統制的基礎，其影響所及，達幾百年。今日中國之民法未盡展開，仍有以道德觀念代替法律的趨向，也不能與宋儒無關。

原載《九州學刊》第二卷第三期（一九八八年四月），頁一二九—一三八。

倪元璐：新儒家官僚的「現實主義」

作為晚明的一位學者官僚，倪元璐從來就沒有被視為一位偉大的政治家。他在明代朝廷的任職，主要是一些常規的學術性職務。到一六四三年，他才被任命為戶部尚書。然而，此時的明朝國事糜爛，無可救藥。作為皇帝的首席財政管理者，倪元璐曾經向崇禎皇帝提出過一系列的改革方案。但是，這些方案來得太晚了，已經不可能扭轉明王朝的衰落。在倪元璐升任戶部尚書後不到一年，北京城落入農民起義軍領袖李自成之手。儒家原本強調忠臣不事二主，倪元璐恪守這一信念，自縊殉節。

儘管關於倪元璐的紀錄無非是挫折和失敗，但他的作品卻值得今天的歷史學家們關注。在他寫給皇帝的奏疏中，包含著大量關於明代末年財政管理的頗有價值的信息。保存在《倪文正公全集》內的奏疏之中，有三十九道是倪元璐任戶部尚書期間所上。[1]它們讓我們看到了一位高級官僚在他那個時代令人絕望的問題中不斷掙扎的心靈。據經典書目提要《四庫全書總目》說，倪元璐「尤留心於經濟，故其擘畫設施、勾考兵食，皆可見諸施行，非經生空談浮議者可比」。[2]《倪文正公全集》中的其他文章，則闡發了倪元璐的哲學觀點。此外，倪元璐在一六四〇年還刊行了兩部與《易》有關的注疏。形而上學的思考與切於實際的討論相結合，給我們提供了一個晚明哲學與社會經濟思想相互影響的少見的例證。

倪元璐生於一五九四年，浙江上虞縣人。他的家族可以追溯至宋代北方的倪氏。倪氏在十二世紀跟隨宋廷南遷，來到浙江。宋元明時期，倪氏的祖先擔任過各種官職。從倪元璐自己的描述中，我們可以看到，多少年來他的家族一直是很富裕的。[3]

父親倪涷的生活及仕宦經歷，在許多方面影響了倪元璐的未來。一五七四年，倪涷通過科舉考試，中了進士。作為一名新科進士，倪涷很仰慕鄒元標，即後來的東林黨領袖。一五七七年，鄒元標因為冒犯威權赫赫的大學士張居正而被廷杖、戍邊。在鄒元標前往戍所的途中，倪涷禮節性地拜訪鄒元標，並且設宴款待。因此，倪涷也就不可避免地使自己成為令人生畏的張居正所不歡迎的人。此後，倪涷和鄒元標彼此視對方為「患難之交」。張居正死後，他們兩人同時在南京為官，友誼進一步增強。

青年時期的倪元璐，同樣知道崇拜和尊敬他父親心目中的英雄。一六一五年倪涷去世時，倪元璐一路來到河南，以便確保能請鄒元標為父親撰寫一份墓誌銘。倪元璐後來說，他的父親的思想一直受鄒元標的影響。[4]然而，事實表明，鄒元標對倪元璐本人的影響更大。十八世紀編輯過倪元璐文集的蔣士銓評論說：「公生平學問，師鄒元標而友劉宗周、黃道

1 倪元璐：《倪文正公全集》（一七七二），奏疏，卷一至卷十二。
2 《四庫全書總目提要》（一九三〇），卷一百七十二，頁一六。
3 倪元璐：《倪文正公全集》，文，卷十三，頁一；倪會鼎：《倪文貞公年譜》（粵雅堂叢書本），卷一，頁一。
4 倪元璐：《倪文正公全集》，文，卷十三，頁三—四、一九；關於鄒元標與張居正的衝突，參見賀凱（Charles O. Hucker）：〈晚明的東林運動〉，載費正清主編《中國的思想與制度》（芝加哥，一九五七），頁一四〇。

周。」[5]在這些人中，看來劉宗周對倪元璐的影響是最大的，雖然翻閱他們的作品，我們沒發現彼此間有通信往來。對此，有一種解釋是：他們兩人在同一年被朝廷罷黜，又同一年被召回北京；在被禁錮的歲月裡，兩人都住在家鄉浙江，因而個人接觸取代了通信往來。

毫無疑問，倪元璐從父親那裡學到了很多行政管理知識。然而，我們無法獲知，倪元璐是得到過父親的耳提面命，還是通過鑽研父親留下的文章來學習的。在那篇刻在他父親墓碑上的精雕細琢的銘文中，倪元璐舉出了其父在任知縣、知府期間所施行的仁政，並且詳細描述了倪涷如何處理錢糧、刑名諸事。倪元璐早期仕途中實際行政經驗的缺失，大概多少可以從他向父親的事例的學習中得到彌補。無論如何，倪涷在南京兵部任上發起的改革，在倪元璐的記憶裡留下了強烈的印象。

倪涷在一五八六年曾負責南京兵部車駕司，轄有一支擁有八百六十四艘運船的船隊。這些船最初是用來為軍隊運輸馬匹和重型設備，但最終卻只是用來向北京皇宮運送供應物資。操縱這些船隻的工作人員，是從南京附近六萬個世襲軍戶中挑選出來的。在十六世紀後期，大部分軍戶都處於飢餓的邊緣，然而他們仍然不得不負擔軍役。這便是明代軍戶制度的狀況。更要命的是，王朝早期曾要求軍士自己出錢來修繕裝備，而這樣的管理措施仍在施行。結果，每次運船大修、改裝需要經費之時，就有一些漕卒不得不拋棄家庭逃跑，還有一些漕卒則不得不賣妻以償。自殺也是很常見的事情。面對這樣一種令人痛苦的狀況，倪涷倡議推行縮減的改革計畫。三年內，他將船隻的數量減少到五百艘。多餘的資金則確保追加為造船廠的維護費。漕卒通過招募而來，而不再是徵兵而來。漕卒們的薪水有所增加。整個航運隊伍的效率也得到了提高。[6]正如我們將看到的，父親倪涷的改革，給倪元璐留下了很深的印象，以至於在他成為戶部尚書後，曾經想要將這一改革推廣到全國。

對於年輕的倪元璐來說，通過科舉考試並非輕而易舉。他雖然在十六歲的時候鄉試中舉，但是，接下來他三次到北京參加會試都失敗了。當他在一六二二年最終跨越這道門檻的時候，他已然是二十九歲的成年人了。

選入翰林院作為庶吉士，倪元璐有望培養成為朝廷重臣。他接下來先後成為翰林院編修、經筵展書官、纂修記注（這個官職的職責之一，就是在翰林院高級官員們給皇帝講經史時適當幫助一下）、殿試掌卷官，並且在一六二七年出典江西鄉試。那些年，他眼看著宦官魏忠賢的權力上升，看到魏忠賢以血腥的迫害對付東林人士及其同黨。然而，在那些年裡，倪元璐一直保持著沉默。[7]

5　蔣士銓：《倪文貞公本傳》，《倪文正公全集》，頁七。
6　倪元璐：《倪文正公全集》，文，卷十三，頁六—八；《倪文貞公年譜》，卷一，頁一。
7　喬治・肯尼迪（George A. Kennedy）關於倪元璐的論文說：「一六二七年出典江西鄉試時，倪元璐冒犯了魏忠賢的閹一六二八年，崇禎帝接替了他短命的哥哥的皇位。這是一個轉折點。魏忠賢自殺。魏忠賢的「智囊」崔呈秀也跟著自殺了。新君主最初也許不打算作更深入的調查，以免對事件的追查會使曾經困擾整個朝廷的黨爭再度興起。然而，魏忠賢的一個早期支持者，出於投機的心理，建議清除東林黨和反東林的政治集團，以解決所有事情。倪元璐起而為東林黨辯護。顯然，他的奏疏使崇禎皇帝對這一問題有了新的想法。反東林的前閹黨被徹底清算；被錮的東林人士被重新召回；已死的東林人士身後恢復所有名譽。魏忠賢命人編撰的關於近期事情的「歷史」——《三朝要典》——被禁，書版被毀。同時，倪元璐升任為翰林院侍讀。崇禎皇帝恤贈東林死難人士的許多制詞，就是由倪元璐起草。《萬曆實錄》的編纂者在對這些事件的編年排比時也多採信倪元璐。實際上，許多歷史學家認為倪元璐為東林黨的辯護是他對明朝廷所做的最值得讚揚的貢獻。[8]

一六二九年，倪元璐改任南京國子監司業。次年，他回到北京。再次成為翰林院編修的倪元璐，同時有多個虛銜，並且能夠接近皇帝。崇禎皇帝賜宴，也會讓倪元璐參加。一六三三年，他被任命為日講官，為皇帝講授經史。他不時地就國家時事上疏皇帝，討論官吏選用、財政政策和軍事問題。其中一些建議為皇帝接納，一些建議則遭到拒絕。但是，倪元璐至少有一項請求，儘管最初被內閣拒絕，卻被皇帝誠懇地接納。崇禎皇帝本人推翻了閣臣的票擬，並要求兵部官員按倪元璐的意見施行。[9]按照明廷的慣例，在正常程序下，倪元璐應該會被任命為大學士——倪元璐對這一職位也並非沒有興趣。然而，這樣的任命卻從未來臨！

多年以後，倪元璐的兒子倪會鼎編纂了父親的年譜。在年譜中，倪會鼎認為父親之所以沒有被提拔到大學士的高位，都是因為溫體仁的嫉恨。溫體仁在一六三〇年到一六三八年主持著崇禎朝的朝政。[10]然而，我們必須記住，崇禎帝生性極端多疑。終其一生，他對身邊的人的憂疑集中於兩點：收取賄賂及黨爭再起。倪元璐的廉潔是確定無疑的；然而，且不論他那封支持東林黨人的奏疏，他和鄒元標、文震孟、姚希孟、劉宗周、黃道周等人的緊密聯

黨。該年年底，魏忠賢垮臺，倪元璐遂得以逃脫懲罰。」載恆慕義（Authur W. Hummel）主編《清代名人傳（一六六四—一九一二）》（華盛頓特區，一九四三—一九四四），頁五八七。本文還提到倪元璐在鄉試中所出的一道暗諷魏忠賢的策問。談及這一事件時，倪元璐的兒子只是說：「人為咋舌。」我們沒有找到任何倪元璐被迫害的證據。作為他父親的辯護者，倪會鼎還提到：「身在修業之列，抑未敢言。」參見《倪文貞公年譜》，卷一，頁八—九。

8 倪元璐：《倪文正公全集》，奏疏，卷一，頁一—一四；《倪文貞公年譜》，卷一，頁九—一八；《明實錄》（一九四〇年影印本），崇禎，卷一，頁一—二、七；《明史》，卷二百六十五，頁三—八；謝國楨：《明清之際黨社運動考》（上海，一九三五年第二版），頁七二—七三。例如，《明史》卷二百六十五中，倪元璐的傳記為二七六三字，其中一六八二個字是從倪元璐捍衛東林黨的三道奏疏中摘引出來的。參見喬治·肯尼迪關於倪元璐的傳記。

9 《倪文貞公年譜》，卷二，頁五—六。

10 《倪文貞公年譜》，卷二，頁三、六；卷三，頁一；謝國楨《明清之際黨社運動考》，頁七八—八三。

繫，也表明倪元璐明顯是東林黨的一員！[11] 儘管崇禎皇帝即位後曾命令將東林黨人盡數復職，但他對於朝中黨爭的疑懼卻一直未變。因此，我們可以理解為什麼崇禎皇帝能給予倪元璐作為一個學者官僚所能獲得的極高榮譽，但對是否將倪元璐安置在擁有重權的職位上卻猶疑不決！事實上，倪元璐的政敵溫體仁之所以能升上權力頂峰，主要是因為他偽裝成「無黨」的姿態。[12]

按照今天的標準，倪元璐也許可以說是挑剔而好鬥的。但是，相比其他朝臣，倪元璐在這一方面大為遜色。當他與溫體仁的衝突到了難以容忍的程度時，倪元璐請求致仕。在一六三三和一六三四年，他曾七次上疏求退。但是，崇禎皇帝沒有批准他離去。一六三五年，他不再上疏。他「明升暗降」成了國子監祭酒。一年之後，他遭到一項奇特的指控。

根據十八世紀蔣士銓所撰的「本傳」，倪元璐之前曾娶了一位陳姓女子為妻。倪元璐指責她對自己的母親不敬，就把她休了。休妻的做法，在十七世紀是合法的，其效力跟依法離婚是同等的。之後，倪元璐娶了一位王姓女子為妻。溫體仁的一名黨羽故意曲解倪元璐的行為，試圖狡辯說倪元璐的正妻是陳氏，而王氏不過是妾而已。因此，他說倪元璐讓王氏作為正妻接受朝廷誥命的做法是違法行為。無論是否屬實，這項指控不僅給倪元璐帶來了汙點，還使倪元璐被罷官超過五年之久。[13]

朝廷政局，最終在一六四二年發生轉向。周延儒——另一位溫體仁的政敵——入京掌控權力，並向皇帝建議起用廢籍諸臣。被起用的大部分人都屬於前東林黨，包括倪元璐在內。[14]此時，從淮安到北京的路途不再能安全通行，滿洲騎兵經常長途奔襲明帝國關內地區。倪元璐在家鄉招募了「敢死數百人」，並最終率三百騎兵於一六四三年初衝入孤城北京。[15]他被任命為兵部右侍郎——這是他獲得的第一個行政性職位。除此以外，他還被命充日講，繼續為皇帝講經。這一年夏天，倪元璐被提升為戶部尚書，數辭不允；日講如故。身負重大職責的倪元璐，不得不經常工作至深夜。[16]

倪元璐的勤奮和奉獻，卻沒能使他在王朝最後的日子裡保有尚書之職。在一六四四年初，另外一位大學士對皇帝說，倪元璐是個「書生」，「不習錢穀」。優柔寡斷的崇禎帝命令解除倪元璐戶部尚書之職責，專供講職。然而，倪元璐仍需要視部事，等候接管者。在由一

11《倪文正公全集》，詩，卷六，頁五；蔣士銓：《倪文貞公本傳》，頁七。

12《明史》，卷三百零八，頁二九；謝國楨《明清之際黨社運動考》，頁七九。

13《明史》，卷二百六十五，頁八；《倪文貞公年譜》，卷三，頁一；蔣士銓：《倪文貞公本傳》，頁三。謝國楨：《明清之際黨社運動考》，頁八三。然而，《明實錄》「崇禎」卷九頁八卻說倪元璐是辭職的。

14《明史》，卷三百零八，頁二五；謝國楨《明清之際黨社運動考》，頁八七。

15《倪文貞公年譜》，卷四，頁一—三；關於滿洲軍隊在長城內的部署，見《明實錄》「崇禎」，卷十五，頁一七。

16《倪文貞公年譜》，卷四，頁三、九；參見喬治．肯尼迪關於倪元璐的傳記，頁五八七。

位侍郎接管戶部事務之前，中間似乎又過了兩個多月。[17]在接下來的三周之內，崇禎皇帝與尚書倪元璐，都自殺身亡。

從現代的觀點來看，倪元璐推行的財政及其他政策，絕對無法視作是激進的改革。那些政策，只不過是對過時制度的零碎修補而已。然而，如果能得到充分的推行和實施，倪元璐的一些政策也是可以產生深遠的效果。這些政策的意義，必須放在明朝政府的傳統及舊習之下才能加以評價。從洪武皇帝建立明朝以來，就幾乎不允許對政府制度加以改變和調整。實際上，每一道由開國皇帝頒布的諭令都應遵守。在他的繼承者們統治時期，更多的洪武朝諭令被當作慣例和操作規程。所有這些諭令在後來的時代都被忠實地履行。用賀凱先生的話說，這些諭令彷彿就是「一種王朝的憲法」。[18]有時候，僅僅建議對既有秩序進行調整，都可能被視為異端，並招來嚴厲的懲罰。而且，在明朝的專制體制下，所有權力都控制在皇帝的手中。戶部尚書所承擔的，不過是建議者或秘書的職責，幾乎沒有決策的自主性。

然而，被任命為戶部尚書後，倪元璐在三點原則上得到崇禎帝的認可：第一，財政管理必須是務實的，而不是僅僅紙上談兵；第二，財政管理要體現公平；第三，財政管理必須集中在重大問題上。得到崇禎皇帝的同意之後，倪元璐把這三條原則寫了下來，把它們掛在堂上。他甚至將戶部尚書的辦公場所稱為「三做堂」。[19]顯然，倪元璐將這些原則視為他與皇帝之間的協議，而這樣的一種態度在明朝歷史上之前從未有過。

在他的辦公室，他任命了一位司務。之前，戶部尚書要料理所有的細務。例如，崇禎朝初期的戶部尚書畢自嚴，據其傳記作者說，要親自撰寫報告，每天要寫幾千字。[20]李汝華，萬曆朝最後一位戶部尚書，則一直忙碌於那些原本應該由部下處理的事情。[21]倪元璐認為，作為主要財政管理者的戶部尚書，不應該讓日常事務耗費精神。在深思熟慮之後，他將司務一職授予一位聰慧但卻完全不為人所知的生員。這名生員叫蔣臣。在司務底下，設有從戶部職員中選出的五名助手。他們共同組成一個內部控制的小組。[22]

倪元璐很急切地想為帝國的財政管理設定一個地理上的基地。他清楚，帝國的經濟中心位於南方，離政治中心太遠。早在任兵部侍郎時，他就曾預想過此基地位於長江下游流域。他在給皇帝的奏疏中說：

17《倪文貞公年譜》，卷四，頁一九、二一；《明史》，卷二百六十五，頁九。
18 賀凱：《明代傳統國家》，（亞利桑那州特斯康，一九六一），頁七八。
19《倪文貞公年譜》，卷四，頁四；《倪文正公全集》，奏疏，卷七，頁二。
20 蔣平階：《畢少保公傳》（一六七二），頁二六。
21 鹿善繼：《認真草》（叢書集成本），卷六。
22《倪文貞公年譜》，卷四，頁八—九。

今西北不競，而東南仍為財賦之地，宜以九江為中權，武昌為前茅，淮、揚為後勁，特命才望大臣一員專鎮其地，無事時撫商通貨，事急時與南北形勢相呼應。

然而，到倪元璐成為戶部尚書時，局面已發生了很大改變。為此，他又提出，財政運作的基地可以遠設於福建：

廣東、福建、浙江及南直隸應合為一區；……四省之中，福建為中權，且福建水師方盛，甲於諸州，請改閩撫為督，通轄四省一處。[23]

在提出這些建議時，倪元璐似乎預見了後來忠於明室的遺民們在南方的抵抗運動。實際上，南明人士正是利用這些基地，來對抗入侵的滿洲人。值得注意的還有，倪元璐的戰略思維涉及貿易、商業、財稅資源、人口中心等等。

在接手戶部尚書一職後，擺在倪元璐面前的主要任務是保證充足的軍需供應。他從徹底的清餉開始。迄止當時，財政體制一直混亂不堪，以至於許多軍隊將領在向兵部彙報軍隊人數時是一套數字，向戶部彙報時卻是另一套數字。從田賦以外加徵的幾項賦稅所獲得的稅收，被稱作「遼餉」、「剿餉」及「練餉」。每個部門在徵收時都自有一套徵收程序，且難以合併。在得到崇禎帝的同意後，倪元璐提出了一套綜合徵收程序。在一六四三年農曆八月，倪元璐成功地制定了次年的軍事預算：預計收入將低於一千六百萬兩白銀，而開支將超過二千一百萬兩。倪元璐建議通過增加售鹽、折銀贖罪、出賣官階等法以彌補其間不足。他還敦促崇禎皇帝提升那些負責各邊糧儲官員的地位，使各邊糧儲官員同時對兵部和戶部負責。倪元璐希望，通過戶部、兵部的緊密聯繫，軍俸、軍需最終能按照軍隊的實際人數發放，而不是按紙面上的人數發放。實現這個目標，也許要花費兩年的時間。然而，僅僅倪元璐在戶部尚書任上的九個月中，有兩個軍隊將領將他們浮誇的軍隊人數總共減少了一百三十萬人。[24]

另一方面，倪元璐主張授權。他認為，應該給予各省撫按充分的行動自主權，而不是總被御史或太監們掣肘。他說：「今之巡撫，比於古大國之諸侯。……撫按不能為，誰能為？撫按不足賴，又誰足賴乎？」[25]他曾一度試圖勸說崇禎皇帝允許軍事將領們在各自防區內自主制置軍餉，給予他們包括鑄幣、徵收內陸關稅、屯田、控制鹽稅在內的權力，並且可以視

23《倪文正公全集》，奏疏，卷六，頁二；《倪文貞公年譜》，卷四，頁一七、二七。（譯者按：此處腳注有誤。查《倪文正公全集》及《倪文貞公年譜》，相關文字散見各篇，原不相連，且不僅出於奏疏卷六。）
24《倪文貞公年譜》，卷四，頁五。
25《倪文正公全集》，奏疏，卷七，頁一二。

其便宜從事其他生財之策。[26]

像他的朋友劉宗周一樣，倪元璐早年曾經請求減輕賦稅。一六三五年，他向崇禎皇帝請求寬免之前兩年內拖欠的賦稅。[27]但是，在成為戶部尚書之後，他不復再有類似的請求了。他也不想大規模改變既有的田賦結構。只有一個問題，他自始至終是一貫的。他強烈建議，宮中採辦南方諸省的實物（如絲綿、漆器、蠟、茶、金屬等等）徵收，應改為折銀徵收。根據當時的資料說，那些物品每年的定額總計折銀五百萬兩。[28]一六三五年，倪元璐曾說宮中採辦折銀毫無效果。一六四三年，作為戶部尚書的他舊事重提。而且這一次他的折銀物品名錄中還包括軍事物資，如弓、箭。倪元璐的建議遭到負責採辦的宦官們的反對。最終，他所建議的五十八種折銀物品中，只有八種折銀徵收。[29]

迄至當時，每年有大約二百五十萬石米從運河運到北京。西方學者習稱之為「漕糧」，其運輸是由特定的漕軍來完成的。他們的船隻沿河道全年往返一次。每一石穀物運輸到北京，納稅者最終要付出兩石多的糧食。倪元璐對這種緩慢而昂貴的漕運制度很不滿意，一度想過要完全廢除這種運作方式。他認為，如果把南方的賦稅增加到原有稅額的兩倍，那麼納稅者的負擔實際上可以減輕，而稅收亦足以讓政府在北京購買糧食。然而，考慮到某種原因，倪元璐沒有將此付諸行動。這個原因是：運河的運作雖然效率不高，但對平抑北部中國的糧食價格作用很大，運河的驟然停運可能干擾糧食市場。一六四三年夏季，他想了一個替代之法：用位於淮安的政府鹽場所產的鹽來交換糧食，從而把供應政府機構的運河運輸之路程縮短了至少三分之一。[30]循著以沿海運輸取代漕運的觀點，也有不少的探索。由海路將糧食運往北部中國，曾於明初洪武、永樂年間施行，但在一四一五年大運河開通後便廢止了。十五、十六世紀，包括丘濬、梁夢龍、王宗沐在內的幾位官員，都曾經倡議恢復海運，但沒有成功。此時，恢復海運是不容易的，因為無論是時間還是國家的財政資源，都不足以支撐這樣的工程。然而，倪元璐還是曾跟著名的海運專家沈廷揚有過私人接觸。沈廷揚帶著六條船，沿著海岸線做過一次試驗，用了一個月多一點的時間到達北部中國。倪元璐以此次成功的航行勸說皇帝大規模推行海運。按照計畫，次年將會有一半的漕糧由海路運往北京。[31]然而，還沒等到那個時候，明王朝就垮臺了。

26《倪文正公全集》，奏疏，卷六，頁二一。
27《倪文貞公年譜》，卷二，頁九。
28 孫承澤：《春明夢餘錄》（古香齋袖珍本），卷三十五，頁二一。馮琦在大約一六〇〇年的作品曾稱那些物品的總計折價在四百萬兩，參見《馮宗伯集》（一六〇七），卷五十一，頁三四。
29《倪文貞公年譜》，卷四，頁八。
30《倪文貞公年譜》，卷四，頁二〇。
31 孫承澤：《春明夢餘錄》，卷三十七，頁二九。

拓寬國家財路的努力，被證明是最為艱難的。倪元璐曾經抱怨說：「生財大道，遠或數十年，近亦數年，既不足以救眉急……其間有必恃資本以行。」[32]由於時間緊迫而資本無處可尋，倪元璐不得不訴諸一些簡易措施，如折銀贖罪及出賣官階。但是，他同時極力建議說，為財政著想，與海外諸國的貿易應該合法化。他估計，僅福建一地每年的關稅收入就超過一萬兩。[33]該建議看來沒有得到崇禎皇帝的積極回應。倪元璐還建議說，世襲軍戶制度應當廢除。明代的軍戶制度，到明朝末期已經退化得不可辨識了，然而世襲軍戶卻仍然要遵守一系列苛刻的限制。像南京由漕卒個人供應船隻等問題（見前文），就說明了軍戶的艱難處境。儘管如今作為戶部尚書的倪元璐完全是基於國家利益來討論此事，但一點也不用懷疑，他廢除軍戶制度的打算，至少部分是他父親在五十八年前所做的改革的延續。正如倪元璐所說，當軍戶中的某位成員應徵服役，他和他的直系家庭必須在指定的屯區定居。根據慣例，大約十年到二十年後，這位軍戶成員可以允許回鄉歸宗，但走前卻要從他那裡勒取幾百兩銀子，聲稱這是用以更換他原有的軍事裝備。倪元璐估計，到一六四四年，全國大約有一百七十萬戶被列入世襲軍戶。他的方案的基礎是，繳納一定費用以換取人身解放。在付出一百兩銀子後，每戶的服役義務將被永遠解除。他說，通過這樣的方法，「千萬可立致」。[34]這道奏疏只是提出一個大概的、初步的建議，沒有提到將來軍事屯區如何處置。無論如何，這項建議只是換回了皇帝的呵責。崇禎皇帝的諭旨說，軍戶制度是「祖制」之一，廢除軍戶的想法是絕對不允許的。

政府發行寶鈔，同樣是倪元璐籌集資金計畫的一部分。最初，倪元璐向崇禎皇帝提出發行寶鈔的相關策略，並且說為了保證寶鈔的流通，還需要鑄造更多的銅幣，而鑄造銅幣則需要資本。然而，在當時服務於明代宮廷的耶穌會士、天文學家湯若望勸說崇禎皇帝恢復政府開礦的時候，倪元璐卻站出來表示反對。倪元璐的意見是：恢復開礦將會破壞民宅、掘毀墳墓，不可避免地將「動傷地脈」。[35]崇禎皇帝沒有理會倪元璐的抗議。在這件事情上，皇帝比他的勸告者表現得更為現實，並認為他們反對湯若望的動機頗為可疑。許多儒家官僚很憤恨湯若望，例如劉宗周就曾經主張不召用湯若望。[36]

由於朝廷仍然無法籌集到足夠的銅，崇禎皇帝提議將全國的銅收歸國有。他以中旨發布命令，要求全國的銅器，除兵器、銅鏡、骨董、銅鎖、樂器以及用於祭祀的鈴、鐃鈸外，必須在三個月內交到朝廷的鑄幣廠。很明顯，這樣一道聖旨，實際上是不可能執行的。倪元璐

32《倪文正公全集》，奏疏，卷九，頁一。
33《倪文正公全集》，奏疏，卷九，頁六。
34《倪文正公全集》，奏疏，卷十一，頁六—七；《倪文貞公年譜》，卷四，頁二二。
35《倪文貞公年譜》，卷四，頁一七。
36《明史》，卷二百五十五，頁一一。

提出了一個相反的提案。倪元璐說，擁有銅器根本不能算犯法，朝廷只要禁止鑄造新的銅器就可以了。他進而向崇禎皇帝建議，在允許犯人以錢贖罪時，贖款的一半應以銅來繳納。他的邏輯是，這樣的一項政策會急劇地提高人們對銅的需求，從而人為地提高銅價。如果銅變得非常昂貴，人們就會自動地不再使用它們。他充滿希望地預言：「不出一年，天下之銅悉歸官冶。」[37]對於這項建議，皇帝表示贊成。

然而，貨幣政策的討論，進一步擴大了皇帝和他的戶部尚書之間的分歧。崇禎皇帝打算立即印製新的寶鈔作為法定貨幣。倪元璐卻認為，要使寶鈔流通，並不能僅僅依靠一道聖旨的推動，而首先要建立公眾對於寶鈔的信心。之前明朝政府發行的寶鈔之所以失敗，就是因為它沒有任何準備金，根本無法自由兌換。所以，無論朝廷的命令多麼嚴厲，寶鈔仍然迅速貶值。由於新發行的寶鈔跟過往的舊寶鈔一樣，也是沒有準備金的，倪元璐向崇禎皇帝建議說：謹慎起見，應該先以鈔當稅，以鈔贖罪，同時在目前不要干擾私人流通領域；以銅幣和白銀兌換寶鈔，應該是基於自願，而不是強制。然而，躁刻的崇禎皇帝拒絕了倪元璐的建議，並命令北京所有的商人承諾支持即將發行的寶鈔，而且顯然為此還承諾給商人們一點點折扣。我們不太清楚後來都發生了什麼。然而，倪會鼎對公眾的反應做了下述描繪：京商「急且卷篋去，鈔法卒格不行」。[38]

政府發行的寶鈔，是以特殊的桑皮紙印製的。據估計，印製寶鈔大約需要二百五十萬磅的桑穰。崇禎皇帝派了幾個寵信的宦官前往山東、南直隸和浙江採辦這些物資。此外，政府還要求三千名造紙工人和鈔匠前往北京，以備造鈔之用。消息傳出，謠言四起。一些農民認為，他們的桑樹在養蠶時節到來之前就會被毀葉剝皮。由於害怕此類謠言擾亂人心，激起民變，倪元璐向皇帝請求召回前去採辦的宦官。崇禎皇帝很不情願地將宦官撤回。於是，整個發行紙幣的計畫也就此中止。[39]這一插曲，從此也成了一個有爭議性的歷史瞬間。撰寫過倪元璐墓誌銘的黃道周認為，倪元璐因為沒有全力支持崇禎皇帝的寶鈔政策，才被解除了戶部尚書一職。[40]但是，十七世紀最傑出的學者顧炎武卻在一篇文章中抱怨說，堅持要發行毫無價值的寶鈔的人正是倪元璐。[41]

倪元璐主持的其他改革，目標是力救時弊。按照倪元璐的觀點，那些與各種政府機構有著密切聯繫的稅吏，如果不能廢除，他們自己也應該納稅。這些實際上類似於糧長的稅吏，其出現是晚明的一種獨特現象。他們要麼是沒有任何官方身分的城市居民，要麼是一些擁有

37 《倪文正公全集》，奏疏，卷九，頁一一；《倪文貞公年譜》，卷四，頁一五。

38 《倪文貞公年譜》，卷四，頁二三。

39 《倪文貞公年譜》，卷四，頁二四。（譯者按：桑穰，《年譜》作二百萬斤。）

40 黃道周：〈墓誌銘〉，《倪文正公全集》附錄，頁四。

41 顧炎武：《日知錄》（萬有文庫本），第四冊，頁一〇三。

虛銜而俸祿或有或無的人。無論哪種情況，他們是用錢買來了稅吏的職位，從而有權對各地徵稅者遞送來的賦稅進行檢查。戶部發現，在較大的省分裡，稅吏的人數達一二千人；甚至，各位受差遣的御史底下的承差吏胥，多者達千餘人。吏胥的價碼，從三五十兩到一二百兩白銀不等。倪元璐反問說：「既不能絕，又不徵之，何以服彼農商乎？」[42]

倪元璐反對官僚體制濫用職權的運動，是有利於商人的。但是，倪元璐對商人的總體態度仍然是不明確的。倪元璐曾經寫道：「昔者先王惡民逐末，所以徵商。」[43]這似乎再一次證明倪元璐也有儒家士大夫對商業的偏見。但是，跟這句話相聯繫的是，倪元璐觀察到稅吏比商人更可惡。在別的場合，倪元璐不但以更輕鬆友好的態度談論商人，而且他本人顯然也很關心商人的福利。他雖然很忙碌，但卻花時間跟十個鋪商進行交談。問詢過後，他向皇帝彙報，談及政府濫用職權在多大程度上傷害到商業：「每失報一紗一裙，通罰全單。……凡一單所開貨物，多至二三千件，數十商之所共也。」然後，他請求皇帝頒行諭令，禁止對商賈進行此類處罰。在結論中，倪元璐說：「使商賈通，道路無怨，富強之事猶可為也。」[44]

還有，正如我們談論倪元璐關於構建帝國的財賦基地的構想時所見，倪元璐強調「通商」應該是地方督撫的主要職責之一。倪元璐關於商人能夠為社會提供有用的服務的觀點，在一六三五年他寫給戶部的一封信中表述得更為清晰。其時，倪元璐擔任著皇帝的日講官。在辯稱採辦宮廷用品優於按類從納稅者處徵集時，倪元璐說前一種運作方式的優點是：「四方商賈占望緩急，京師所需物必輻輳。……官自為市，國帑之財時與民間流通，京師亦有潤色。」[45]

對於倪元璐來說，國家財政有時也要遵循著與私營企業相同的原則，如「資本」、「投資」、「利」等等。我們已然注意到他好幾次那樣說過。然而，整體來說，相比起官辦的商業來說，倪元璐似乎更偏愛私營商業。在他寫給崇禎皇帝的一份奏疏中，他請求由私人設立的社倉取代官辦的社倉。他指出，此類官辦機構從來就沒有發揮什麼作用，因為官辦機構「仰資於官，又眾各為政，又出貸責息，又不能制欺，又司其事者不食其利」。[46]早在一六四二年起復至京之前，倪元璐就曾在家鄉組織過「賑米」的「公司」。這個「公司」是個合資企業，由五個家庭捐贈而設。所有的借貸每年收取百分之二十的利息。然而，由於倪元璐突然被召入京，整個計畫就被擱置了。[47]

倪元璐並不完全贊成那種認為人性自私的觀點，但他的許多建議似乎都遵循著這樣的前

42《倪文正公全集》，奏疏，卷九，頁五。
43《倪文正公全集》，奏疏，卷九，頁五。
44《續文獻通考》（一九三六），頁二九三八。
45《倪文貞公年譜》，卷二，頁一〇。
46《倪文正公全集》，奏疏，卷六，頁五。
47《倪文貞公年譜》，卷三，頁一三。（編者按：此社倉名翊富倉。）

提。他勸崇禎皇帝說，應該允許軍事將領們在各自防區內自主制置軍餉。他認為，每個將領都需要豢養一批「家丁死士」，這些人願與主將同死生，共命運，然而這些都是需要錢的。他說：「指揮千人者，應有百人願與同死生……此百人實非易養。隆餐豐犒，十倍尋常。」我們可以想像得到，倪元璐這樣的結論，是基於他的個人經歷，因為那時候他剛剛帶著三百死士抵達北京。他還引述歷史典故來證明自己的建議的正確性：在宋代，「凡將皆有黃金享士」。他還說：「終宋一世，名將如雲，職此之故。」[48]這無異於是說，在軍隊中提升團隊精神的最好方式就是滿足戰士們唯利是圖的本性。

倪元璐政治思維的務實性，有時在他的個人作品中也有體現。他對張居正的評論，也許可以引以為證。張居正雖然曾經是自己父親倪涷的政敵，然而，倪元璐卻難以抑制對張居正的欽佩之情。他說：

> 自江陵之身，功過離擘。……故憍中足智，戴威震主者，過也。錘邊鞴吏，快賞決罰，陶鑄天下，歸於湛新者，功也。過已墮其家矣，而功揭於國，雖加利銛，益以健爪，不可得鏟焉。[49]

在寫給楊嗣昌的信中，倪元璐再一次提到張居正。這一次，他說：

自神廟中江陵相以健敗，後之執政者陰擅其柄而陽避其名，於是乎以瞶眊為老成，以頑鈍為謹慎，以陰柔為和平，以肉食素餐為鎮定，一切疆事、朝事置之度外，而日與傳燈護法之流彌縫補苴，以固其富貴。[50]

這兩篇文字，體現了倪元璐經世的熱情。早在一六三〇年寫給梅之煥的信中，倪元璐就曾經說過：「大都天下之勢，不患無議論而患無事功，不患無風節而患無經濟。」[51]

綜觀他的生活歷程，永不知足的事功追求，使倪元璐更像一個勤奮而機敏的學生，來瞭解時事。正如《四庫全書總目》所指出的那樣，倪元璐在實際問題上的個人知識之廣博，是他同時代的人們所無法比擬的。他的財政建議，經常是以事實為依據。他曾建議宮廷採辦折銀，而為了支持自己的論點，舉家鄉的貢物為例。為了說明海外貿易的合法性，他則強調海禁根本沒有什麼實效，因為國內市場上正充斥著「非西洋不產」的象牙、犀角。[52]當談及田

48《倪文正公全集》，奏疏，卷六，頁二—三。
49《倪文正公全集》，文集，卷十四，頁八。
50《倪文正公全集》，書牘，卷十九，頁一。
51《倪文正公全集》，書牘，卷十八，頁一八。
52《倪文正公全集》，奏疏，卷九，頁五；《倪文貞公年譜》，卷四，頁一三。

賦之弊時，他不僅揭發了各種弊端，而且對納稅者被巧取豪奪的數量也有所估計。[53]

倪元璐把所有的實際知識都歸入到「學」的範疇。在一六三二年寫給黃道周的信中，他強調說：「夫聖賢之道，體用一原，是故言性命者學也，言事功者何莫非學？」接著，他列舉了他內心所見的學問科目，包括農田、水利、邊防、錢賦等。他問黃道周說：「若夫浚羲文之畫，轉濂溪之圈，摭拾禮樂，塗改詩書，曾足以盡學乎？」[54]一六三五年，時任國子監祭酒的倪元璐，在其課程中設有所謂的「經濟」之科，包括兵、農、水利、律、曆。[55]

倪元璐的態度及行為，既不是革命性的，也沒有驚人的原創性，但卻與十七世紀絕大部分的學者官僚不同。對於組織的理解、對於分權和授權的支持、對於供需規律的重視、對個人利益及利潤驅動的認識，以及要求按照規律來管理經濟，跟同時代的人相比，這些想法離我們更近。那麼，我們是否可以進而將他稱作是一個政治現實主義者、實用主義思想家、經驗主義的社會學家，或者晚明時期「萌芽」的市民階層資本主義的代言人？在最後一點上，如果你接受中國大陸上幾位社會經濟史學家所提出的觀點——東林黨的成員與十七世紀初期江南蔚然興起的市民階層有著緊密的聯繫，[56]那麼，倪元璐跟東林黨的密切聯繫會讓你很容易把他想像成一個「新階層」的政治發言人。

回答這類問題之前，我們必須將倪元璐的政治思想、經濟思想置於新儒學的背景中去思考。這樣做自然會有不少困難。首先，在倪元璐的作品中，我們找不到倪元璐思想的系統闡述。即使是他的經濟思想，倪元璐也從未系統闡述過。其次，倪元璐關於實際問題的看法大多數存在於他在做戶部尚書時——也就是他的職業生涯末期——給皇帝上的奏疏之中，然而其哲學觀點的精髓卻不得不到他早期的作品中去尋找。倪元璐的文集最初出版於一六四二年，現在已收入到他的全集之中，其中許多文章沒有注明具體時間。這些文章反映了這位儒家學者的多種多樣的興趣和需求。然而，作者從未想過要構建一個哲學體系。而且，倪元璐的思想淵源頗多，不能輕易地認定他屬於某個學派或歸屬於某種傳統。例如，他從不隱瞞自己對佛教的迷戀。一六二九年，他曾經用了一整天的時間從頭至尾抄寫了一部《金剛經》，並把抄本存放到一個寺廟中。[57] 一六四二年，為了應對家鄉浙江的災荒，他組織了「一命浮圖會」。這項慈善事業以佛教詞彙命名，反映了佛教的教旨。[58] 他的詩和畫，則經常體現出

53《倪文正公全集》，奏疏，卷八，頁六—七。
54《倪文正公全集》，書牘，卷十八，頁三—四。
55《倪文貞公年譜》，卷二，頁一六。
56 參見費維愷（Albert Feuerwerker）〈從「封建主義」到「資本主義」：最近中國大陸的歷史寫作〉，《亞洲研究雜誌》，一八：一（一九五八年十一月），頁一〇七—一一六。
57《倪文貞公年譜》，卷一，頁二〇。
58《倪文貞公年譜》，卷三，頁八—九。

道教的情趣。在軍事政策方面的建議，清楚表明倪元璐受到過孫子以及《戰國策》、《春秋》等經典著作的影響。所以，倪元璐的「新儒學」相對較為寬泛，不是狹義的「新儒學」。

然而，毫無疑義，作為思想家，倪元璐跟晚明的主流是合拍的。像許多同時代的人一樣，他接受了王陽明的一元論，儘管稍有調整。試圖調和宋代理學和王陽明心學，是晚明時期的潮流。[59]按照倪元璐的傳記作者所說，他是鄒元標的弟子，而且跟黃道周、劉宗周有密切的關係。這一說法的意義是：它們表明倪元璐亦從屬這一思潮。鄒元標屬於王陽明心學的江右學派。江右學派是相對篤實的一群學者，能夠忠實地秉持陽明之教，而不像王門左派那樣決裂。[60]黃道周和劉宗周則都以朱子之學來闡釋陽明之學，一直都在為朱子學和陽明學尋找傳統倫理重建的共同基礎。[61]

不過，倪元璐本人的思想發展，卻不斷表現出反宋學的傾向。在晚年，他曾激烈地抨擊宋學。這在他對《易》的研究中清楚可見。一六三六年被朝廷罷黜後，他開始撰寫兩冊有關《易》的研究之作，取名《兒易》。在序言中，他說：

> 漢人說《易》，舌本強撅，似兒彊解者。宋人剔梳求通，遂成學究。學究不如兒。兒彊解事；不如兒，不解事也。[62]

在這裡，倪元璐表現了一個陽明學者對朱子學派沉悶的理學的排斥。他認為，漢代的注疏家以及宋代的理學家們，都沒有抓住《易》的要旨。他認為，《易》的要旨是每個人的內心都可以體認到的，是簡單明顯到連孩子們都能理解的。「兒」在這裡成了一種象徵，象徵著純粹而不矯揉造作的智慧，象徵著對於現實沒有成見的、本能的反應。對王陽明來說，對現實的那種反應，一直以來被視為真理以及本真倫理狀態的體驗。要看倪元璐對此是如何理解的，我們或許可以看一下他的一篇已經全部翻譯成英文的序言：

三聖人之易，斷於孔子。三聖人治體，孔子治用。治體握規，治用握矩。文周以前，人皆任質明，量取乎易者，概必君子。故貴以其圓神命易，使人知化。至於衰周，權智日出，苟使易，兩在遷流，則大賢大奸共享易矣。大賢大奸共享易，即必有

59 倪德衛（David S. Nivison）〈王陽明以來中國思想的「知」與「行」〉，載芮沃壽（Arthur F. Wright）《中國思想研究》（芝加哥，一九五三），頁一二二；十七世紀另外一位著名的思想家顧憲成，也主張調和朱子學與陽明學，參見卜恩禮（Heinrich Busch）〈東林書院及其政治和哲學影響〉，《華裔學志》第十四期，頁九七—一二〇。

60 《明儒學案》（萬有文庫本），第三冊，頁五二一。

61 張君勱：《新儒學思想的發展》（紐約，一九六二），第二冊，頁一七三—一七八；頁二五一—二五四。

62 倪元璐：《兒易內儀以》（叢書集成本，後來常被引稱為內儀），頁一。

> 非易之易起而亂易者。孔子懼夫圓神敗易，故尊典常，矩易使方，分設六十四者。卦執一德，循能責用，猶官畔然。故大象之曰：以者，言乎其用也。孔子用易，如丹制汞，使就財實。用豫治樂，豫盡，卦皆歸樂。用革治曆，革盡，卦皆歸曆。用師萃治兵，師萃盡，卦皆歸兵。用噬賁豐旅治刑法，噬賁豐旅盡，卦皆歸刑法。孔子之使易也，器之，易之，應之猶響也。觀其周綜卦德，博串象爻，疑有神靈，通乎夢見。此繇孔子制思微密誠察，而其詞體要，執術馭蹊，斷以數言，包囊全卦。譬晷一寸，鉗攝千里。夫子之文章，其才大力多然也。我不敢知，曰：文周所謀，定由斯義，而自孔子用之，何必文周不為此謀乎？
>
> 是故學易者不可以不明大象。離象求易，即力竭而思不得盡矣。夫易者，千世學者之所聚爭也。聚千世之材，爭立一易，寧有正易乎？而又以抵程朱之巇為有罪。今取諸仲尼之義，明不敢自用才，以庶幾不謬於文周，而挾孔子令程朱，程朱俛首矣，是故其道得明而易行也！[63]

在這段文字中，倪元璐表面上稱頌孔子及《易》，實際上卻提出一個根本性的問題，即：在儒學傳統之中，什麼才是最終的權威？有沒有確定無疑的、最終的對《易》的詮釋？如果將既定的權威當作唯一標準的話，那麼，孔子也將被視為僭越，因為他竟然敢對文王、周公所述加以增補。但是，對孔子之詮釋的普遍接受表明，面對歷史環境的變化，經典詮釋的真實基礎是高明的智慧，而非守舊不變。

此外，如果真是這樣，人們也許不用再讀孔子之後卷帙眾多的注疏之作。孔子也許會被視作唯一可信的學習《易》的準則，而學習孔子的唯一可信的準則，則是推理和實踐。因此，像孔子詮釋《易》一樣，倪元璐對孔子的詮釋也絕不自以為是。

在《兒易》一書中，倪元璐基本上遵守了自己的諾言，述而不作，力求闡述孔子的本意。《兒易內儀以》中大量用以支撐自己論點的歷史事例，[64]只有兩處晚於孔子，其他全部是引自《尚書》、《詩》、《春秋》等書。《外儀》篇倒是有孔子以後的歷史事例。但是，倪元璐所劃分的這兩種證據之間的區別，清楚地確定了兩者的優先順序。就孔子以後的歷史事例來說，作為詮釋經典的一個要素，它並非無關緊要；不過，它必須讓位於作為基礎的歷史

63　這段文字載見《兒易內儀以》。本篇論文所用的版本，則載見於《倪文正公全集》，文集，卷六，頁一二—一三。其英文翻譯及部分特定詞彙的羅馬化，悉依李約瑟《中國科學技術史》（劍橋大學出版社，一九五六），第二冊，頁三一二—三二一。

64　在《兒易內儀以》的數百個事例中，只是第十八頁提到呂后、武后和王安石，在第五十八頁提及秦、漢、唐、宋。在《兒易外儀》中有更多的孔子以後的歷史典故。然而，倪元璐援引這些事例，只是為了說明孔子本人或者他相信是孔子本人的思想。

證據，以便判斷何者才是理解孔子的所思所想。從這些方面來講，倪元璐預見到了十七、十八世紀的思潮，即：回歸孔子及其經典，而不再把孔子之後的哲學家當作真理源泉；強調使用史學，而不是理論思辨以及形而上學，作為一種手段來確定何者才是可信的孔子之教。

當這篇序言收入倪元璐初刊於一七七二年的全集之中時，影射說孔子似乎應該向文王和周公道歉的話被刪除了。無疑，編輯者害怕這些話會因為不敬和大逆不道而招來譴責。然而，在晚明，類似的推論及懷疑論卻並非沒有前例。十六世紀末的李贄甚至更為大膽地質疑包括孔子在內的先賢們的神聖地位。[65]

傳統《易》學研究中充斥著不少神秘象徵主義和偽科學。這也是《兒易》一書所不能避免的（例如說蒼天長寬合計三十五萬七千里，即大約十三萬六千英里）。[66]而且，在每一段的最末，倪元璐都會轉而訴諸正直的生活以及健全的政府。同樣值得注意的是，倪元璐在序言中列舉幾種可以得到應用的卦，分別指向樂、曆、兵、刑——而這正是用來管理傳統中國的國家機器。在他的作品中，倪元璐還提出「效用」、「功能」、「切實」，把它們當作真理的標準。的確，倪元璐使用的乃是一種構建很完善的新儒學的公式——「體」和「用」只是同一個真理的兩面。但是，我們不能不看到，當倪元璐以「體」來界定周文王、周公，以「用」來界定孔子時，他對後者的討論，更為雄辯，也更充滿激情。

在倪元璐看來，宇宙源於虛無。虛無產生萬物。萬物都是由某種原初的物質——「氣」

——組成的。「氣」是十一世紀的張載發展的一個概念，並且在晚明被廣泛接受。氣不但維持著人的生命，而且決定了他的能力和個性。這種原初性物質因此可以分成不同的種類。在倪元璐的著作中，就出現過「正直之氣」、「淳龐之氣」、「貞栗之氣」、「貞剛之氣」等。[67]「氣」本無善惡；其道德屬性似乎是取決於其內心的安排及平衡，和諧則氣純。在為崇禎皇帝起草的重新起用廢籍的東林黨人的一份制誥中，倪元璐寫道：「朕誠欲建中和之極。……使諸種幻影之氣化為彩雲。」[68]

倪元璐一六三六年寫作《兒易》時，他已不再經常使用「氣」這個概念了。這個概念從

65　容肇祖：《李贄年譜》（北京，一九五七），頁八、三五、六一。

66　《兒易外儀》，頁九四。

67　《倪文正公全集》文集內經常提到不同種類的「氣」。如「淳龐之氣」見卷九，頁一；「貞剛之氣」見卷八，頁一三；「貞栗之氣」則為蔣士銓引倪元璐語，載見蔣士銓所著《倪文貞公本傳》，頁二。需要注意，「氣」分不同種類的概念使得倪元璐似乎接近於程頤之學，而不是程顥之學。在程氏兄弟之間，程頤強調質受之不同，而程顥不作這種區分。程頤開啟出朱熹之學，而程顥則開啟出陸象山和王陽明之學。參見狄百瑞《中國傳統資料選編》（紐約，一九六四年三印平裝本），第一冊，頁四七〇—四七一、四七三、四八一、四九二、四九五、五〇四、五〇七—五〇八、五一五。程氏兄弟所謂的「氣」是不同的概念，參見德克．博德（Derk Bodde）英譯、馮友蘭著《中國哲學史》（普林斯頓，一九五三），第二冊，頁五一八。

68　《倪文正公全集》，文集，卷一，頁一五。（譯者按：後半句始終無法查到原文。此處意譯。）

此被「才」的概念所取代。從以下倪元璐作品中所摘取的段落，我們可以看到「才」是氣或者生命力的表現：

才德之相賊，亦若水火也。作物之氣，裂器以求棱。挹己之心，刓隅而保質。69

在這裡，倪元璐所說的「德」，實際上是「功能」、「用」或者「將某種設施交由別人使用而不求回報的能力」的意思。我們看到，在倪元璐更早的文章中，他使用「德」這個詞彙來表示卦的用途。在某一處，他把「德」定義為承受外來負擔的能力。例如，世間的「德」就是從這種意義上嚴格分析而得出來的。馬能夠馱運重物，即是馬之「德」。70

大體而言，「才」反映一個人追逐私利的強烈欲望和動力。宇宙正是靠著自己的「才」和資源而存在；同時，宇宙還將「才」賦予給所有的事物，使它們得以生存。人也受惠於這種慷慨的賜予。用倪元璐自己的話來說，就是：

人皆能自生，不教而知求男女也。皆能自養，不教而知謀飲食也。皆能自治，不教而知愛親敬長也。71

人自然會敬其長，這在西方人看來也許是一個可疑的設想。然而，像許多其他中國學者一樣，倪元璐對這個中國文化背景中很強大的因素明顯是接受的，並把它當作為一種自然的本能。

像「氣」一樣，「才」本身並不邪惡。它們並不需要被壓制。相反，它們應該得到提升，同時要通過學習來謹慎地加以校正。雖然「才」和「德」在倪元璐看來「亦若水火」，然而，從倪元璐的一元論出發，這兩種東西也並不是由全然不同的物質構成的。實際上，「德」源出於「才」。人要有「才」，方可有「德」。承載外來的負擔，需要有內部的力量。一個人只有具備了所需之能力，方可幫助別人。最有才能的人，才最可能提供更多的公共服務。倪元璐的另外一句話是這麼說的：「才者，冒德之稱也。」[72]談到政府官員時，倪元璐還說：「即吏無才，誰德吏者？……夫才，亦德之輗軏矣。」[73]這跟他早先所說的「才」無

69《倪文正公全集》，文集，卷十一，頁一一。

70《兒易內儀以》，頁二；《兒易外儀》，頁二八；按，葛瑞漢（A. C. Graham）把「德」等同於「內部的能量」（inner power）、「超自然力」（mana）。參見葛瑞漢《中國的兩位哲學家》（倫敦，一九五八），頁一一二。

71《兒易內儀以》，頁八四。

72《兒易內儀以》，頁八四。

73《倪文正公全集》，文集，卷四，頁一五。

善惡，或者說「才」的善惡取決於人的內心安排及平衡等邏輯，是相近的。這裡，倪元璐強調，人追求私利的欲望不能說是有害或者有益的，因為這取決於它向哪裡發展。

「德」不僅是先天的，也可以由後天的努力而得到。冰變得更厚，冰的德就在增加，直到它可以承載馬車。「君子以順德，積小以高大者，以其積漸而然，不為逆施，故曰順也。」[74]「德」之極即是「仁」、「義」。

在倪元璐那裡，儒學價值跟更為廣泛的宇宙秩序是密切聯繫的，甚或可以說是融入其中的。從倪元璐之有機的觀點來看，人之「德」，跟馬之德、冰之厚、地之厚是可以相提並論的。

然而，宇宙的運行，並不取決於「氣」或者「德」，而取決於陰陽之動。盛衰消長的循環輪轉，一刻不停。對於個人來說，宿命也還是存在的。「天地命之為英雄則英雄也，不繇豪舉憤張而得之。」[75]

那麼，人是否就應該屈服於命運而無所作為呢？倪元璐認為絕非如此。命運絕不是絕對的。好的運氣也會耗盡；壞的運氣的影響，即便無法避免，也是可以將它降到最小。[76]《兒易外儀》開篇就說：

《易》者，救世之書也，不欲使人冥，萌闕端靜而受禍福。命樞教轉，命機教發，命易所以教變也。[77]

但是，人所能做的也是有限度的。倪元璐建議說，隨著宇宙之氣的運動而掌握好一個人行動的時機，是很重要的。在萬物舒發的時候，即便普通人也可以發揮其優點。在困難的時候，即便最具天賦的人也只能祈求免禍。[78]同樣，「聖人以天地恆多難，不必可冀無為之福；君子恆易退，不必能竟有為之才」。[79]

這樣，倪元璐雖然強調人的自然稟賦，並且認為人的自然稟賦基本圈定了其道德潛力，但他卻說這不是決定性的。換言之，在宿命論的大體框架之中，人仍然是可以行使一定的自由意志的。從以上所引述的話語，我們還可以得到另外一個結論，即：在倪元璐的思考方式下，宇宙運行跟人心是沒有關係的；它的發展過程跟人有沒有「德」是毫無關係的。因此，

74《兒易內儀以》，頁二、五二。
75《兒易外儀》，頁一八四。
76《兒易外儀》，頁一七一。
77《兒易外儀》，頁一。
78《兒易外儀》，頁一七一—一七二。
79《兒易外儀》，頁一。

這就意味著的確存在兩種系列的人的價值觀：一套就是德，或者說就是倪元璐視為「本能的、自發的」儒家的價值觀；另一套價值觀涉及成敗，雖然大體上是由「數」所決定的，但人們卻至少應該盡最大的可能，以獲得最大的成功，避免致命的錯誤。

因此，人會同時陷身於兩種追求之中。一方面，人不得不循其自然之性，而作為回報他可以提升其精神價值；然而，另一方面，人又不能無視世俗的得失及成就。對人來說，世俗的成功本身也有其價值及旨趣。關於這一點，從以下《兒易》中的一段話就可以看出：「易之所欲大見者，業也；業大見而易可以王天下。易之所不欲專居者，德也。德專居而易不過以禦其憂患而已。」[80]

倪元璐用了四年的時間（一六三六—一六四〇年）認真撰寫《兒易》一書。據他的學生說，倪元璐對該書的計畫和思考有十年之久。[81]這也證實了我們的觀察：倪元璐所奉行的總體上注重實效的、功利的財政政策，並不能僅僅被視為一個草率出臺以應對當前情況的應急措施而可以忽視。這些政策直接源出於作者的信念，而這些信念在作者與《易》相關的著作中是有過表述的。

但是，生命旨趣的雙重性所帶來的自然而然的結果，便是兩種旨趣之間可能互相衝突。在一六二八年寫給朋友的一封信中，倪元璐談起了崇禎皇帝：「主上……而微窺睿意，尚似尊富強於仁義之上，則亦未有人委曲陳明者。」[82]另一方面，在前引一六三〇年代寫給梅之煥的一封信中，倪元璐卻又表達了時下道德議論過多而事功關注者少的觀點。

倪元璐在「德」與「才」之間所維繫的那種晃晃悠悠的平衡，做起來比說起來更難，用作個人道德標準卻比用作國家財政政策基礎更合適。由於不願意將私人道德和公共道德作嚴格區分，倪元璐不可避免地掉入陷阱之中。他經常會拋棄所有的用以解決政治問題的現實主義途徑，回歸到傳統理念，認為重整道德是國家事務中的最重要的問題。從一六四四年初——那時他雖然還在戶部尚書任上卻臨時充任皇帝的講官（他本人和崇禎皇帝都只剩下三十五天可活了），一直到逝世，倪元璐仍然不斷地在思考「德」的問題。在倪元璐講論經典時，崇禎皇帝忍不住問道：「今邊餉匱絀，壓欠最多，生之者眾，作何理會？」對於這樣的問題，倪元璐沒有給出令皇帝滿意的答案。最後，無論是作為學生的君王，還是作為帝師的戶部尚書，都覺得尷尬。[83]

毫無疑問，倪元璐的一些經濟政策是有益於貿易和投資的，從而也有益於資本主義。但

80《兒易外儀》，頁一七一。
81 此是王鯤所言，參見《兒易內儀以》，頁一。
82《倪文正公全集》，卷十八，書牘，頁一三。
83《倪文貞公年譜》，卷四，頁二五—二六。

是，對於道德重要性的壓倒一切的信仰，表明倪元璐的新儒學外觀和西方「資本主義」的典型要素相比，還是有著根本的不同。正如馬克斯・韋伯所指出，「資本主義的精神」把攫取金錢當作終極目標，而不是把它當成做其他事情的手段，更絕不視此為邪惡；對於金錢的攫取，不會因為生活達到了滿意的水平或者說達到了傳統的幸福感的水平而停止。[84]在另一方面，倪元璐的「德」的概念，卻要求每一個人追逐私欲的同時，在內心深處保有一個煞車。當他在家鄉組織賑米的會社時，倪元璐也並不希望把利潤轉化為投資，從而增加會社的資本。他聲稱，每個捐獻者每年所獲的利潤分紅相當於二百四十畝上等耕地的回報，而且捐獻者能將這些投資傳給他的子孫後代。這表明，當時那些利潤是逐年分散給了各個成員的。[85]

倪元璐許多的主要政策，不僅不利於資本主義的生長，實際上還有害於資本主義的生長。例如，為應對浙江的水災，他設計了所謂的倪氏族約，要求所有成員每年將其收入的百分之四・一七貢獻出來。這些錢作為救災物資，將用來賑濟族中的窮人。這一族約的雙重目的，是「一則使貧族不受賑於他人，一則使富族不報名於官府」。[86]他的潛在的思考是，作為社會機體的家族必須是完整的、自足的，以便在其內部可以滿足成員們的需求。倪元璐通過一種「家族官僚制度」來尋求滿足家族成員需要的方式，完全是傳統的——對自由經濟的發展而言，這是一種消極的力量。[87]

這樣，儘管倪元璐解決財政問題的途徑是相對「現實主義」的，但是他遠未獲得一個政治家的實際成功，也沒有為其社會思想奠定科學的基礎。列文森在分析清初經驗主義的失敗後說，社會科學家通常是追隨著自然科學家的腳步，所以不能奢望社會科學能超越自然科學而趨於成熟。[88]李約瑟認為，自然法則（Natural Law）和自然規律（laws of nature）之間的區別，是在蘇亞雷斯（Suarez）、開普勒（Kepler）、笛卡爾（Descartes）（這些人生活、工作的年代，大致與倪元璐同期）的時代完成的，標誌著歐洲科學史上巨大的突破，並最終使西方人在科學研究上超越了中國人。[89]倪元璐缺乏對科學知識的接觸，而這是成為一個能幹的社會科學家所必需的；不但如此，倪元璐還不能夠在物體和概念之間作出區分，更不用說自然法則和自然規律了。像大部分中國學者一樣，倪元璐沒有任何邏輯訓練，因此經常把一

84 馬克斯．韋伯：《新教倫理和資本主義》，轉引自楊慶堃（C. K. Yang）對韋伯《儒教與中國》的介紹（紐約，一九六四），頁xvi。

85 《倪文貞公年譜》，卷三，頁一三；《倪文正公全集》，文集，卷六，頁一九。

86 《倪文貞公年譜》，卷三，頁一〇。

87 馬克斯．韋伯：《儒教與中國》，頁九〇、九五f。

88 列文森：《儒教中國及其現代命運》（伯克利，一九五八），頁七—一四。

89 李約瑟：《中國科學技術史》，第二卷，頁五四〇—五四二。

些隨意的類推當作大前提，並以此推出結論。陳榮捷批評王陽明經常混淆真實和價值。[90]我相信這一批評也適用於倪元璐。

在認清倪元璐的弱點的同時，我們卻也不能簡單地把倪元璐當作一個新儒家學者而忽視，或者否認他的聲望——他比任何同時代的人都更清楚地認識到根本性財政變革的需要。倪元璐時代的大部分儒家學者，看不到朝廷面臨的巨大困難。這種困難不僅僅來源於軍費籌措，更來源於王朝的體制缺陷。[91]帝國的整個財政機構太過陳舊，難以應對由全國性的緊急情況所引發的種種問題。許多國家制度，諸如鹽稅、軍屯、漕糧，都太過時，也無助於資源的動員。所以，一方面是緊密而徹底的財政權力集中，另一方面卻是資金的分散。名義上的體制，與實際運作之間差距甚遠。稅法難以得到執行。國內貿易和國際貿易沒有得到提升，無法成為新的財政來源。倪元璐的改革範圍雖然不廣，也不完整，卻至少代表著一些對現存制度的修補。他的計畫，以及他的打算，雖然也是基於從上而下的預定的安排，也是圍繞著靜滯的農業經濟而設計的，但卻反映了一種要與傳統的財政管理概念相決裂的趨勢。

因而，對於倪元璐思想的考察，讓我們看到倪元璐的「現實主義」如何能洞悉一些潛在的經濟因素在晚明發揮作用，又是如何針對它們所造成的問題提出建設性的修補意見。另一方面，倪元璐的建議又遠不是激進的或革命性的。他認識到個人利益是經濟生活的基本動機，然而他又不能容忍任由人的自私動力應該充分發展的觀念，也不贊成對中國社會的整個社會和道德架構予以修補，從而使個人獲得更大的自由。因此，他的功利主義的運作，並沒有超越儒家學者的有效政府管理的傳統。即便倪元璐沒有為明朝的滅亡殉節，他的「現實主義」或「功利主義」思想到清代也不可能造成一種邁向自由、科學思想的重大潮流。倪元璐的思想更為典型的結果與合乎邏輯的實行，最好的例證也許就是他的結局——願意犧牲自己以體現儒學的價值。

原載 *Self and Society in Ming Thought*, by Wm. Theodore de Bary and the Conference on Ming Thought（New York and London: Columbia University Press, 1970）, pp. 415-449.

90　參見陳榮捷：《王陽明傳習錄詳注集評》（紐約、倫敦，一九六三）的導言，頁xxxiii。

91　這些特徵在我的論文〈明代的財政管理〉中有過討論。該文曾提交一九六五年八月的明代政府研討會，並收入賀凱主編的《明代的中國政府：七篇研究》（紐約，一九六九）。（編者按：該文已收入本書。）

十六世紀明代中國的軍費[1]

1 作者按：本文主旨與我關於明代財政的長期研究計畫是密切相關的。在執行該計畫的過程中，我得到了幾個基金會及教育機構的無私資助。我會在將來一併表示感謝。然而，此篇論文的發表，我首先要向密歇根大學東亞研究中心表達我的感謝之情。一九六八年夏季，該中心提供研究資助，使我方便接觸其各種資源，從而能夠完成現在這篇論文的大部分工作。我還要感謝那些曾慷慨給予我幫助的人。富路特（L. Carrington Goodrich）博士曾閱讀過這篇論文的初稿，並提出了許多有價值的建議及修改意見。詹姆斯．帕森斯（James B. Parsons）教授從初稿中提煉出摘要，並替我在一九七〇年舊金山的亞洲研究年會上宣讀。

I

十六世紀中期，明帝國的軍事力量陷入最低谷。十年之間，能夠率十萬騎兵縱橫於野的俺答汗，不止一次襲擾京郊。一五五〇年，人們在北京城門上就可以看到四處飛奔劫掠的蒙古騎兵。然而，雖然有六省勤王部隊的增援，駐防北京的軍隊卻不敢出戰。劫掠者可以隨心所欲地進入內地，幾乎不會遭遇任何抵抗，然後帶著戰利品回到邊境。北京的駐防部隊原本應該是一批隨時做好戰鬥準備的部隊；它由七十八個京衛組成，按規定，總兵力達到三十八萬人。[2]

數年之後，因為倭寇問題，南方軍備不整的問題同樣暴露出來。一五五五年，謠傳說一隊倭寇深入到蕪湖之後，掉頭威脅南京。根據歸有光的說法，南京「舉城鼎沸」。但是，歸有光後來又提到，所謂的一隊倭寇，實際上是一群與倭寇主力失散、不超過五十餘人的散兵游勇。[3]谷應泰在談及此事時記載說，六十七名倭寇經行內陸數千里，殺傷無慮四五千人。[4]在十六世紀中期，南京諸衛的軍力，定制是十二萬人。

士兵們都到哪裡去了？這個問題的答案，要到歷史深處去尋找。在明代衛所制度長期衰敗的背景下，南方及內陸省分退化得最為厲害。廣西的軍隊數量在洪武時代是十二萬人，到一四九二年減少到一萬八千人，僅剩原有人數的百分之十五。江西的南昌左衛，額定人數是四千七百五十三人，到一五〇二年軍中現役人數僅一百四十一人，還不到原額的百分之三。[5]浙江的金華千戶府額定人數為一千二百二十五人，到十六世紀，營中僅剩三十四人，同樣不到其滿員狀態的百分之三。[6]一五一〇年到一五一五年間的兵部尚書王瓊就說，到他那個時候，衛所軍士逃亡十之八九。[7]王瓊的話並不誇張。

明代的作者們在談及衛所制度衰敗時，經常強調軍屯的敗壞。軍屯敗壞的原因，則又經常追溯到由蒙古人侵襲、軍官侵占、種子及耕畜的缺乏等等導致的邊疆耕地的減少。這些推論是正確的。然而，它們卻忽略了世襲軍戶制度的根本性缺陷。可以說，這項制度本身就是一個時代錯誤。當洪武朝建立軍屯之時，並非所有身處於軍隊冊簿內的家庭都是樂意的，因為很少有人願意讓自己的後代子孫永遠服兵役。湖廣、廣東和山西的民戶，儘管極不願意，

2《世宗實錄》（中研院史語所校印本；後文所引其他年代的《明實錄》，悉據此校印本），頁六五一四；賀凱：〈明代的政府組織〉，《哈佛亞洲研究》，二三（一九六〇—一九六一），頁六一。

3《歸有光全集》（國學文庫本），頁九五。

4《明史紀事本末》（三民書局），卷五十五，頁五九七。（編者按：原文說倭寇數目為「六七十人」。）

5《孝宗實錄》，頁一二六一、三四二四。

6《金華府志》（一五七八），卷二十一，頁五。

7吳晗：〈明代的軍兵〉，《中國社會經濟史集刊》，五：二（一九三七年六月），頁一六九。

卻也一古腦兒被編入軍屯。原則上，屯軍每人將授予五十畝耕地。然而，我們從地方志中看到，授地五十畝只是一種理想狀態，而不是事實。在許多情況下，屯軍只得到二十畝耕地，有的甚至更少。而且，分配給屯軍的耕地，又並不是都在本地，而可能散布於好幾個縣。士卒們服役沒有固定的軍餉。每個人每月發一石米、少量的鹽，以維持其家庭。過冬的衣服，根據不同的供應狀況，或者是做好的成衣，或是布料和棉胎。然而，在十四世紀及十五世紀初期，現役士兵的生活狀況倒也不窮困。這很大程度上是因為皇帝會不時地「大賜」。儘管賞賜並無定期，然而，在那些年裡，每個士兵每年得到二十五貫寶鈔的報酬是比較常見的。這筆錢加上糧食配額，就可以使士兵的家庭得到充足的供應了。從《明實錄》零散的條目中，我們能對這一時期朝廷發行的寶鈔的數量有一個大致的瞭解。據估計，僅一三九〇年一年，明太祖就印行了大概八千五百萬或九千萬貫寶鈔，以應付各類開支。[8]根據官方的兌換比率（一貫寶鈔可以換一石米），這個數量相當於兩年半的賦稅收入。即使按照市場價格（四貫寶鈔換一石米），這個數量也比半年的賦稅收入要多。很明顯，以沒有準備金的紙幣寶鈔來支付軍事開支，不可能是持久之策。

洪熙和宣德朝以後，寶鈔貶值了一千倍。從那時起，皇帝就不再大加賞賜了。偶爾的賞賜，到此時也就沒有什麼意義了。一四二五年的一道聖諭，減少了士兵們所納的屯田子粒。之前，每位士兵要納子粒糧十二石；此後，每位士兵僅需納糧六石。[9]歷史學家們引述此事，稱讚仁宗和宣宗減免百分之五十子粒的寬仁。然而需要注意的是，這道恤免諭令的頒布，恰是在不再準備大加賞賜的前夕。

建立軍屯制度，原本是希望軍隊可以自給自足。然而，據我們觀察，這一目標從來就沒有實現過。從明太祖自己所寫的《大誥武臣》中就可以發現，南直隸的兩處軍屯在實行軍事屯田二十年後，仍然不能實現自給自足。[10]永樂初年，據說河南的屯田軍士甚至無法自供半歲之食。[11]《春明夢餘錄》列出了明朝前期撥給京衛的屯田。作者孫承澤得出結論說，即便在收成最好的條件下，衛所也不可能靠屯田自給自足。[12]在一四二五年聖諭使每個士兵上繳屯田子粒減半後，整個軍屯體制自給自足的可能性就更加微乎其微了。

在十五世紀和十六世紀初，朝廷沒有對這種狀況做足夠的修補。供應不足時，軍隊只是簡單地減少士兵的食物供應。士兵們的部分俸糧，還可能被折成寶鈔，或者棉布、胡椒及蘇

8　這是依據《太祖實錄》內六十九條資料匯輯而成的，頁二九八一—三〇八〇。
9　《仁宗實錄》，頁二一四；《春明夢餘錄》（古香齋袖珍本），卷三十六，頁三；《大明會典》（一五八七），卷十八，頁一三；《明史》（臺北），卷七十七，頁八二〇。
10　《明朝開國文獻》（學生書局重印本），第一冊，附錄頁九。
11　《太宗實錄》，頁五〇〇。
12　《春明夢餘錄》，卷三十六，頁二。

木。折換的比率也隨著不同的命令而變化不一。已經結婚成家的士兵，和沒有結婚成家的士兵也是不一樣的。每月一石米的供應，從一開始就不夠，而折色又導致實際上是取消了俸糧。一四六八年，一些士兵被告知說，他們的俸糧中的折色部分減少到每人只有四兩胡椒和蘇木，並且還要到遙遠的倉庫去領取。他們明確拒絕了這種支付方式。[13]一四八九年，山西的一位千戶報告說，自己的士兵已經兩年沒有領過俸糧，六年沒有領過棉布或棉花。[14]一五一一年，明朝政府解決了河南士兵的俸糧拖欠問題，其中部分拖欠是從一五〇二年開始一直積壓到那個時候。延期支付的俸糧以每石二十貫的比率折成銅錢，[15]僅相當於原有價值的百分之五。

士兵們儘管完全不能得到報酬，或者得到少許報酬，他們中許多人卻還要承擔賦役。士兵應召入伍時，他要自己提供裝備。那些安排去大運河運輸漕糧的士兵，儘管可以從納稅者所交的加耗中得到一些津貼，卻又有修繕漕船的責任。漕船每十年就要重修一次。為了應付這筆開支，通常每名運軍每年要繳納三到四兩銀子。[16]總體來說，北方邊境各軍事單位的定量配給還比較正常，並且在十六世紀也部分折銀。然而，每個騎兵必須保證自己的馬服役十五年。除非戰死，一匹戰馬如果不到十五年就死了，牠的主人就要按戰馬尚未服役完的年限來進行賠償。由於士兵很可能沒有賠償能力，軍隊指揮部門總是會預先部分扣除整個軍營甚至整個軍團的配量。因此，損失賠償並不是由單個士兵完成，而是從這筆存留資金中扣除的。[17]士兵的待遇如此嚴酷，士兵大量逃亡也就一點都不奇怪了。

對那些得到五十畝分地並從事屯田的屯軍而言，子粒減免之後，每年向政府納子粒六石仍是一個不小的負擔。實際上，這樣的稅額，是農戶們繳納的正常田賦的五到十倍。後代子孫必須永遠服役，也無法讓人心情愉悅。而且，到明代中期，官方土地登記管理如此腐敗，以至於屯田經常被耕種者出售或者抵押。[18]到這個時候，軍戶已轉而從事其他職業去了。除非明代朝廷採取強有力的「清軍」政策，否則整個軍屯制度就不可能繼續存在。士兵潛逃後，清軍御史可以按清軍冊勾捕逃軍的親戚或者負有連帶責任的近鄰。如果被牽連的相關人等同意出錢雇人，並出資為被雇傭的人完婚安置，讓他頂差，勾軍通常才算結束。[19]但是，

13《憲宗實錄》，頁一一六六。

14《孝宗實錄》，頁五七九。

15《大明會典》，卷四十一，頁一七。

16 參見我的博士論文《明代的漕運》（密歇根大學，一九六四；微縮膠捲），頁九二—九六。

17 谷光隆：〈明代椿朋銀研究〉，《清水泰次博士追悼紀念明代史論叢》（東京，一九六二），頁一六五—一九六。

18 魏煥：《皇明九邊考》（一九三六年重印本），卷一，頁二五；卷一，頁二六；顧炎武：《天下郡國利病書》（四部叢刊本），卷十三，頁七一；卷二十六，頁一〇六—一〇七。

19 關於「清軍御史」，參見：賀凱〈明代的政府組織〉，頁五一；賀凱《明代的監察制度》（斯坦福，一九六六），頁七五—七七。關於勾軍的個案，參見：陸容《菽園雜記》（叢書集成本），卷一，頁一一；吳寬〈崔巡撫辯誣記〉，載《吳都

這一切是一個緩慢的過程。一次勾軍剛剛結束，往往更多的軍士卻已逃亡。

到十六世紀，如果一個衛所仍然擁有規定軍士人數的百分之十，就可以被視為是個異數了。北京周邊七十八個衛，能給京城駐防部隊提供的軍士數量，不會超過五萬到六萬人，其中大多數後來成了宮殿建設的勞工，其他的則被分配到軍隊的馬廄中做馬夫，或被分給官府做侍從，乃至成為私家僕人。真正扛著武器的人，大概不到一萬人，其中還有不少是被雇來代人服役的乞丐。[20]

北部邊鎮的情況稍微好一些。邊鎮通常能維持其規定的士兵人數的百分之四十左右。在一四八七年孝宗登極時，新皇帝向邊鎮的每位士兵賞賜二兩銀子；這一次登極大賜共計賜銀六十一萬五千三百二十兩。[21]因此，照這份官方的統計，前線服役的士兵大約有三十萬人。對於二千里的邊境線而言，這些守衛力量是不夠的。然而，由於防衛設施保養良好，軍隊數量雖然減少了，軍事供應卻比以前更多。

一四四九年土木堡之變後，邊境上所有屯種的士兵都被朝廷動員起來。屯軍們留下的耕地，則召民承佃。租稅從每畝〇．〇一五石到每畝〇．〇三石。這是讓士兵耕種所得淨利的百分之十左右。到十六世紀中期，宣府鎮所控制的土地中，有百分之八十被出租，只有百分之二十由軍隊自己耕種。[22]《萬曆會計錄》還提供了以下一些資料：在一四一二年，遼東的屯種收入為七十一萬六千一百石，十六世紀初為三十八萬三千八百石，而後者僅為前者的百分之五十三；大同鎮的屯種收入在一四四二年為五十一萬三千九百零四石，一五三五年為十一萬二千九百九十八石，而後者為前者的百分之二十二；宣府鎮的屯種收入在一四四八年為二十五萬四千三百四十四石，一五一五年為六萬九千七百六十石，而後者為前者的百分之二十七。[23]這些資料沒有更精確的信息。然而，這些數字之間的巨大反差足以表明：十六世紀前後，這些軍鎮的自給程度正持續衰弱。

隨著其內部產出收入的下降，軍鎮的開支極大地增加了。自正統初年來，這些區域性軍鎮就不斷地通過募兵來補充兵源。大約在一五〇〇年，一個通行的做法被採納，即每個被召募的士兵將得到五兩銀子的獎勵。另外，馬匹及衣料也由朝廷供應。作為雇傭兵，被召募的士兵將穩定地得到報酬。在十六世紀中期，大部分被召募士兵每年能得到六兩銀子。[24]《明

文粹續集》（四部叢刊本）卷十六；倪會鼎《倪文貞公年譜》（粵雅堂叢書本），卷四，頁二二。

20 《憲宗實錄》，頁四〇六九；《世宗實錄》，頁一八九九。

21 《孝宗實錄》，頁九五。

22 《萬曆會計錄》（芝加哥大學，微縮膠捲），卷二十三，頁七、二一。

23 《萬曆會計錄》，卷十七，頁五；卷二十三，頁四—五；卷二十三，頁一四七；卷二十四，頁七、一一。

24 《大明會典》，卷四十一，頁一六、二四。

史》編纂者估計，十六世紀初各鎮士兵中約有半數是召募的士兵。[25]

邊鎮數量也在增加。一五〇七年火篩侵入寧夏，固原鎮建立；一五四一年，山西鎮建立，以應對剛剛占領河套地區的吉囊的威脅。這樣，十五世紀的七鎮，便擴大到九鎮。[26]

無論是舊的軍鎮，還是新建的軍鎮，都不斷要求朝廷增加軍隊。由於北京不可能向各鎮派遣軍隊，這些要求基本上改為要求增加補貼。戶部每年向邊鎮發去邊餉，始於正統年間。但是，在十五世紀，邊餉的總量在五十萬兩銀子以下。[27]然而，到成化、弘治年間，邊餉的數量逐漸開始上升。最初，從北京解送的邊餉分為兩種，即主兵年例與客兵年例。從理論上說，主兵年例是用來支付那些原本屬於該鎮的士兵，客兵年例是用來支付由其他區域派來增援的士兵。然而，事實上到那時候，每個邊鎮都兵員不足。所謂的增援士兵，很少會真正派到。然而，在嘉靖年間，除寧夏和固原以外，所有的邊鎮都有客兵年例。也許可以說，這一財政詞彙不過是一種偽裝，以便讓朝廷能夠接受以下現實：募軍已逐漸取代了徵兵，結果便需要更高的報酬。

一四四九年以後，明朝軍隊沒有再發動過攻擊性戰爭。致力於防守的各邊鎮忙碌於修築長城。系統的長城修築始於一四七二年的延綏總督余子俊。[28]最初，邊牆的修築，只是將山坡垂直削平，在山谷間挖掘深壕，並通過夯土的工程將現有的堡、塞連接起來。後來，長城的修築工程逐漸變得更為精細。很快，厚重的磚石結構出現了，帶著雉堞的城牆豎立了起來，並且還增加了儲備火器的碉堡。這些防禦工事歷經成化、弘治、正德、嘉靖、隆慶年代，到萬曆初年，即十六世紀八〇年代，已經持續了一個多世紀。在十六世紀中期，修建防禦工事的花費已變得十分驚人。例如，一五四六年，為了修建宣府、大同等地的邊牆，儘管勞役是徵發而來且不用支付報酬，政府修築每英里長城的花費仍達到六千兩銀子。[29]一五五八年，建設薊鎮段長城雇傭勞工所花費的勞力成本，是每英里六千三百五十七兩銀子。一份奏疏表明，如果要徵召勞工，承擔這些勞役負擔的人們實際所支付的則會是原有負擔的七倍。也就是說，由於管理不善，勞動力的成本可能上浮到每英里四萬四千五百兩銀子。[30]

隨著不斷增加的軍費開支，朝廷陷入到進退兩難的境地。衛所制度雖然難以為繼，然而卻又不可能廢除。根據王朝創立者的預想，軍屯制度能夠使軍隊自給自足，而政府發行的寶鈔可以一直通行，為此田賦設定在一個很低的水平。商業稅從來沒有得到認真的考慮；中央

25　《明史》，卷九十一，頁九五六；〈明代的軍兵〉，頁二二二。
26　《春明夢餘錄》，卷四十二，頁一七、一九；《皇明九邊考》，卷六，頁一三。
27　寺田隆信：〈明代邊餉問題的一個側面〉，《明代史論叢》，頁二七八。
28　《憲宗實錄》，頁二一一〇、三四七一；《孝宗實錄》，頁五三三；《國朝獻徵錄》（學生書局），卷三十八，頁六九。
29　按《世宗實錄》內的資料估算，頁五八〇〇。
30　按《世宗實錄》內的資料估算，頁七八四〇。

政府和地方政府的財政之間，也從來沒有清楚的劃分。到十六世紀，仍然沒有由中央政府直接控制的區域性金庫。賦稅收入總體上來說是按一成不變的程序來分配或撥付，即每個財政部門將它們直接送到特定的支出機構那裡，並認為收支就這樣可以逐項抵銷。那時，拖欠稅收開始成為很普遍的現象。[31]在這種時候，如果調整軍事編制和重建軍隊後勤保障，就意味著一切都將重新開始：不但政府機器需要重新設計，而且主流意識形態，即強調國家應當藏富於民的仁愛的、家長式統治的儒家原則——這是從太祖時期就被明朝確認的基本原則——在這種背景下也必須加以修正。的確，明代的皇帝及尚書們，藉口祖制不可更易，對改革總是表現出強烈的厭惡。在此當口，歷史學家同樣必須清楚：傳統中國，在一個王朝的中期進行改革，無論如何都不是一件簡單的事情。一個新王朝的開國君主所頒布的法律和規章，卻總是不能對幕後運轉的社會力量給予足夠的重視。那些詔令，主要是建立在君主意志的基礎上，而依靠著武力的劍而得以執行。到王朝中期，帝國控制力已經削弱。在稍後的日子裡改造現行的制度，很容易加速毀滅的進程。在改革目標實現之前，任何一種程度對控制的放棄，都仍然在嚴格掌握之中。因此，在那個時代，在廢除衛所制度方面沒有進行任何嘗試，也就毫不為怪了。實際上，在一六四四年明王朝滅亡之前的幾個星期前，戶部尚書倪元璐曾經最後一次提出廢除衛所制度的問題。在人口冊上，那時候仍然還有一百七十萬個世襲軍戶。倪元璐建議，每一軍戶交納一百兩銀子，以換取永久性地免除其軍役。然而，這樣的建議，換回的卻只是崇禎皇帝溫和的申斥。[32]

在十五、十六世紀，北京試圖修補殘破的時局。因為無法以自身具備的資源向邊境軍隊提供穩定的資助，朝廷最初命令北方四個省分增加供應。《大明會典》編輯時所收入的零散資料，使我們可以得出以下結論：到一五〇二年，山東、山西、河南和北直隸的人們每年總共要向邊鎮遞解一百六十萬石糧食，或者其他價值相當的物資；在一五七八年，四省向邊鎮遞解的糧食大約三百三十萬石；七十六年間，增加了百分之百。表面上，這些供應是從四省的田賦中抽取的，增加的部分也是從其他費用轉化而來，因此除了運輸費用之外，並不會對納稅者構成額外的負擔。然而，《萬曆會計錄》說：「國初民運坐派山西，率多本色，正德初始全折徵。」我們並不知道，在十五世紀，折銀的比率是多少？但是，《萬曆會計錄》表明，一四四三年折銀的比率是每石〇．二五兩；一四五七年，即僅僅十四年以後，折銀的比率是每石一兩。[33]即便納糧的部分數量保持不變，單從折銀的部分而言，人們的實際支付也

31　參見拙文〈明代的財政管理〉，載賀凱主編《明代的中國政府：七篇研究》（紐約，一九六九），頁一一八、一二〇—一二一。（編者按：此文已收入本書。）

32　倪元璐：《倪文正公全集》（一七二二），奏疏，卷十一，頁六—七。

33　計算的基礎見：《大明會典》，卷二十六，頁三；《萬曆會計錄》，卷二十四，頁二二。

至少增加了四倍。在一五五五年，山西省向大同鎮供應時，在每石一兩銀子的比率折算後，還增加了額外的「腳價」。[34]這背後的理論是：納稅者支付銀子而不是糧食，便節省了運費；這部分利益必須在必要的時候交給國家。這樣一來，大同鎮所得到的銀兩又增加了百分之二十。

正如我們此前所述，由北京送出的年例銀也有所增加。一五四九年後，年例銀的總量從來沒有低於過二百萬兩銀子。[35]必須指出的是，在俺答汗危機及倭寇之患以前，朝廷增加軍事供應的所有努力，都幾乎只限於北部邊境。因此，雖然不是非常有效，邊境的幾個軍鎮在半個多世紀裡還是堪以抵禦蒙古游牧部落的。相比而言，北京駐防部隊的表現卻慘不忍睹。還可以做出的一個概括就是：直到那時，長江以南幾乎沒有什麼國防。

II

十六世紀五〇年代的緊急情況，迫使明代朝廷必須做出迅速而劇烈的反應。表面上看，最簡單易行的方法就是宣布全面加徵賦稅。但是，這涉及許多明代特有的技術難題。儘管整個明帝國的稅率都很低，但是稅收義務的分配卻極不公平。大部分府縣所執行的，仍然是洪武時期所估定的稅額。過去，也曾經有過微小的調整，然而卻從來都沒有嘗試做一次全面的重新分配。而且，在近二百年中，土地交易是以這樣的一種方式運作：賦稅責任實際上跟土地所有權是可以分離的。富有的土地擁有者，可以切出一小塊土地用以出售。如果購買者願意承擔此前出售者所有土地額定的賦稅責任中的更大部分的話，那一小塊土地的售價會非常之低。相反，這個富裕的人還可以出高價來購買鄰居的大部分土地，而只接受較少部分的稅額。換言之，賦稅責任是可以分割的，並不必然與所交易的土地面積成正比。我們相信，比起別的做法來說，這樣的做法更造成了賦稅的不公平。除非進行普遍的土地清丈，並且重新分配稅額，否則，增加同一水平的賦稅非常不受歡迎。不但經濟落後的地區要承擔不適當的賦稅負擔，而且那些已經承受重賦的貧苦農民也會發現自己無法再活下去了。明代朝廷不願意採取大膽的步驟來解決這一基本問題，就不得不接受不斷萎縮的財政。這樣，明代的政府財政就像一串大小不同、強度不等的鏈環；它的整體擴張能力，因此也就受限於其中最弱一環的承受力。這一描述不僅適用於嘉靖一朝，也適用於明王朝此後剩餘的歲月。

一五五一年，在戶部尚書孫應奎的催促之下，明世宗命令加賦一百一十五萬七千三百四十兩。加賦明確聲稱只是暫時的，「候邊方事寧停止」。五個北方省分、兩個南方省分，以

34《萬曆會計錄》，卷二十四，頁二七。

35 寺田隆信：〈明代邊餉問題的一個側面〉，頁二七八。

及南直隸的六個府免予加徵，增賦只針對於帝國最發達的地區。[36]到十六世紀中期，國家額定的田賦總計為糧二千六百萬石，加上加耗則大約相當於二千五百萬到三千五百萬兩白銀。如果考慮到加派區域的情況，以及加賦不到財政收入的百分之四，一五五一年的加賦即使不能說全然沒有效果，實際上其效果也還是頗為輕微的。

其他籌措資金的手段，如增加兩淮地區的產鹽配額，估計總共能得到三十萬兩銀子。我們估計，部分暫緩送往北京的漕糧折成銀兩，大約也可以得到一百萬兩白銀。另外一部分田賦，儘管自正統年間以來就被折成一百萬兩白銀，並從此成了皇帝的個人收入，但在持續的緊急狀態下，也暫時由皇帝轉讓給了戶部。[37]這幾筆款項，使戶部得到了三百五十萬兩白銀。加上戶部接近二百萬兩的正常收入，這些款項使明帝國得以度過這場危機。然而，所有這些收入從本質上來說是暫時性的；沒有哪一筆錢是從新的稅源得來的。所有這些收入都花費在北京以及北部邊境上。為南方的抗倭戰爭籌集經費，就不得不設計完全不同的計畫。

III

南方的資金籌措計畫有以下鮮明的特徵：首先，所有資金由地方籌措，而不經戶部操控；朝廷或者允許巡撫、總督自主行使權力，或者根據督撫的請求授權他們徵稅。其次，所有的額外收入，原則上應該與現行的財政收入分開；它們將被獨立審計。第三，收入的來源極為多樣；它們由省級官員及軍官管理，其總額從未公開；甚至，監察官員的稽查也沒能提供一幅真實的圖景。第四，許多在抗倭戰爭中派生的新的收入及加耗，還包括許多令人討厭的雜稅，在戰後再也沒有廢除。

跟北方相比，南方的軍事形勢有根本性的不同。南方根本沒有足夠的現役部隊。整個野戰指揮部的建設不得不從零開始。甚至，總督、監軍以及總兵等都是在短時間內到任的。大多數士兵現場召募。張經出任總督（一五五四—一五五五年）時，新徵募的士兵包括廣西、湖廣的山民，南直隸的私鹽販子和山東的僧人。[38]後來召募的兵源，按籍貫彼此區分，如邳兵、漳兵、廣兵、義烏兵。另一方面，衛所軍及民兵只扮演很小的角色。《紹興府志》概括這種情形說：「衛者曰軍，而募者曰兵。兵禦敵，而軍坐守。兵重軍輕。」在整個抗倭戰爭中，僅浙江一省就徵募了一萬名這樣的客兵，甚至還雇用了遠航船。各個級別的官員們都在募兵。把總及把總以上官銜的軍官，都可以徵募「標兵」、「家丁」，組成自己指揮的精銳部

36《明史》，卷七十八，頁八二六；《世宗實錄》，頁六六〇四。
37《世宗實錄》，頁五三三九。
38 黎光明：《嘉靖禦倭江浙主客軍考》（北京，一九三三），散見各處。

隊。[39]環境對這種體制的不足有著決定性的影響。

在戰爭的早期階段，原則上資金來自提編。「提編」一詞，在英文中沒有合適的對應詞彙。「提」的意思是舉起，「編」的意思是組織起來。「提編」的概念最初有點像美國的國家防衛聯邦化。但是，明代中國的「提編」，絕大部分只是一個財政方面的詞彙，而很少涉及人事。一五五四年，朝廷命令推遲南直隸所有的州縣百分之四十的民兵役，每位緩役的人為張經的戰爭經費繳納七．二兩白銀。次年，皇帝諭令南直隸和浙江省每個縣按其規模大小提供二百名或三百名民兵，供總督驅使。後來，該民兵役的義務大部分解除，改為每年每人納銀十二兩。此外，南直隸和浙江兩個省的每一位服勞役者，也都要繳納一兩白銀。[40]隨著戰爭的拖延，「提編」延伸到里甲和均徭。從洪武朝起，每十戶為一甲，甲中的每戶輪流一年為政府督催稅糧，替十戶當差。從一四八八年以後，督催稅糧和差役被分開了。前者稱里甲，後者稱均徭。因此，每十年間，每戶要承擔兩次各為期一年的役，一次提供稅糧，一次承擔差役，前後兩次之間可以有四年的休息期。[41]「提編」就是將那些按原計畫將在次年服役的戶提前到當年。然而，實際上既不用督催稅糧，也不輪差役。所有的賦役義務，都折徵成了銀兩。

在這場延長了的戰爭過程中，這些稅款大多數都慢慢地轉加到田賦之上。這些稅款的攤派方法，在縣與縣之間、府與府之間都是不同的。最常見的模式就是丁四田六，即百分之四十的財政負擔是由當地登記在冊的成年丁男承擔，而另外百分之六十由土地所有者承擔。這種模式如今不是由中央政府的法律來規定，而是至少部分由省級官員實施，或者由總督們以軍事法令的形式來實施。在其最高點的時候，浙江和南直隸兩省的田賦加徵接近五十萬兩銀子。[42]這場戰爭之後，加徵雖有減少，卻也沒有完全免除。[43]

因為這場戰爭，東南諸省的各種賦稅如雨後春筍紛紛冒出。在福建省，寺田迄至當時一直免稅；戰爭期間，為了應付軍事開支，寺田也開始徵稅了。浙江會稽縣的山地，戰爭前一向只徵少量賦稅，這時增加了稅額。杭州城的商人和居民按照他們的店鋪或住宅的房間數被徵以「間架銀」。廣東省在主要橋梁徵收通行稅。順德縣徵收母牛屠宰稅。潮州府徵收鐵礦

39《天下郡國利病書》，卷二十二，頁二七、三三、三五；卷三十三，頁一〇九。

40《世宗實錄》，頁三二三七—三二三八、七二四一—七二四二。

41 山根幸夫：《明代徭役制度的展開》（東京，一九六六），頁一〇四—一〇六；海因茨·弗里澤（Heinz Friese）：《明代的徭役制度：一三六八—一六四四》（漢堡，一九五九），頁九七。值得注意的是，由於材料不足，梁方仲在一九三六年沒能闡明均徭是里甲制的變種，參見梁方仲著、王毓銓譯《中國稅制中的一條鞭法》（馬薩諸塞州坎布里奇，一九五六），頁四。

42《金華府志》，卷八，頁一三；《天下郡國利病書》，卷三十三，頁一〇九。

43 何良俊：《四友齋叢說摘抄》（叢書集成本），卷三，頁一九六—一九七。

稅。江西省南部邊界徵收食鹽通行稅。[44]沿海諸省的漁民也要繳納新的稅種；如果沒有納稅的收據，就不允許他們購買食鹽。我們不能肯定說前面所提到的那些稅種以前從未存在過；但是，根據地方志，這些稅種的收入都被標明為「兵餉」。一些已經存在的稅種，如地產交易的印花稅、對酒和醋的榷稅，也被地方官員改變用途，以應對防務開支。在十六世紀最後二十五年裡，福建月港最終向國際貿易開放。海外貿易所帶來的收入，也是由軍事官員管理：以船舶的載重能力即噸位為基礎，徵收「水餉」；對商品徵收的進口稅稱為「陸餉」。[45]這些稅種的稅率較低。即便合計每年月港的收入，也只是接近二萬兩白銀而已。然而，這些收入通常是零碎的，管理也很分散，而且缺乏有效的審計。

倭寇平定之後，幾個省的民兵部分被遣散。但是，在一五九五年，服役的民兵仍有十九萬九千六百五十人之多。雖然官方規定，允許每個民兵每年交納十二兩白銀即可解除兵役，然而，此前共同承養一個民兵的納稅者們，為雇傭一名代服兵役者卻不得不支付三十兩銀子。[46]在十六世紀末，即便他們交納了十二兩銀子，每年維持這樣一支民兵隊伍仍然需要將近一百二十萬兩銀子。這項負擔在幾個省的人口中攤派，倒也不是很過分。但是，由於民兵由地方官員管理，且缺少中央的監察，而它的維持又依賴於地方財政，所以，民兵所能做的只是保境安民，而不可能成為未來軍事動員的核心力量。

在隆慶和萬曆時代，人們普遍要求解散客兵。文武官員們都曾經試圖用衛所軍取代客兵。但是，客兵卻不可能完全解散。到十六世紀末，浙江嘉興府維持著陸兵一營五總。其中，募兵一總，民兵與衛所軍各二總。嘉興府還維持著一支一千五百人的水師。這支水師中，客兵是「耆舵」，而衛所軍兵則是「貼駕」。一五七四年，一千五百人中，「貼駕」僅占三百人。遲至一五九七年，水師中所有的戰船都是雇來的。[47]儘管戰鬥編隊是由兵備道來指揮，然而編隊難免要按地域來組織，而且由地方供應。毫無疑義，地方募集的資金現在變得不可或缺了。

IV

迄今為止，還沒有關於十六世紀明代中國的軍費開支的總體估計。清水泰次和寺田隆信

44 《漳州府志》（一五七三），卷五，頁五一—五三；《會稽志》（哈佛大學藏一五七三年稿本），卷六，頁三—四；《杭州府志》（一五七九），卷三十一，頁一六—一七；《順德縣志》（一五八五），卷三，頁二二；《天下郡國利病書》，卷二十三，頁六〇、六二、七六；卷二十六，頁九四；卷二十八，頁八。

45 張燮：《東西洋考》（叢書集成本），卷七，頁九五—九七。

46 梁方仲：〈明代的民兵〉，《中國社會經濟史集刊》，五：二（一九三七年六月），頁二二五、二三一。

47 《天下郡國利病書》，卷二十二，頁二七—二八。

的研究集中於北方邊鎮的開支。然而，他們的注意力集中於戶部每年送去的年例銀，所以他們計算出來的軍費水平只能是最低的。[48]

要弄清明代軍費的開支水平，任務極其複雜。軍費帳目非常零散，資料並不總是完整的。另外一個障礙就是，明代的行政管理者從來就沒有建立起一套統一的會計制度。所以，官方文件和私人文集中的數字，通常以不同的規格和標準為基礎。結果，兩套資料很難放到同一個平臺上來進行比較。由於財政術語通常缺少詳盡的解釋，那些簡單引用的數字特別可疑，沒有多大用處。

在《明實錄》中，我們找到了二十條有關一五四四年戶部發往北部各軍鎮邊餉的資料。[49]除正常的年例銀外，還包括專門用於徵兵、修築邊牆、購買軍糧和馬草及馬匹的銀兩，總量約計二百七十萬兩。鹽引——它們可以讓邊境將領用政府的鹽和當地商人交換錢款或糧食，則是在一五四三年提前就送達了。這些鹽引的價值，接近一百萬兩銀子。我們必須記住，除戶部以外，兵部和工部也會不定期地將白銀送往邊鎮。如果再計算從北京實際送到的馬匹、糧食、火器、衣服，邊鎮每年大約要花費北京四百萬到四百五十萬兩銀子。前面尚未提到，還有北方四個省分每年直接送往邊鎮的軍事供應，包括白銀、乾草、棉胎和棉布。邊鎮在自己的管轄區域內也能賺點錢，並生產許多物資，其中包括轄區內平民百姓所上繳的常規武器。考慮到所有這些因素，邊鎮每年的維持費用保守估計可能要超過七百萬兩白銀。

十六世紀五〇年代，北京實行募兵；南方各省推行提編之法。我們相信，明帝國每年的軍事開支絕不會低於一千萬兩銀子。在軍事活動頻繁的年分裡，軍事開支很可能會更高一些。

萬曆初年，明朝與俺答汗達成議和協議，倭寇的威脅緩和了，軍隊的效率提高了。即便在這個時候，軍事開支也看不到有下降的跡象。這時候，邊境上建立起來的軍鎮已經進一步擴展到十四個。一五七六年，戶部對各鎮歲用錢糧彙編了一個帳目，主要包括四項：銀、糧、料、草。這個帳目複製在《實錄》裡，長達二十一頁。[50]這個帳目列舉每項的數量，只是沒有計算其貨幣總價。開支各項是分別登錄在各邊鎮之下，也沒有合計的數字。我把這些數字相加到一起，再根據當時的通行價格將各種物品折算成銀兩。結果表明，它們的總價值約為八百五十萬兩銀子。這十四個鎮在一五七八年的所收款項也可以在《大明會典》找到，占據了二十八個雙面頁。[51]在用同樣方法對《大明會典》中的帳目進行統計後，我發現它們

48　清水泰次：《中國近世社會經濟史》（東京，一九五〇），散見各處；寺田隆信：〈明代邊餉的一個側面〉，頁二五一—二八二。

49　《世宗實錄》，頁五四八三、五四八六、五四八八、五四九〇、五四九七、五五〇二、五五一三、五五四七、五五四八、五五五六、五五六二、五五六六、五五七五、五五七七、五五八一、五五九五、五六一一、五六二四。

50　《神宗實錄》，頁一一六二—一一八二。

51　《大明會典》，卷二十八，頁二六—五三。

的總價值也超過八百萬兩銀子。

明朝官員對於這樣的軍費水平並不習慣，往往感到非常震驚。從一個後來人的眼光看，我們能夠理解這些開支只能是在意料之中。據一五七二年到一五七七年的兵部尚書譚綸說，在他那個時代，明朝軍隊的總人數是八十四萬五千人。[52]我們假定大約有五十萬人駐守北部邊境，並且最少有十萬匹馬。相對十六世紀中葉而言，這意味著巨大的增長。自然，防守的經費無法限制在以前的水平上。而且，由於白銀越來越廣泛的使用，這段時期徵募士兵所需要的報酬也在迅速增加。直到十六世紀中葉，徵募士兵每人每年六兩銀子就足夠了。然而，到十六世紀後期，一些徵募士兵得到的報酬卻是十八兩銀子。這一標準逐漸被人們接受，並且延續到十七世紀。[53]

引起軍費預算上漲的另一個因素，則是火器的使用。雖然明代軍隊從十五世紀初就以使用火器而聞名，然而，火器的廣泛使用似乎是較晚時期才發展起來的，最明顯就是在十六世紀後期。這段時間也正是廣泛仿造葡萄牙大炮的時期。一四九八年頒布的一條長期有效的法令曾一度限定火器的製造權歸工部所有，而邊鎮不可以製造火器。到嘉靖朝後期，這條禁令逐漸被廢除了。[54]遲至十六世紀六〇年代，京軍所用的炮彈還都是填塞石子；一五六四年，取代它們的便是鉛彈；到一五六八年，便換成了鐵彈。[55]一五八六年，兵部派出一支檢查團巡閱陝西的四個邊鎮。檢查團很快就遞交了報告。報告中列舉了各鎮現存的物資，其中有一些跟火器的使用有關。不幸的是，這份存貨清單將鐵、鉛和石子混到了一塊，使得我們沒辦法計算它們的價值。但是，僅僅其中一個邊鎮儲有的鉛、鐵、石子等物資就超過二千噸。[56]所謂的火器，明顯包括化學方式推進而逐件射出的火箭或火球；每個邊鎮所積貯的火器，大約有二百萬件，或者更多。顯然，新式武器改變了軍費構成的性質。作為防禦設施的戰車的採用，發生於十五世紀；但是，推動那些戰車大批量部署的，卻是十六世紀後期的俞大猷和戚繼光。[57]據工部稱，在一六〇九年，生產每輛戰車需要花費三十兩銀子[58]。這也是此前不會有的一筆開支。

十六世紀八〇年代，戶部將每年送往十四個邊鎮的年例銀確定在三百萬兩到三百五十萬

52《皇明經世文編》（一九五四年重印），卷三百二十二，頁一五。
53《明史》，卷二百二十二，頁二五五九；《明臣奏議》（叢書集成本），卷三十五，頁六七三—六七六；《神宗實錄》，頁一二二六六。
54《大明會典》，卷一百九十三，頁一、三—四。
55《大明會典》，卷一百九十三，頁五。
56《神宗實錄》，頁三二四九—三二五三。
57《明史》，卷二百一十二，頁二四六二、二四六六。
58 何士晉：《工部廠庫須知》（玄覽堂叢書本），卷八，頁八四。

兩的水平上。[59]邊境上的總督們反覆向北京請求增加餉銀，得到的答覆卻是不會再有額外的資金了。即便在和平年代，維持一支五十萬人和大約十萬匹戰馬的軍隊，每年似乎也需要逾八百五十萬兩銀子，或者為此目的而預算的等價物。邊境經常發生小型衝突以及區域性戰鬥，為彌補由此帶來的損失，這就需要更多的經費。除了來自北京的年例銀外，邊鎮還依賴從地方上運來的物資以及在當地的徵發。然而，這些物資和資金並不總能全額運到。我們可以理解，總督們的要求並無不當。

面對財政虧空，邊鎮不得不擴展它們的資源，以滿足自身需求。帳面上的記載，並不總是跟實際情況相符。財政規章也很少嚴格遵循。總督的個人手段成了管理中的關鍵要素。甚至在十六世紀七〇年代，張學顏、梁夢龍、王崇古轄下的幾個邊鎮總體上都有改善的跡象，但竄改財政報告的趨向就已經出現了。到十六世紀末及其以後，情勢不斷惡化。明朝滅亡前夕，各邊鎮要求糧餉時，向戶部提供的士兵和馬匹數字，則極盡誇大之能事；同時在給兵部的報告中，各鎮為規避戰爭的責任，卻又將自己的士兵和馬匹的數量大打折扣。在一六四三年，戶部尚書倪元璐難以置信地發現，兩個鎮合計虛報的士兵人數達到一百三十萬人，而這根本是不可能的！[60]

自抗倭戰爭以來，南方諸省的防衛設施及財政管理就牢牢掌握在省級官員的手中。供應軍需的賦稅收入，由各省巡撫、總督徵收，並且由他們支配。這樣的做法出現以後，也推廣到沒有受倭寇騷擾的地區。十六世紀八〇年代和九〇年代，雲南省在邊境與緬甸領袖莽應里（Nanda Bayin）作戰。雲南巡撫一再向北京請求援助。有一段時間，朝廷授權雲南可以向四川「借」。一五九四年，邊境衝突仍在繼續，雲南巡撫最終得到皇帝的一道諭旨，其中部分文字這樣寫道：「雲南以後兵餉自處，不得再借。」結果，巡撫只得增加對雲南採礦的徵稅，其稅額從每年五萬兩銀子增加到八萬兩。[61]加稅授權似乎由帝國政府嚴格控制；然而，北京對於此事及類似事項的控制只是名義上的。同樣，四川省還在其轄境內對茶徵稅，以保障軍事供應。[62]

因此，抗倭戰爭對明代的財政管理所產生的影響，可能比歷史學家們通常所想像的要深刻得多。也許可以說，其實有沒有倭寇並不重要，抗倭戰爭之前中國南方的軍備失修，遲早會引發一些根本性的變化。另一方面，因為戰爭而引發的財政上的地方分權，也有悠久的歷史淵源。在明朝建立之初，財政管理是以鄉村商品經濟的運作來設計的：賦稅完全徵收實

59 《明史》，卷二百二十四，頁二五八四；《春明夢餘錄》，卷三十五，頁二八；《神宗實錄》，頁二八五三、三四八四、四三三二。

60 《倪文貞公年譜》，卷四，頁五。

61 《神宗實錄》，頁四一七七；《天下郡國利病書》，卷三十二，頁四六。

62 《大明會典》，卷三十三，頁二二；卷三十七，頁二一。

物；政府在處理賦稅收入時則盡可能避免積聚過多的物品，因為這樣的積聚將使它可用的服務設施變得很緊張；中央政府的控制很嚴格，但嚴密的控制僅限於財政上的指導，朝廷很少去處理實際的運作。實際上，在中央政府的命令下，每一個知府或者知縣都似乎扮演著皇帝設在各地的低級出納員的角色。在這種體制下，帝國的財政資源從來就沒有真正地得到統一。相反，這種運作方式的特徵是：許多繳納而來的稅收實物，每種總量卻都很小，常常從國家的這一端挪到國家的那一端。十六世紀，隨著軍事危機出現，白銀的廣泛使用也同時來臨。明廷既不願意也沒有力量進行根本性的改變，來適應新的環境。結果，新瓶裝了老酒：除了運輸途中的大量穀物換成了一包包白銀之外，高度發達的貨幣經濟之下，明代財政管理的基礎卻依然是早期實物經濟的概念。信貸技術從來就沒有在財政管理中得到應用。一旦軍事開支增加對這種體制的壓力，更進一步的地方分權就不可避免了。

我們認為，十六世紀開徵的新稅是正當的，徵收稅率大體上也是合理的。它最大的倒退，就是缺乏全面的規劃和監管。授權地方官員開徵新稅，並且允許他們自己管理這些資金，其實是一種很危險的委託。管理的效率很低下；營私舞弊也無法根絕。在許多情況下，這樣的徵稅揮霍了帝國的稅收潛力，卻只產出微小的收益。結果，地方主義進一步使中央政府喪失行動上的自主性；總的說來，這就取消了帝國財政的彈性。

V

在本文總結之前，我們先必須停下來討論一下張居正的業績。張居正是明代最偉大的政治家之一，主宰朝政十年。如果不討論張居正的財政管理，我們這裡講述的故事就會不完整。在一五八二年張居正逝世前不久，北京的糧食儲量可供逾九年之需，太倉老庫的積銀超過了六百萬兩。太僕寺的積銀也有四百萬兩。同樣，南京銀庫積銀二百五十萬兩。各省儲積的錢糧亦很充足。在十六世紀財政史的背景下有這樣的豐功偉績，是一個很矛盾的現象；從某種意義上來說，這也與我們前述種種議論表面上看來是相衝突的。

事實上，張居正的財政挖掘性建設正是在與俺答汗議和後不久就著手進行的，同時倭寇的威脅也消除了。張居正的政策目標是，在不減少政府收入的同時，大力削減政府開支。在他的命令下，所有不必要的、不緊迫的政府活動要麼被取消，要麼被推遲。政府的廩膳生員的數量削減了。負責採辦的宮廷宦官，也被置於嚴格的監管之下。省級官員得到命令，要求節約勞役，總體上要降到現有水平的三分之一。帝國驛站系統提供的食宿服務降到最低點。然而，儘管有這些節省措施，平民百姓提供的服役卻並沒有減少。節省下來的，都交到了國庫。罰贓、抄沒、贖刑所得的收入，之前是漫不經心地加以處理，此刻卻要經過細緻的審計。賦稅拖欠者，其中大部分是富裕的土地所有者，則會得到徹底的查處；他們的欠款也會認真追索。儘管張居正本人不願意，但是在他執政期間，出售官職仍然在繼續。厲行節約的舉措還延伸到軍隊後勤方面。由於一段時期以來蒙古人得到安撫，邊境守卒以及邊界邏卒都減少了，因此也就節省下了額外的津貼，而且更多的士兵可以回去屯田。負責邊鎮的總督們得到建議，要求他們節省開支，其幅度接近由北京送來的年例銀的百分之二十。分配到民戶中飼養的軍馬全部出售，原先由馬戶承擔的替代田賦的養馬之役，改而折徵貨幣。[63]

張居正解決財政問題的途徑，雖然頗有成效，但也有明顯的負面作用。國家財政積蓄的建設不可能永遠持續下去，而它對於經濟的不利影響根本無法測算。我們推測，作為一個具有相當遠見的人，張居正實施這樣的計畫，也許是在為整體的財政改革做準備。但是，由於現存資料缺乏確切的證據，我們無法做這樣有力的斷言。我必須重申的是，在那個時代，朝臣中沒有誰具備改組政府機構的權力；僅僅建議激進的改革，也都會招致彈劾。尤其是作為首輔大學士，張居正將自己的職責限於主要是為皇帝票擬詔旨。在他自己的辦公室制定財政法律，則明顯違反常規。的確，由於年幼的皇帝對張居正言聽計從，張居正的確是在實際行使人事任命權。然而，在採取任何重大措施之前，張居正不得不敦促他所信任的尚書或巡撫們呈遞相關的奏疏。只有這樣，他才能通過為這些奏疏擬旨的方式達到他自己的意願。[64]在寫給漕運總督王宗沐的信中，張居正透露：「僕今事幼主，務兢兢守法，愛養小民，與天下休息。諸大擘畫，必俟聖齡稍長，睿明益開，乃可從容敷奏，上請宸斷行之。」[65]儘管有刻意過度謙虛之嫌，然而，從明朝的一般做法看來，這番言論多少還是反映了這位大學士的真實想法。

一五八〇年底，張居正最終以皇帝的名義命令在全國範圍內進行土地清丈。但是，到那時候，張居正本人也僅有一年半的時間可以活了。到他去世時，土地清丈工程並沒有完成。在他下葬兩個月之後，土地清丈在朝廷內外就引起了嚴厲的批評。迫不得已，明神宗授權各省官員調整各省的土地申報，以便平息那些反對之聲。同時，另外一項清丈工程也被禁止。甚至在兩年以後，土地清丈仍然是一個有爭議的話題。有人建議說，所有一五八〇年清丈期間的土地申報都應該宣布為完全無效，所有的田賦都應該回到原狀。對此，朝廷的決定並不清楚。[66]

---

63 《明史》，卷二百一十三，頁二四七九—二四八二；《國朝獻徵錄》，卷十七，頁六〇—一〇八；朱東潤：《張居正大傳》（武漢，一九五七）在討論張居正的財政管理時有許多錯誤。關於張居正的政治思想，參見羅伯特·克勞福德（Robert Crawford）：〈張居正的儒家法治主張〉，載見狄百瑞主編《明代思想中的自我與社會》（紐約，一九七〇），頁三六七—四一四。

64 參見《張太岳全集》（晚明刊本）、《張居正尺牘》（群學書社）、《張居正大傳》。

65 《張居正尺牘》，卷二，頁二三。

66 《神宗實錄》，頁二三七八、二五三〇、二七三二。

就我們所知，除了《明實錄》中零散的和不完整的統計外，一五八〇年土地清丈的申報並沒有正式刊行。一六一八年明朝為了募集跟後金作戰的經費而第一次對田賦加徵時，稅額仍然是以一五七八年的土地數據，[67]也就是清丈前的土地紀錄為基礎。毫無疑問，張居正的努力徹底失敗了。

這樣說來，張居正對明代的財政制度並沒有太大的貢獻，儘管他曾有此打算，並且雄心勃勃。但是，我們也許可以相信，他在財政上的節約措施使明王朝的壽命延長了半個世紀。如果沒有張居正時代的積蓄，所謂「萬曆三大征」，即一五九二年到一五九八年援助朝鮮抗擊豐臣秀吉的入侵、一五九二年征哱拜、一五九四年到一六〇〇年鎮壓楊應龍及其苗族部民的戰爭，就不可能如此成功地進行。換作十七世紀，在幾乎所有糧食和銀兩都已消耗乾淨而模式陳舊的、不堪重負的財政機器卻又不得不承重更多之時，這樣的成功不可能再現。

VI

總的說來，我們的結論是：十六世紀明代中國軍費的上漲，很大程度上是由衛所制度的衰敗造成的，而白銀的廣泛流通和近代武器的高昂費用所起的作用較小。當軍屯的效率降到最低點之時，軍隊後勤本應全部重組。然而，朝廷回避了明顯的改組，卻擺脫不了財政的苦果。在十六世紀末，每年最少一千萬兩銀子的養兵費，大概再也無法回避。明朝的皇帝及大臣們，由於不能按合理的計畫提供資金，只得轉而靠臨時的權宜之計來應付問題。他們只是將危機留給繼承者。

我曾經指出，明代世襲兵役制的性質是落伍的。然而，當我們從更寬闊的視野來回顧歷史，我們必須承認這樣一種事實：在傳統中國，解決防務問題從來就沒有簡便易行的方法。鴉片戰爭以前，無論是在軍事上，還是在經濟上，中國從來就沒有把自己和其他國家放在同一個競爭平臺上。周邊的國家太微不足道，不足以認真地當作對手。在這樣的環境下，維持一支高水平軍隊的意義不大。強大的常備軍不但是一種浪費，還可能削弱內部的安全。然而，北部邊疆的游牧民族所構成的潛在威脅，總是難以預料，也不會讓中國人放鬆警惕。處理這種特殊情況的最理想的途徑，就是能擁有現代的動員技術，可以在情況緊急時將骨幹部隊迅速擴充為一支龐大的軍隊。但是，這樣的動員技術顯然超出了帝制王朝的組織能力。伴隨此種動員計畫，賦稅收入的增加和縮減要能適應武器裝備水平的起伏變化；對於一個以農業為主的社會而言，這樣的財政調整是一項不可能完成的任務。古老的運輸和通訊模式，也使它們難以實現。所以，通過調撥部分人口讓他們既務農又當兵的軍屯制度，是一個折中的

67《神宗實錄》，頁一〇八六二；程開祜：《籌遼碩畫》（一六二〇），卷十一，頁一三、一七；卷十五，頁四一。

彌縫之計。明朝的衛所起源於元代的類似措施；[68]它的主要特徵也為清代八旗制度保留。一種能夠貫穿三個王朝、延續六百多年歷史的制度，其發展絕非偶然。

今天，我們的視野更具優勢。我們可以看到：將游牧部落的組織手段移植到農業中國，缺乏現實的可行性。職業世襲的原則，也不適應唐代以後已具有相當大程度的平等性和社會流動性的社會。然而，明朝和清朝的建立者們，卻是看不到這一點的。他們所贊成的傳統國家觀念，就是把社會視作一個有彈性的實體，而只有通過天子的引導和施壓，這個社會才可能有望臻於完美。因此，開國君主所頒布的基本法律總是強硬而嚴格，即便它們跟時代潮流牴觸亦在所不惜。[69]實際上，這樣的教條在傳統中國取得了一定程度的成功。在譴責世襲軍戶制度的同時，我們常常忽略這樣的事實：明代衛所制度和清代八旗制度在衰弱之前，各自都曾經有效地運轉了大約一百年；只是到最後，社會力量才設法擊敗了帝國制度。當此之際，朝廷所遇到的不再僅僅是軍事問題，而且還有財政問題。繼軍事危機而起的財政困難，製造了一個在中國歷史上不斷重現的奇怪現象：王朝初年，新生的軍事力量及其較低的維護開支，使有徵稅能力的政府不需要太多的稅收；然而，到王朝末年，政府需要大量資金時，卻又沒有了徵稅的能力。

在考察了晚明的財政困難後，我們認為應該摒棄重賦導致明朝滅亡的傳統觀念。明朝的失敗，原因在於朝廷沒有能力將帝國的資源動員起來。我們曾經考察過這段時期一百零二個州縣的田賦情況。結果我們發現，在一六一八年前，一個縣合計的賦稅，再加以各種加耗，很少超過該地區估測穀物產量的百分之十。此後一直到王朝末年的累計加賦，也決不致使這一稅額翻一番。但是，由於我們前面已經談到的賦稅攤派在不同個人之間的不公平，我們確實不能弄清那些納稅最多的納稅者要承擔多大的財稅負擔。迄今為止，我們甚至找不到一個這樣的典型案例。

在晚明，賦稅結構極其混亂。土地名義上分為田、地、山、塘等類型，又按沃瘠程度分出不同等級。不同地區的等級和類型又有差別。在許多縣，這些等級與類型交叉，就形成了數十種類型。[70]然而，類型儘管複雜，卻不一定真實反映了土地的沃瘠程度。額外之稅也多種多樣，每縣不下十二種。在正賦以外，還要徵收草、棉布以及其他物品。為彌補糧食損耗和運輸費，則又有加耗。當賦稅折銀時，為熔化銀子也要加錢。勞役和其他雜役改為折徵，分攤到土地上。軍事供應和民兵役也是少不了的。此外，每個縣都可以額外加徵，以彌補該

68 參見羅梅・泰勒（Romeyn Taylor）：〈衛所制度在元代的淵源〉，載見《明代的中國政府》，頁二三—四〇。

69 參見路易斯・加拉格爾（Louis J. Gallagher）：《十六世紀的中國：利瑪竇日記（一五八三—一六一〇）》（紐約，一九五三），頁四三。

70 何炳棣：《明初以降人口及其相關問題：一三六八—一九五三》（馬薩諸塞州坎布里奇，一九五九），頁一〇二—一五三。

縣其他稅種的損失及拖欠。有些加徵是按正賦的一定比例徵收；有些加徵則是按土地畝數來加徵的，卻並不管土地的分類。有些加徵的賦稅，數量極其細微。最極端的是，一個縣內某個加徵稅種的總收入可能不到五兩、十兩銀子。因此，徵收的稅率也總是精確到每石糧食或每兩銀子的小數點後十到十二位。想一想如此笨重而複雜的賦稅表格，要是能根除營私舞弊簡直就是奇蹟！雖然一條鞭法使賦稅得以簡化一些，然而，與一些歷史學家們的想像不同，一條鞭法並不是一次徹底的改革。在大部分縣，一條鞭法只是簡化了徵收程序，而沒有改變賦稅結構。即便採用一條鞭法，許多縣的稅單仍然保留著各種各樣的條目以及混亂的稅率，只是每個單個的土地所有者的賦稅總額合併了而已。

改革缺失的背後，是否該由心理惰性對此負責呢？心理惰性只能負一部分責任。要查明什麼對這種荒唐可笑的賦稅結構擔負責任，我們不得不再次追溯到明朝初年。由於一廂情願地想像軍隊可以通過屯墾實現自給自足，明朝的田賦從一開始就徵收得太低。甚至當時的評論者，也認為明朝的田賦遠低於宋朝的水平。[71]明太祖的設計，實際上是一種很簡單、人力很少的行政管理：徵收較低的稅賦，再縮減政府功能，使得朝廷維持一個小型官僚體系成為可能。在一三七一年，全國所有的省級官員及地方官員，總計只有五千四百八十八人。[72]甚至到明朝後期，整個文官政府可能也不到一萬五千個職位。[73]不夠充分的行政管理人力，迫使政府將仕紳納入，讓他們充當鄉村社會的領袖。因此，地方賦稅徵收就託付給了大地主們；地方爭端也是由鄉村的老人處理。這種設計，既是出於現實的考慮，也適合傳統的意識形態。在通訊不夠發達的時代，地方政府人員過多，對於中央政府來說不是什麼好事。如果省級官員有足夠的辦事人員、精細的辦公功能，他們就可能構建自己的地方權力，從而對帝國統治形成挑戰。另一方面，最小化的行政管理，使帝國政府可以保持其單一的統治結構，並且確保皇帝的控制。同時，仕紳的參與也符合儒家教條，因為儒家教條一直認可有文化的人就是要統治沒有受過教育的人。這種安排長期形成的後果，便是鄉村仕紳們處處受益。較低的稅率，更容易使大批土地集中到他們少數人手中；作為政府輔助人員的地位，也使仕紳們在某種程度上能支配地方官員。在十六世紀後期，在這個體制下，仕紳們已經獲益了二百多年。地方官員也開始在地方志中抱怨，指責仕紳們阻礙了他們的賦稅管理。[74]這樣的發展，使帝國政府無所不能的權力變得只不過是一場泡影。只是在任意處置某個倒楣的個人

71 《姑蘇志》（一五〇六），卷十五，頁一；《金華府志》，卷八，頁四〇；《徽州府志》（一五六六），卷七，頁一、四。沈德符：《野獲編補遺》（扶荔山房本），卷二，頁三七。

72 《太祖實錄》，頁一一七六。

73 賀凱：〈明代的政府組織〉，頁七〇。

74 《常熟縣志》（一五三九），卷二，頁四二；《汶上縣志》（一六〇八），卷四，頁四；《天下郡國利病書》，卷二十二，頁三〇。

時，帝國政府還是無所不能的；然而，要是統一執行賦稅法律，帝國政府的能力便極其不足了。我們有充分的證據相信，在明朝後期，沒有地方仕紳的贊成，賦稅方面的規章不可能行之有效。即便是張居正的土地清丈，也因為地方仕紳的阻礙而失敗了。

在進行這項研究的同時，我們開始對中國歷史的複雜性有了充分的認識。我的研究是從一個有限的領域，從討論一個較短的時間段內的、特定的話題開始的；然而，在研究過程中，我們發現有必要重新審視整個明朝的歷史。一個技術性的疑問，可能引導著我們漫遊無數的窮街陋巷，包括人性、統治思想、官僚組織和社會習慣。傳統的意識形態與現實關注糾纏不清，很難彼此區分。所以，儘管我們的目的只是要敘述明代，然而在歷數這些複雜性之時，我們卻難以抑止地想以下面一段提醒的話來結束本文：今天，所有的這些複雜性在中國依然大量存在，依然呈現在我們自己的眼前。

原載 *Oriens Extremus*（Hamburg, Germany）, 17: 1/2（Dec. 1970）, pp. 39-62.

明代的財政管理[1]

1 此文的寫作，筆者得到了南伊利諾斯大學的無私贊助。內子格爾（Gayle Huang）幫助核實文中數據，並將英文稿加以潤飾。

用一篇論文概述一個綿延二百七十餘年的帝制王朝的財政史，並非易事。儘管如此，對明代財政史作總體性考察的嘗試，卻是越來越值得去做。這樣一種基礎性概述的缺乏，對學習明代經濟史的學生們來說是一種嚴重的障礙。明代的官僚以及現代的學者們，總是割裂地看待每一個財政問題，所以他們往往將明代的財政管理分解成為不同的主題。他們的作品也很少會互相參考。在大多數情況下，一個要素與另外一個要素之間的相互影響，則全然被忽視。在當代人的作品中，我們也找不到將財政管理作為一個整體而進行的全面而綜合的研究。對那些能很好地適應現代歷史研究中特別受到重視的專業化需求的學者們來說，這也許是一件值得慶幸的事情。然而，缺乏對整體運作狀況的認識，就很難評價其各個部分的功能。卷帙多得可怕的資料以及明代政府組織中隱含的諸多微妙之處造成了另外一種令人誤入歧途的障礙。它們使得學者更不願意深入探尋他們專業領域之外的遙遠角落，因為這樣的探索一旦開始，就會永無止境。因此，我們是在冒險——不知不覺中受到原始資料中相互割裂的觀點的影響。

無論從什麼樣的標準來看，瑪麗安娜．麗格（Marianne Rieger）都可以稱得上是一位勇敢的歷史學家。三十年前，她已試圖著手描繪明代財政管理的輪廓。她的努力給我們提供了一個明代賦稅及其管理的術語表，還提供了許多附有注釋的評論。她所提供的一般性概念，直至今日依然是很有用處的。但是，她對明代財政運作的詮釋，卻多半已經過時，或者已經被時下的研究推翻。此外，她的成果還只是局限於對明代財政結構作表面的觀察，而對明代財政機構的功能運作卻很少發表意見。[2]

本文致力於將這種嘗試往前推進幾分。我的目標分為兩方面：一是要考察明代的財政制度及其用途，再則是要探討十七世紀初財政危機的根源。在我看來，這兩個主題彼此之間是密切相關的。研究其中一個，幾乎不可能不觸及另外一個。我的報告將試圖涵蓋明代財政的正式結構及功能措施兩個方面。當然，我的研究結論也不過只是一個初步的輪廓而已。我從來都不敢幻想下面的分析是徹底而全面的，也不敢幻想這樣的分析永遠都不會被修正。不過，我還是希望，這樣的一個輪廓的勾勒，能對時下研究明代政府及明代經濟史的學生們有一些參考價值。

傳統理財思想與措施的影響

在傳統中國，治國之術與儒家人本主義是密不可分的。除非它被認為與古典精神保持一

2　瑪麗安娜．麗格：〈明代的財政和農業：一三六八—一六四三〉，《漢學》，XII（一九三七），頁一三〇—一四三，二三五—二五二。

致，否則沒有哪個政權能夠贏得公眾的支持。對於「仁」的關注，總是先行占據著官僚們的內心世界。明代的行政管理者，尤其願意讓他們的政策及程序屈從於德治政府的概念，有時候不惜以損害合法性及行政效率為代價。在那些由明代官僚所撰寫的無數官方文件中，我們很少發現作者們會以一種實際而直接的方式來處理問題。相反，我們發現，即便是討論財政問題，官方的紀錄也總是演繹成長篇大論，而其關鍵論點也多服從於道德考量。這種普遍的態度，對明帝國的財政管理來說是一種重大缺陷。以下一些例子，可以幫助我們闡明這一點。

一五二一年，邵經邦被任命為工部主事，前往內陸港口荊州徵稅。商稅本應該按商品的價格以一定的稅率徵收，然而，明代朝廷卻依然每年給各個港口分配定額，基本上作為徵稅的大致目標。三個月後，邵經邦所徵之稅完成了稅額。因此，他便停止徵稅。那一年中剩餘的另外幾個月，商船停靠該港口，不再納稅。[3]一五六五年，另外一位徵稅者楊時喬在杭州創建一種信任制度：稅收的估定，完全取決於商人自我申報，而不進行任何官方監管。[4]在我們今天看來，這兩位官員在徵稅中都是犯有瀆職和追求個人聲望的罪行。但是，在當時，人們不會這樣指控他們。相反，明代的歷史學家們稱讚他們，認為他們就是向人們廣布皇恩的模範官僚。

一五九〇年，北京宛平縣知縣沈榜發現，京城中活躍著一個詐騙團夥。嫌疑犯偽製數顆官印，以相當於正常契稅一部分的價格出售偽造的房屋過戶的契尾。北京的許多居民，都跟這些詐騙分子們有過交道。結果，稅契大為減少。在嫌犯被捕後，沈榜貼出公告，要求那些購買假契尾的人補交長期以來漏繳的稅款；對於那些沒有主動補繳的人，他將處以沉重的罰金。年底之前，巡視北城的御史便彈劾沈榜，說他乃是「貪臣」。這份彈章還指責說，沈榜「科罰橫行」，不應該對「愚民可憫等事」濫施刑罰。另外一位奉命調查此事的御史澄清了之前對沈榜「貪婪」的指控，因為沈榜沒有企圖從中牟取私利。但是，分析到最後，這位御史也還是指責沈榜執法過嚴，背離了儒家仁治政府的概念。[5]

由於賦稅被視為「民脂民膏」，明朝官員對政府經費特別關注。對於準確性的追求，經常達到一種不切實際的程度。作為一項原則，政府收支被分解成精確到小數點後十多位的數字，至少帳面上如此。北京宛平縣一五九二年的正賦，詳列在官方的報告之中：三千六百六十八・七五二六五四八六六六一二五兩銀子。[6] 一六二〇年的《徽州府賦役全書》列舉了該府每丁科銀〇・一〇五四一一七七一二兩。徽州府冬麥的稅額，如果要折成貨幣支付，就依

3 《明史》，卷二百零六，頁二四。
4 《明史》，卷二百二十四，頁二一。
5 沈榜：《宛署雜記》（北京：一九六一，重印），頁八六—九〇。
6 沈榜：《宛署雜記》，頁四八。

照每石〇・三二四七二七五三〇二兩銀子的比率。[7]這種極累贅的方法，在整個明代都很普遍。滿洲人入關以後，有一段時間裡他們也遵循著同樣的做法。直到一六八五年，康熙皇帝才最終宣布，小數點後四位數以後的細小數據應該被省略。[8]

從理論上說，作為官僚體制中的一員，乃是一種榮譽，而不是一種尋求物質補償的機會，其中所含的責任多於特權。人們也希望學者官僚們能過一種清教徒式的儉樸生活。由這一原則出發，明代官僚的薪金水平設計得非常低。例如，戶部尚書每年可以得到的薪水是米七百三十二石。薪水的數量逐漸下降，到官僚體制的最低級成員為每年六十石。[9]最後，薪水還部分以實物支付，如棉布、胡椒以及貶值的寶鈔，使政府官員所得到的實際工資進一步下降了。因此，帝國官僚的薪水在國家開支中僅占極小的一筆。[10]一五七八年，由國庫開支的京官們的俸糧和薪水，總計還不到五萬石米和大約四萬四千兩白銀。[11]一六二九年的一份奏疏聲稱，除了數量不定的付給留居京城的皇室成員的祿米以外，每年維持京城所有衙門的花費總計約十五萬兩白銀。[12]這一數量，尚不到國家總開支的百分之一。

傳統人本主義的理想主義精神，並不經常能夠得以實現，因此就不得不接受針對既定規則的妥協及幕後操作。前述對官僚的薪金支付規模，顯然是導致明王朝後期許多非常態的做法以及官員腐敗的重要原因。從許多被檢舉的官僚家中抄出巨額財產，清楚地證明高級官僚們正在以非法或部分非法的收入來補充其微薄的薪酬。實際上，在明代財政管理中，包含著兩個很值得我們注意的、不可調和的極端：原則上不折不扣地遵從嚴格的秩序，而事實上卻是越來越多的對該原則的侵犯。

明代的大部分國家制度，傳承到明朝後期時，就派生出了許多習慣做法，但從不創造新法。一項重要的先例一旦由皇帝確立，它就具有某種繼任者們應該加以遵循的效力。由於明朝官員接受靜態經濟的概念，他們想當然地認為：祖宗所創立的財政政策同樣適用於他們自己的時代。除非在特殊的情況下，他們會儘量避免偏離從前的做法，而政治家們也很少敢提議對現行制度進行全方位的革新。雖然偶爾會有即興而作的微調，但那也只是完美制度的暫時性替代做法而已。極為諷刺的是，隨著時光的推移，這樣的作為權宜之計的修正也會獲得

7《徽州府賦役全書》（一六二〇年編纂；國會圖書館微縮膠捲），頁四。

8《清史》（臺北，一九六一），II，頁一四六四。

9《明史》，卷七十二，頁一一；卷七十二，頁一三。

10 對於明代官員薪水的出奇之低，許多歷史學家都有過評論。參見《明史》，卷八十二，頁一六；趙翼：《廿二史箚記》（叢書集成本），卷三十二，頁六八六。

11《明史》，卷八十二，頁二〇。

12 孫承澤：《春明夢餘錄》（古香齋袖珍本），卷三十五，頁一五。（編者按：查北京古籍出版社一九九二年出版的點校本《春明夢餘錄》，卷三十五頁五七五有「崇禎二年倉場侍郎南居益查奏京支出數」，在京各衙門並順天府宛、大二縣「每歲支銀十四五萬餘兩」。）

尊重，並且像之前的先例一樣得以遵循。《大明會典》（明朝的社會狀況彙編）收錄了大量這樣的先例。其中，財政管理的許多條目彼此之間是不統一的、不連貫的，甚至是相互矛盾的。所以，缺乏階段性、系統性的改革，仍然是明朝政府最根本的缺陷。它的根本制度是嚴格構建而成的，以至於無法適應任何環境的變化。

戶部及戶部尚書

在明代，戶部尚書很少是政策的制定者。大部分時間裡，他只是皇帝的財政顧問。他被授權監督日常的財政事務；但是，如果涉及任何哪怕只是輕微偏離既定程序的活動，他都必須得到皇帝的批准。雖然只是向皇帝提出建議，戶部尚書卻又難以免除罪責。劉中敷在一四四一年被逮入獄，僅僅是因為他請求將御馬分牧民間。這一項並沒有什麼壞處的建議，被視為足以冒犯皇帝而遭彈劾。法司建議對劉中敷及戶部侍郎處以死刑，因為他們竟敢變亂「成法」。劉中敷得到了英宗皇帝（一四三五—一四四九、一四五七—一四六四年在位）的宥赦，但卻被命拿著長矛在宮門守衛，十六天後才復任尚書之職。[13]這個例子表明，戶部尚書們的行事自由是受到嚴格限制的。

在明代的八十九位戶部尚書中，二十五人致仕，二十二人調任他職，十六人免職，七人死於任上，七人因病或守制離職，三人被處決，二人罷黜削籍，一人流放，一人擅自離職，一人死於戰場，一人在明朝滅亡時自殺殉國；另外三人沒有說明，因為從現有的資料無法確定他們離職的緣由。[14]對這一名單的分析進一步證實，戶部尚書十分依賴於專制君主的主觀意志。

明朝的開國皇帝明太祖（一三六八—一三九八年在位）是位冷酷無情的專制君主。為他效勞的十二名戶部尚書中，只有三人體面地離職。其餘的或者被投入牢獄，或者被罷黜、流放乃至殺頭。而且，比起行政才能來說，明太祖似乎更看重戶部尚書的謹小慎微。在朱元璋統治期間，出任戶部尚書之前必須在戶部任職多年，而且公認精通各類細節，已成了一種慣例。郁新在一三九三年擢任戶部尚書，是因為他在應對皇帝詢問時能夠對賦稅、人口的各種重要統計數據隨口而出。[15]戶部尚書要注重細節的要求，此後似乎也一直存在。一四四一

13　《明史》，卷一百五十七，頁八。

14　《明史》卷一百一十一列舉了九十一位戶部尚書。然而，其中有兩位從未履任。這使得真正履任的戶部尚書人數下降到八十九人。《明史》有其中五十一位戶部尚書的傳記。龍文彬《明會要》（臺北：一九五六年重印）提及楊思義（一三六八年任）及滕德懋（一三七〇年任）也出任過戶部尚書（第一冊，頁五一四），但是《明史》關於戶部尚書的列表中卻沒有他們兩人的名字。

15　《明史》，卷一百五十，頁一；龍文彬，《明會要》，第一冊，頁五一五。

年，前述那位倒楣蛋劉中敷，因為在應對皇帝諮詢時沒能記起瓦剌入貢的馬、駝數量，而被處以死刑。[16]另一方面，夏元吉（一四〇二年任戶部尚書）和王瓊（一五一三年任戶部尚書），因為他們準確可靠的記憶而被稱讚為明敏傑出的管理者。王瓊尤其能夠記憶各倉所積以及向各地駐軍供應的準確數字。[17]

明成祖（一四〇二—一四二四年在位）戎馬一生。他的戶部尚書夏元吉，任期長達二十年，又伴隨他出入疆場，從而得到足夠信任，成為首席顧問。然而，一四二一年，僅僅因為試圖勸說明成祖不要親征大漠，夏元吉就被逮捕，從此失寵。[18]也許，整個明代一朝，發揮了突出的主動性並且充分履行了職權的戶部尚書只有郭資一人。據說，郭資曾數次拒絕奉行明仁宗（一四二四—一四二五年在位）的蠲租之詔。[19]郭資之所以敢於不服從皇帝，很大程度上是因為郭資在仁宗做世子時曾經輔助過他。另外，仁宗是一個特別能容忍而且溫和的君主。明宣宗（一四二五—一四三五年在位）繼位以後，郭資再次被任命為戶部尚書。一四三二年，明宣宗抱怨說他減輕人民賦稅負擔的詔令一再不被戶部理睬。[20]這件事似乎表明，這位高層政治家郭資，依然能自主地掌控戶部的事務。但是，郭資違抗皇命，並沒有擴大戶部的權威。一四五一年，金濂試圖效仿郭資，但沒有成功。那一年，景帝（一四四九—一四五七年在位）詔減天下租賦三分之一。金濂則顯然想盡快使國家財政走上正軌，解釋說皇帝的詔令只是針對實物稅，並且決定那些折銀徵收的賦稅不在減免之列。他下達給各布政使司官員們的指示還沒來得及生效，金濂就已經鋃鐺入獄了。[21]

十五世紀中期以後，戶部尚書們的遭遇似乎要好一些。隨著文官制度的成熟，戶部尚書的任命只授予給那些頗有資歷的人，通常是那些能力得到普遍公認的巡撫或總督。雖然整個明代一朝，戶部的官員們都可能被判處死刑，此後卻再沒有施加於帝國的首席財政管理者身上。甚至，皇帝也很少命令將戶部尚書投入監獄。在一五二一年明世宗即位以後的四十六位戶部尚書之中，十一人以致仕結束任期，十四人調任他職，七人辭職。雖然有九位戶部尚書被正式解職，然而我們只知道王杲（一五四七年任）和畢自嚴（一六三三年任）任戶部尚書時曾經下獄。[22]這樣的一份紀錄也許會留下這樣一種印象，即認為明代晚期占據戶部尚書一

---

16 《明史》，卷一百五十七，頁八。（編者按：《明史》原文：「瓦剌入貢，詔問馬駝芻菽數，不能對，復與璽、瑞論斬繫獄。」）

17 《明史》，卷一百四十九，頁五；卷一九八，頁八。

18 《明史》，卷一百四十九，頁六—七。

19 《明史》，卷一百五十一，頁六—七；參見：卷八，頁六。

20 顧炎武：《日知錄》（萬有文庫本），第四冊，頁五〇。

21 《明史》，卷一百六十，頁五。（編者按：《明史》原文：「初，帝即位，詔免景泰二年天下租十之三。濂檄有司，但減米麥，其折收銀布絲帛者征如故。三年二月，學士江淵以為言，命部查理。濂內慚……遂下都察院獄。」）

22 《明史》，卷二百零二，頁七；卷二百五十六，頁七。關於畢自嚴入獄，還可以參見蔣平階《畢少保公傳》（清初本），

職的人更得到皇帝的禮遇，戶部尚書為皇帝效勞的同時，有了一定程度的尊嚴。然而，戶部的權力卻幾乎沒有增加。

宦官權力在武宗統治期間（一五〇五—一五二一）及其後的穩步上升，是明代歷史上為人熟知的現象。隨著越來越多的宮廷宦官接受採辦的任務，監督勞役與物品供應的分配，宦官與戶部之間的利益衝突就不可避免了。一位戶部尚書時常會發現，能否保住自己的職位取決於自己是否願意與權閹合作，向他們妥協，並且順從他們。許多戶部尚書，包括幾位看起來是按照正常的行政程序而致仕的戶部尚書，實際上都是因為反對向負有特定使命的宦官撥款而被迫離職的。在與宦官的鬥爭中失敗以後，秦金、馬森、汪應蛟分別在一五二七年、一五六九年、一六二二年致仕，畢鏘在一五八六年辭職，王遴在一五八五年調任他職。[23]

明代晚期日益加劇的朝官間的黨爭，對戶部的運作也構成了障礙。明代的統治制度要求皇帝接見大量的朝廷官員，既包括高級官員，也包括低級官員。數量龐大的監察御史、按察官、各部官員，乃至郎中、員外郎，都可以向皇帝呈送奏疏，內容巨細無遺。幾乎每一個人，不管他擅長什麼，現任何職，都可以對財政政策提出抗議和批評。這樣的批評通常由日漸發展的黨爭所引發的個人好惡而激起。奏疏中所表達的觀點，常常反映的只不過是黨派的、教條的爭論，毫不理會財政的技術細節。按規定，戶部尚書要對所有這樣的指控做出回應。一五七八年殷正茂請求致仕，一六一一年趙世卿擅自離職，兩人都是黨爭的犧牲品。[24]

對財政管理作這樣的批評，其負面作用顯而易見。要求最高財政管理者對來自各方面的指控做出回應，會消耗他大量的精力。在一六二九年至一六三三年間任戶部尚書的畢自嚴，被他的傳記作者描繪成整日忙於撰寫自己的奏章，一天要寫好幾千字。[25]在畢自嚴留下的資料中，我們很少見到這位戶部尚書以清晰而專業的術語討論問題。在他的作品中，語氣始終是在辯解，而討論的主題則五花八門。這無疑反映了那個時代的通行做法。曾在明代最後一朝崇禎朝（一六二七—一六四四）後期出任戶科左給事中的孫承澤發現，那些由他所在的戶科交給皇帝的奏章，與十七世紀二〇年代後期的數量相比，增加了百分之五十；而與十七世紀第一個十年的數量相比，則增加了百分之七十。最後，雖然自己是一個職在進諫的官員，孫承澤卻觀察到：「夫議論日多，則事功自應日集……啟事日多，則人才愈錮。此其病在議論多，虛飾亦多也！」[26]

明朝戶部的組織，按我們的標準看來，可以說其人員不足已達到不可救藥的地步。尚書

頁二二一。

23《明史》，卷一百九十四，頁一五；卷二百一十四，頁七；卷二百二十，頁九—一〇；卷二百四十一，頁一一。

24《明史》，卷二百二十，頁二四；卷二百二十二，頁二六。

25 蔣平階：《畢少保公傳》，頁二六。

26 孫承澤：《春明夢餘錄》，卷二十五，頁二七。

之下，有兩名侍郎。但是，這些職務還通常授予那些承擔著特定任務的人，如總督倉場、漕運總督、負責向東北地區提供軍事供應的總督糧草。通常，戶部尚書之下沒有任何執行官員，沒有審計官員和會計人員，也沒有全職的倉庫管理人員，更沒有預算人員。戶部尚書直接與戶部十三個司的郎中打交道。[27]即便在組織機構表中為戶部尚書安排了「司務」和「照磨」等職，這些官員也很少充當助理秘書的角色。當戶部尚書倪元璐提拔一位聰明但當時籍籍無名的學生來做司務，並且還給他配備了五個吏員來負責日常事務時，這樣的舉措被認為是一件新鮮事。[28]每個司設有三到四名文官，但是這些職位並不總是滿員。即使所有的職位都沒有閒置，占據這些職位的人通常也被派往各省擔任實職，而長期不理部事。在十六世紀七〇年代，戶部的官員們甚至不用到公署報到。他們只是名義上擁有戶部的職位，而不用做任何事情。這樣的任命，只是讓他們可以得到進一步升遷而已。在大約一百六十五名低級吏員的協助下，各司的郎中承擔著繁重的戶部事務。直到一五七二年至一五七六年間王國光任戶部尚書時，他才命令所有的戶部官員每日入署治事。[29]甚至在十七世紀第一個十年，戶部各司的郎中都是空缺的，尚書李汝華不得不自己箚管數司。[30]在這樣的情形下，戶部完全沒有足夠的人力來制定總體預算，協調不同部門的活動，乃至彙編現有檔案。

財政運作之缺乏中央計畫，最後變得非常明顯。整個戶部事務的執行，主要是按照不同的目的將某些特定的稅收予以標記，讓收支情況逐項相抵。由內陸各港口的商稅所獲得的收益，將送到某個官方船廠，以備造船。從某個特定的府徵收來的田賦，將送到某個具體的邊鎮。省際之間的現金來往，通常由遞送人員和相應的負責接收的官員來執行。這個系統就像安裝在一塊主板上的無數個線圈，而操作主板的卻又是線圈自身。隨著時間的推移，這一系統變得特別麻煩，尤其是在產生了新的開支，而資金流向又有必要變更的時候。一五九二年，北京宛平縣的知縣聲稱，按照中央政府的要求，他需要將銀兩分別送往二十七個倉庫和部門。然而，涉及的資金總量卻還不到二千兩白銀。絕大部分的項目，所涉銀兩不到五十兩，有些只是一兩或二兩。[31]戶部的每一位官員都被安排去監督相應地區這樣的現金流程。可以想見，這些官員很難對這些現金往來有清晰的概念，更別說對支出的效率進行評估了！

明代的財政制度沒有清晰區分國家收入與地方收入。所有的賦稅收入都歸朝廷。哪些錢用於朝廷開支，哪些用於地方開支，皆無章可循，哪怕是泛泛規定的原則也沒有。資金歸類的名詞，如「起運」、「存留」，從字面上講就是「支付完畢」和「留在原處」的意思。前者

27　參見鹿善繼，《認真草》（叢書集成本），卷一、二。鹿善繼在一六一九年掌管戶部河南司及廣東司。

28　倪會鼎：《倪文貞公年譜》（粵雅堂叢書本），卷四，頁八—九。

29　《明史》，卷二百二十五，頁三；龍文彬，《明會要》，第一冊，頁五二一。

30　例如，李汝華做尚書時即劄管戶部河南司。參見鹿善繼《認真草》，卷一，頁七。

31　沈榜：《宛署雜記》，頁四九—五〇。

指那些送往繳稅地以外的倉場的款項，而後者則指留在當地分配的款項。通常，「起運」資金指定用來支撐京師及帝國軍隊的開支，並且為各種各樣的國家工程提供經費，而「存留」資金可以視為主要被當作地方經費和地方積蓄。但是，劃分界限並不是如此確切無疑。從一個縣「起運」的資金，出了縣界以後，可能供應給府、省，用於地方救荒。相反，「存留」資金有時候卻被用於朝廷開銷。例如，北京的大興、宛平二縣的知縣，都有責任為京城每三年舉行一次的科舉考試提供金錢、飲食和文具。由朝廷進行的活動，而讓地方買單，這便是一例。[32]更過分的是，「起運」及「存留」以外的剩餘部分，只能按皇帝的旨意來使用。全國無數倉場內的積存，理論上來說都是朝廷的儲備。整套制度，就是要求中央政府在財政運作方面對地方政府作極其細緻的指導，而這使得有效的財政管理幾乎是不可能的。

戶部從來沒有編制過對地方財政有指導性的預算。在明朝初年，朝廷的確曾經要求過幾個省呈送次年的收支預算。然而，預算控制從來沒有發揮效用；在某種程度上，這是因為地方官員同時兼具賦稅徵收者和經費消費者的雙重身分。在那些偏遠的省分，往往在該財政年度已經過去三分之二的時候，預算報告才剛剛送達朝廷。在一五一三年以後，年度財務報告沒有繼續下去，取而代之的是十年一度的報告。[33]但是，這樣的報告只不過是粗略的估計而已。一五八三年後，各省、府遞交的十年一度的報告中，還要求包括勞役折銀及其開支情況。這些報告後來便成了所謂的《賦役全書》。[34]在國家層面上，則有《會計錄》之編纂。

儘管這些手冊卷帙眾多，提供了大量的信息，但是，其資料卻從來就沒有按合乎邏輯的、完整的方式加以編排。各種各樣的物品，如穀物、棉、麻、絲織物、椰棗、芝麻，都混在一塊。各種款項，包括銀兩、按串論的銅錢、政府發行的已經貶值的寶鈔，從來就沒有轉換成一種共同的標準而加以合併。開支的小項，往往分得極細，如渡船的維修費、政府印簽使用的朱砂顏料以及逐日裡開支的更夫的工錢。即便有今天的商務設備的幫忙，我們也會感到這些數字實在難以駕馭，因為無論轉換率還是單位、度量都根本不清楚，更別說還有那些額外之徵和運輸費用。在十七世紀初之前，明朝官員能夠理解他們所得到的財政信息手冊，並且對它們做出合乎邏輯的解釋嗎？我對此十分懷疑。一六三二年，戶部尚書畢自嚴曾經給莊烈帝朱由檢進呈過一份備載全國各地逋賦的奏疏。從現在的影印版看，逋賦的名單在小冊子中占了四頁半。在眾多的條目中，畢自嚴提請皇帝注意吳縣所拖欠的用以折抵該縣每年向朝廷進貢的蜂蜜的款項，其總價值不到二十八兩銀子。尚書向皇帝報告這種小事，發生在一個全

32 沈榜：《宛署雜記》，頁一四六—一四七。
33《大明會典》（萬有文庫本），卷二十九，頁八六七。
34 關於《賦役全書》的起源，參見畢自嚴一六二八年的奏疏，載見孫承澤《春明夢餘錄》卷三十五，頁二四—二八。

國逋賦高達數以千萬兩計的時候！[35]總體而言，我們可以說，這樣的行為是明代基本的財政體制所帶來的自然而然的結果。在這種體制下，集權的戶部所進行的，卻是零散的管理。由於管理者的眼界始終有地域的局限，並且冥頑不化，他們所能做的，就是傾向於不斷強調那些細小瑣碎的事情。

這種財政管理體制最大的弱點，就是很少有官員能夠做出總體的評估和預測。事實上，明代官員通常都不願意去預想將來可能遇到的問題，也不願意做龐大的預算。他們更願意靜靜地等到賦稅拖欠或財政虧空真正發生後，再盡其所能尋求補救的措施。

在明朝的政府機構中，北京的幾個部、司、監以及南京的相應機構，都有它們自己獨立的收入。這些收入，是從特殊的商稅、固定的田賦、役的折色等項目中獲得的。我們後面還會更詳細地談到這些。在此，我們要提到的是，即便是有作為國家財政管理者的權限，戶部也控制不了那些由其他部門自主收支的資金。

對於上述種種體制性的缺陷，明代人並非全無所知。明朝最後一任戶部尚書倪元璐就是一個在財政方面有著非凡洞察力的人物。在他掌管戶部期間，倪元璐顯然曾嘗試多種改革。[36]他曾經在呈給皇帝的奏疏中建議，國家收支應該合併，統一支配。在一六四三年下半年，他還準備了一個軍事預算，預算中每年的軍事開支為二千一百二十二萬一千四百八十六兩白銀。計畫收入是一千五百八十四萬五千零二十七兩白銀，缺口將有五百三十七萬六千四百六十兩。為彌補政府赤字，他還準備恢復發行寶鈔。[37]同時，他還主張財政職權的集中、實物稅徹底折銀、恢復南北海運、自由貿易、廢除「解戶」。然而，所有這些建議都來得太遲了：次年明王朝崩潰，而倪元璐本人也以身殉國。

國家稅收的主要來源

田賦

明朝的絕大部分收入源自田賦。這一點我們可以想像出來。然而，明朝從來沒有建立起一套連貫一致的田賦徵收制度。源自土地的稅收，有一些略顯混亂而且彼此間可以換用的名稱，如「租賦」、「糧」、「科」。它包括一般性的田賦、與土地相關的役、軍屯子粒以及官租。明王朝苦心經營起了一套規模壯觀、組織嚴密的行政機構，卻從來不願意花錢雇人來管

35《崇禎存實疏抄》（影印本，一九三四），第一冊，頁一〇〇。

36 關於倪元璐改革的細節，可參見拙著〈倪元璐：新儒家官僚的「現實主義」〉，載見狄百瑞主編《明代思想中的自我與社會》。（編者按：該文已收入本書。）

37 倪元璐對發行紙幣的態度並不清楚。其子倪會鼎說倪元璐對於發行紙幣並不熱中。但是，顧炎武卻說倪元璐「必欲行之」。參見倪會鼎《倪文貞公年譜》卷四，頁二三—二四；顧炎武《日知錄》，第四冊，頁一〇三。

理田賦。從王朝最初軍事征服的歲月起，田賦的徵收就是交由所謂的糧長來執行。糧長把交來的糧食送到明朝的各處戰略要地。這種徵收程序，儘管源於戰時的政策，卻在整個王朝統治期間保持有效。[38]

明太祖朱元璋很明顯曾經打算確立統一的田賦稅率。但是，即便在他統治的洪武時期，他也沒能成功做到這一點。隨著時間的遷移，中央政府對於現實的賦稅徵收的控制越來越弱。每一個府、縣，都有不同的稅額。從理論上講，這些稅額應當隨著定期的土地普查而不時做出相應的修正。但是，由於土地普查很少進行，因此稅額也就成了恆久不變的了，至少是半永久性的。一位清代學者曾經指出，從一三九一年到一五三三年，河南有兩個縣——西華和虞城縣，其新墾的耕地分別是原有耕地的十倍和十七倍，但它們的稅額卻從未增加。[39]有些府、縣在統計中將數畝土地計算為一個納稅畝，使納稅者的納稅土地數量減少，從而獲得隱性收益。這種做法從明朝初年以來就司空見慣。[40]一五八〇年十二月，在精明的政治家張居正的督促下，全國性的土地清丈得以施行。清丈的目的，就是要消除弊端和不規範的做法。[41]政府決定，在全國範圍內普遍實行標準畝。然而，這項工程最終遠沒有達到它的目標。張居正在一五八二年逝世。土地清丈的最終結果，看來是既沒有匯總，也沒有公布。但是，即便是這樣一種不盡徹底的報告，從中我們依然能看到，有幾個省的耕地數量在此前是極大地少報了。最明顯的是，清丈之前貴州的應稅土地是十八萬六千畝，而清丈之後報告上來的應稅土地是三十二萬八千畝，表明增量超過百分之七十。[42]類似的是，清丈之前山東省的耕地數量為七千六百三十萬畝，清丈後為一億一千二百七十萬畝，增加了近百分之五十。[43]面對逐年逋賦，朝廷也只是接受了新的土地數字，並沒有調整這兩個省的稅額。記載還表明，土地清丈之後，只有湖廣、北直隸的幾個府、山西的大同和宣府兩鎮按增溢後的田畝數加賦。[44]

在政府的財政管理中，稅額制度的影響很深遠。它使政府從土地上所能得到的收益受到限制，給這種收益設立了一個上限。在明朝後期，政府不得不在全國範圍內進行瘋狂搜刮。

38 關於糧長，可參見《明史》，卷七十八，頁七、一四；龍文彬：《明會要》，第二冊，頁九五三—九五六；關於這一問題最全面的研究，是梁方仲的《明代糧長制度》（上海，一九五七）。

39 顧炎武：《日知錄》，第三冊，頁六三—六四。

40 關於明代納稅畝與實際的「畝」的區別，參見何炳棣《明初以降人口及其相關問題：一三六八—一九五三》，頁一〇二—一一三。

41 《明神宗實錄》（一九四〇年影印本），卷一百零六，頁二—三。

42 《明神宗實錄》，卷一百二十六，頁三—四。

43 《明神宗實錄》，卷一百一十六，頁三。

44 《明史》，卷七十七，頁七。宣府、大同兩鎮的溢田，大約是早期估額的三分之一，參見《明神宗實錄》卷一百二十，頁三；卷一百二十六，頁一。

然而，向土地追加田賦，即額外加賦，卻很艱難。當中央政府試圖重新考慮按照增加後的人口和耕地來調整稅額時，地方官員交上來的卻只是該地區更早時期的數字，將之作為當前的報表。在那些人口和經濟活動實際上處於停滯狀態的地區，情況同樣變得糟糕，因為中央政府不再有能力來減輕他們的賦稅負擔了。

在十七世紀以前，田賦始終穩定地以多少石糧食作為基本的徵收標準。如果將《大明會典》零散的資料彙集起來，我們可以得到的結論是：一三九三年的田賦總額是二千九百七十七萬六千四百二十六石，一五〇二年為二千六百七十九萬二千二百五十九石，一五七八年為二千六百六十三萬八千四百一十二石。[45]後面兩個數字也許估計得稍低，因為在明朝後期有些稅種不再以糧食計算，而是徵以其他實物。但是，這些稅種的徵收，多半是基於各地的土產，數量也相對較小（它們跟那些和本地實際物產全然無關的折徵相比是不一樣的）。我的計算表明，在一五七八年，這樣的稅收不會超過田賦總量的百分之二。

在稅額體制之下，縣是賦稅徵收的基礎單位。糧長通常也是由知縣任命。即便在省、府一級，也會有一些官員被任命為賦稅徵管者。他們的主要職責就是協調和監管。最基礎的財政責任，則落在了知縣的身上。明朝後期，行政官員不斷因為徵收賦稅上的失職而被懲罰，而知縣是最為倒楣的。另一方面，省級長官、知府似乎也有某種未加明確規定的賦稅管理的權力。他們通過頒發行政命令，可以規範或調整轄區內的徵稅程序。所謂的一條鞭法，即十六世紀後期將田賦、雜稅、勞役合併的做法，大部分都是由知府發起的。這些官員們並不能改變各縣的賦稅配額。但是，在許多情況下，他們有將不同種類的賦稅分配到下屬幾個縣的主動權（有關稅種的差異，見下文）。這樣，儘管各縣名義上的稅額沒有改變，但各縣的賦稅負擔卻得以重新分配。如此頒布的行政命令，在執行了相當可觀的一段時間後，常常會融入當地的歷史中，並且獲得習慣法的效力。這也清楚表明，明代的賦稅管理並不統一。

由於許多原因，田賦的計算更為複雜。首先，在大部分情況下，正賦之外會有一些加耗。由於納稅者要將糧食運到朝廷設置的倉庫，而這些倉庫往往在數百里甚至數千里之外，因此便出現了加耗。除非賦稅被歸入到「存留」的項目之中，而這樣的話納稅者才可能自己運輸，否則他們就不得不依賴糧長或者特定的漕軍來運輸。無論依靠糧長還是漕軍，運輸費和勞務費都得提前支付。加耗的實際數量，取決於路途的遠近、路面上的危險程度、路途中間的轉運次數。例如，對於源於長江中下游流域而要送往北京的穀物而言，正常情況就是在原有稅額之上加耗百分之八十。有些情況下，加耗的量可能要超過正賦。[46]

45《大明會典》，卷二十四，頁六二七、六四一—六四四；卷二十五，頁六六九—六七三。

46 關於加耗，參見《大明會典》，卷二十七，頁七九七—八〇〇；《明史》，卷七十九，頁三—五；谷應泰：《明史紀事本末》（萬有文庫本），卷二十四，頁二七—二八。

賦役折成銀兩或其他實物，並沒有使賦役徵收程序得以簡化。賦役折銀，沒有統一的折率可以遵循。相反，每一次賦役折徵都是作為一個獨立的事例來處理，既要考慮原有正賦屬於「存留」還是「起運」以及其相關的運輸義務，也要考慮折徵時糧食的價格和運輸的費用。只有等到折徵起效後，折徵的折率才會永久應用於這一特定的稅種。揚州府的地方志表明，在十六世紀五〇年代，該府送往北方的穀物可以折銀，每石折銀〇．七到一．二兩，其間差異是由相繼不斷的折徵命令所造成的。[47]然而，有時候，朝廷會完全放棄上述所有考慮而武斷地設定一個折率，而這種折率的應用僅限於折徵之命所規定的某些賦役。在一四三六年，就發生了一個很典型的案例。英宗皇帝下諭，從幾個省徵收來的大約四百萬石稅糧，包括廣東、廣西、福建所有「起運」稅糧，以及浙江、江西、湖廣、南直隸南京附近的部分田賦，將永久性地以每石〇．二五兩的折率折徵。這一折徵實施後，每年有一百零一萬二千七百二十九兩白銀，後來被定作「金花銀」，成了皇帝私人開支的收入。[48]金花銀有什麼樣的意義？這一點我們稍後再加討論。從賦稅管理的角度看，這一系列安排中最令人討厭的特徵是，折徵總是零零碎碎地完成；多少次，穩定的賦稅結構因為那些臨時的決定而發生改變！執行上的不連續性，也在納稅者們之間製造出了許多不同種類的田賦。十四世紀末長江流域的米價大約是每石一兩白銀，但到十六、十七世紀則滑到了每石〇．五兩、〇．六兩。[49]然而，有些納稅者卻仍不得不以每石一．二兩白銀折徵，交了應付賦稅的兩倍還多；有些納稅者卻只要按每石〇．二五兩白銀折徵，只交了應付賦稅的一半。

與人們想像的相反，田賦折徵所得並且能由北京戶部支配的銀子，相對來說只有很小的數量。這從表一可以得到解釋。值得注意的是，大部分供應和資金被標明為「存留」，或者被直接送到邊鎮或南京。剩下的送往京師的，只占所有賦稅收入的三分之一略多一些。送往帝國糧倉的四百萬石糧食（許多學者稱之為「漕糧」）之中，只有小部分作為薪水發給京官，大部分發給了京軍、建築工人、宮中的膳夫、藝人等等。多出來的部分，才構成京中的倉儲。在十六世紀八〇年代，中央政府每年的實際開支在二百二十萬到二百六十萬石之間。[50]光祿寺每年需糧二十一萬石。[51]當時的明朝宮廷，運作起來就像是世界上最大的雜貨鋪和餐廳。在一四二五年，皇宮內有六千三百名膳夫。[52]到明朝末年，膳夫的人數更多。除

47　顧炎武：《天下郡國利病書》（四部叢刊本），卷十二，頁九五。

48　關於金花銀，可參見《明史》卷七十八，頁三一四；《大明會典》，卷三十，頁八七八；龍文彬：《明會要》，第二冊，頁一〇八二；堀井一雄：〈金花銀的展開〉，《東洋史研究》，五卷二期（一九三九年十一月）。

49　這是基於不同資料內不同紀錄得出的。價格肯定有時候會有波動。在湖廣，一六〇〇年前後收成較好的年分裡，米價低於每石〇．三五兩白銀；但其他地區在糧食緊缺時，米價可能翻上一番或者三倍。總體來說，米價保持著相對的穩定。

50　參見我的博士論文《明代的漕運》（密歇根大學，一九六四），頁一〇八。

51　《明史》，卷七十九，頁一〇。關於分配到各省的配額，參見《大明會典》，卷二十六，頁七三八—七七六。

52　《續文獻通考》（上海，一九三六），頁三〇八五。

表一 1578年的田賦收支 （單位：石）

收入		
夏稅		4600000
秋糧		22000000
總計		26600000
支出		
標為「存留」的資金和供應		11700000
由納稅者直接送往邊鎮		3300000
送往南京		1500000
送往北京		9530000
納於國庫的糧食	4000000	
光祿寺及其他機構所耗糧食	210000	
折成棉布或其他宮中供辦	900000	
折成金花銀	4050000	
其他永遠折徵的田賦	370000	
雜項（宗室俸祿、皇室造辦挪用）		570000
總計		26600000

了要分發酒肉，宮中還時不時地給官員賜宴，並且把宮中的雜物定期分給宦官。從送往光祿寺的酒罈數量以及宮中食鹽的消費量看，估計宮中每天要為一萬到一萬五千人提供膳食服務。[53]這個數字還不包括由太常寺管轄的名目繁多的祭祀。由於值勤宮中的侍者數量眾多，棉布和其他供應另需九十萬石。據估計，大約在一六〇〇年，宮中可能有七萬名宦官和九千名宮女。[54]此外，有時也給士卒們定量供應棉布。正如前文談到的，四百萬石穀物折徵成金花銀，成為皇帝的個人收入。在每年折徵的一百多萬兩金

花銀中，皇帝將其中十萬兩發放給高級武官，其餘銀兩則任由皇帝賞賜或採辦，戶部無權干涉。[55]這樣，戶部可以支配的僅僅是餘下的三十七萬石糧食所折徵的銀兩。在一五七八年，以總體每石〇．七兩計，這項收入是二十四萬七千六百一十三兩銀子。[56]但是，也就在同一年，神宗（一五七二—一六二〇年在位）卻下諭說此後戶部每年要再給皇帝二十萬兩白銀，以彌補宮廷開支。[57]這實際上又擠占了戶部這項最後的財源。

然而，從十六世紀後期帳面上反映出來的，卻是戶部從田賦中收到大筆的款項。這些收入又是從哪裡來的？這些錢的來源有兩個。一方面，它包括納稅者直接送往邊鎮的供應，每年大概三百三十萬石，在一四八七年、一四九二年折銀；[58]在一五五八年後，尤其是一五七

53　工部所屬的工廠，每年要燒製十萬只酒罈送到內府，參見《大明會典》卷一百九十四，頁三九一八。宮廷用鹽量每年估計為十萬斤或近七十美噸。參見《明神宗實錄》，卷二十六，頁八。
54　賀凱：《明代傳統國家》（特斯康，一九六一），頁一一。
55　《大明會典》，卷三十，頁八七八；龍文彬：《明會要》，第二冊，頁一〇八二。
56　該項計算是基於《大明會典》零散的資料上完成的，卷二十六，頁七三八—七七六。
57　《明史》，卷七十九，頁一五。
58　《明史》，卷一百八十五，頁一一二；龍文彬：《明會要》，第二冊，頁一〇六七。

三年詔令後，這些銀兩大部分由戶部經手。[59]這些銀兩一經繳納到戶部，就立即送往相應的幾個邊鎮。因此，其間戶部的角色，不過是一個程序上的中轉站而已。另一方面，戶部的收入還包括即將繳入國庫的四百萬石稅糧（漕糧）中的一部分。在十七世紀中葉，北京的糧倉儲備足以應付超過十年以上。在戶部尚書王杲和漕運總兵官萬表的建議下，不定期的折徵得以實施，其折徵配額在數省間輪換。[60]此後，每年送往北京的漕糧很少能達到四百萬石的標準。在大部分情形下，送到北京的漕糧不到三百萬石。[61]另外一百多萬石糧食折徵所得的銀兩，在不同的年分間各有差異，因為折率經常為減輕受災地區的賦稅負擔而調整。有時候，部分賦稅會因為饑荒而蠲免。據估計，戶部從不定期的折徵中可以收入五十萬兩白銀。需要強調的是，這筆錢是戶部從正常田賦中所得到的唯一一筆主要的款項。

另外還有一項國家收入雖然也來源於土地，卻是單獨核算。這就是按賦稅項目上交的供動物食用的草料。草料最初在一三七〇年向南京附近諸府徵收。這筆賦稅以每百畝十六束草的基本稅率向土地所有者徵收。這項稅種的徵收，稍後推廣到浙江、山東、山西、河南和北直隸。[62]一五七八年的紀錄表明，朝廷從該稅種中得到了折徵的三十三萬八千四百一十九兩白銀，以及納稅者實際交付的九百六十萬二千三百零五束草。[63]如果實物繳納的部分同樣以當時通行的每束〇．〇三兩銀子的折率折徵的話，大概還能再多出二十八萬八千零六十九兩白銀來。因此，這項收入總價值超過六十二萬六千四百八十八兩銀子。即以草料的折徵部分單獨而言，亦構成戶部所收入白銀的百分之十到百分之十五。雖然看起來有些繁碎，草料之稅卻成了國家財政的實質性收益。

役包括勞役、兵役、弓兵、皂隸、站鋪以及向多個國家機構提供物資供應等義務。它最初是從明初止常的田賦中獨立出來的。但是，十六世紀以後，役又開始跟田賦重疊，甚或融入其中。役的運作方式，在不同的地區是不同的，並沒有標準的程序可供遵循。例如，以勞役一類而言，其最基本的徵稅單位——丁，意指強壯的男性。然而，隨著役逐漸折徵貨幣，「丁」這個詞彙也不再有其原始的意義，而成了一個沒有準確定義的、有彈性的財稅單位。有些地區向相對較少的「丁」徵稅，但是對每個「丁」徵稅較高；另外一些地區向更多的「丁」徵稅，而對於每個「丁」徵稅相反也就較輕。過去以丁為單位向男性人口徵以一定額度的人頭稅的方法，在許多地區仍然還在繼續。然而，當折徵不足以應付不斷上升的所需勞役開支時，通常就會通過在正常田賦之外加徵來彌補其不足。當一五八四年廣東順德縣發現

59《大明會典》，卷二十八，頁八三六—八四八，隨處可見。
60《明代的漕運》，頁一〇五—一〇六。
61《明代的漕運》，頁三一〇—三一三。
62《大明會典》，卷二十九，頁八七三。
63 這是以《大明會典》中零散的資料為基礎的，參見卷二十六，頁七三八—七七六。

原有的丁稅不足以應付開支時，它並不是去提高折徵的貨幣收入，而是創造出額外數量的「丁」，規定每五十畝應稅土地另計為一丁。[64]隨著時間的推移，從土地上徵收來的役銀，逐漸超過了按人頭徵收的部分。[65]十七世紀初期，在北直隸的香河縣，百分之六十的勞役是按土地徵收，而只有百分之四十是按人口徵收。[66]

推行一條鞭法，也不能消除標準的多樣性。所謂的「條鞭銀」，最初是想通過簡單的支付方式來促使土地所有者承擔其賦稅義務；但是在大部分情況下，這一目標並沒有得以實現。許多地區在統一徵收外，仍保留下一些稅目。而且，條鞭之法只是部分地整合了賦稅徵收，並沒有能夠改變賦稅結構。換句話說，對於每一位納稅者來說，不同的徵收名目被整合到一張單子上，但不同的稅收條款卻並沒有得到簡化，更不用說完全取消了。在稅單上，以石為單位的基本田賦，跟以丁為單位的役總是區別開來的。在有些縣，這兩個大類之下，還保留著大約二十個小目，而且每一項都有相應的折率。

通常，人們會認為役是一種地方稅。這種想法只是部分準確。役是由地方徵收，並解釋其徵稅理由；中央政府事實上不對役進行直接控制；大部分役銀是存留下來，以應付地方開支。從這種意義上來說，役是一種地方稅。但是，在運河經過的那些地方，由役徵來的錢款，同樣也要用於雇傭那些維護大運河及操作運河上各道閘門的勞工。國家驛站中應役人夫的報酬，同樣也是由役折變來的款項支付。實際上，每個縣都不得不將役的收入支出一部分，按計畫購買物資貢獻給朝廷。這類貢獻項目中，比較常見的是向太醫院進貢草藥，向光祿寺進貢地方野味，為兵部提供棉衣。一些地區還向朝廷進貢毛筆、掃帚。地方進貢的數量是巨大的，而名目實際上數不勝數。十七世紀初，即便不計算運輸的花費，這些物資的價值也接近四百萬兩白銀。[67]

總體來說，江南各府、縣的役，比長江以北諸府、縣要重。這表明，南方地區的軍役負擔更重，而且地方政府也更複雜一些。在我選作樣本的三十個府、縣中，許多北方地區的役，大概相當於田賦的百分之三十；然而，在南方，役相當於田賦的百分之五十或百分之六十的情況，也是很常見的。但是，江北、江南也有幾個縣，如山東汶上縣、浙江昌化縣、廣東順德縣，所徵之役與各地田賦相當，甚至更高。[68]

64　《順德縣志》（一五八五），卷三，頁二四。
65　梁方仲：〈明代戶口田地及田賦統計〉，《中國近代經濟史研究集刊》，三：一，一九三五年五月，頁六一。
66　《香河縣志》（一六二〇年纂修），卷四，頁三。
67　這一計算是基於《春明夢餘錄》中所抄錄的一份戶部奏疏，卷三十五，頁二一。
68　《汶上縣志》（一六〇八年纂修），卷四，頁三—一〇；《杭州府志》（一五七九年纂修），卷三十，頁四四；卷三十一，頁六五—七〇；《順德縣志》，卷三，頁二一—二二。

鹽課收入

源於鹽的國家專賣的那部分收入，構成國家財政的第二大項。在專賣制度之下，全國所有的鹽產區分成十三個都轉運鹽使司和鹽課提舉司。[69]每一個機構都有其產鹽配額及行銷區域。從事鹽業生產的家庭，即灶戶，在各自的地區都是登記在冊的。按照法律，那些家庭的每個成年男子，每年要上交三千二百斤鹽，也就是每年繳納二美噸的鹽。在明太祖統治時期，額鹽總量設定為四億五千九百三十一萬六千四百斤，約合三十萬六千美噸。[70]

鹽的實際生產過程，基本上不需要政府監管。灶戶們有自己的居所。在非曬鹽的鹽產區，政府還為他們配備了鐵釜。燃料是從指定的「草場」收集而來，有時還要到沼澤地去採集。作為對灶戶們的補貼，政府授權都轉運鹽使司和鹽課提舉司，每四百斤鹽給工本米一石。[71]但是，這一政策從來沒有充分執行。從一開始，政府就是以鈔代米。隨著寶鈔的貶值，這一補償實際上已然停止了。然而，煎鹽的灶戶們卻可以獲得另外的鼓勵，例如可以開墾公共荒地並獲得稅收的減免。灶戶購買工具，政府有時會給予補貼。有時候，為了減輕灶戶的負擔，政府也會迫使鹽商做點貢獻。到明朝末年，灶戶的生活，似乎主要是依靠他們自己生產的配額以外的餘鹽。[72]

在明初一百年內，朝廷是在定量分配的基礎上直接向公眾出售食鹽。食鹽的出售是由政府專賣的。直接出售或許僅僅能部分滿足公眾的需求，因為分配到農村地區的食鹽量（每人每年二斤二盎司）幾乎是不夠的。另一方面，食鹽的銷售價格（每斤鹽一貫寶鈔）看來也過於昂貴了。隨著政府發行的寶鈔繼續貶值，朝廷在一四七四年停止了食鹽銷售。當然，從平民百姓那裡徵得的食鹽銷售收益，並不會因此而停止。而且，這筆收益被恬不知恥地稱做「食鹽鈔銀」，並在中央政府和地方政府之間分成。[73]實際上，這是由於朝廷不再直接銷售食鹽，轉而向民眾徵收一種新的人頭稅。一五七八年的記載表明，每年有八萬零五百五十五兩白銀作為「食鹽鈔銀」繳入國庫。[74]

國家生產的鹽實際上大部分售給了鹽商。明朝初年，開中法已經以某些形式實施。鹽商按要求向朝廷設置的邊鎮提供糧食。糧食送到後，政府就頒給商人們鹽引；憑藉鹽引，商人

69《明史》，卷八十，頁一〇四；《續文獻通考》，頁二九五五—二九五八；《大明會典》，卷三十三，頁九二五—九四五；賀凱：〈明朝的政府組織〉，《哈佛亞洲研究》（一九五八），卷二十一，頁四六。

70 這一計算的依據見：《明史》卷八十，頁一—四；《續文獻通考》，頁二九五五—二九五八；《大明會典》，卷三十三，頁九二五—九四五。

71《明史》，卷八十，頁七；《續文獻通考》，頁二九五八；《大明會典》，卷三十四，頁九四七。

72《明史》，卷八十，頁七—八、一一；《續文獻通考》，頁二九五八、二九六〇。

73 顧炎武：《天下郡國利病書》，卷三十六，頁五〇；卷三十八，頁三八、三九；卷三十九，頁七四、九三；卷四十，頁四一。

74 這一計算所依據的資料，參見《大明會典》，卷二十六，頁七三八—七七六。

們可以到鹽產區購買食鹽。通過這種程序，政府不僅解除了自己運輸的負擔，而且使國家財政有了保障軍需的渠道。[75]十五世紀後期，用貨幣購買鹽引的做法取代了開中法。十六世紀，為解決邊境地區的軍需供應問題，開中法曾部分恢復。[76]

由於大批灶戶經常因為貧困而逃亡，好幾個產區的鹽產量並不總是達到預定額度。此外，政府傾向於濫售鹽引。結果，許多商人在交納錢款或運送完穀物之後，卻發現他們不得不為那些尚未出產的食鹽等候良久，有時候一等要等上幾年，甚至幾十年。最初，政府的鹽引是不可以轉讓的；鹽引必須由交納錢款或穀物的商人本人兌領；如果鹽商本人在鹽引尚未兌領之前去世，鹽引常常就會充公。[77]這讓商人們備受打擊。同時，由於每年的鹽產量都只能應付此前發放的鹽引，國家財政依舊枯竭。

一四四〇年，朝廷採取了一種新的措施。政府將每年所產的食鹽分為兩類：其中百分之八十被稱為「常股鹽」，剩下的百分之二十則被稱為「存積鹽」。表面上，前者是用於正常流通的，而後者是儲積以備急用，如應付緊急軍需。但是，存積鹽設立之初，就開始可以開中了。由於開中存積鹽不需要等待，所以它的售價也就更高。在十六世紀中期，常股鹽降到僅占每年鹽產量的百分之四十，而存積鹽則增至每年鹽產量的百分之六十。[78]這樣，此後食鹽的大量出售，總是使政府陷於違背契約的境地：現場交易變成了將來才能兌現，而兌現的日期卻又反覆拖延。在食鹽的銷售過程中，預支將來出產的鹽是經常性的。有時候，都轉運鹽使司為了增加收入，甚至會強迫已購買存積鹽的鹽商從將來的常股鹽中再購入一部分。

當然，更複雜的是餘鹽的運作。隨著十六世紀人口的增長及灶戶的增加，食鹽的需求以及食鹽的產量都在穩步增加。然而，由於管理缺陷，每個都轉運鹽使司或鹽課提舉司的鹽額卻並不能相應增加。這便造成了數量極大的餘鹽。餘鹽的數量有可能達到正額的兩倍。按照明朝初年的規定，政府應該要求灶戶交出餘鹽，而作為補償，每二百斤餘鹽支糧四分之一石。既然政府無力付給灶戶報酬，餘鹽也就無法徵集。然而，灶戶們卻不能將餘鹽自由地向公眾出售。只有當某位鹽商從政府部門購買了一定數量的官鹽，他才可能獲得允許進入指定的鹽區，向灶戶購買一定比例的餘鹽。其比例或者與官鹽相當，有時則是官鹽的兩倍。[79]食鹽經過巡檢司時，鹽商要呈繳許可批文，並繳納一定的費用。這筆費用，事實上成了一種特許權稅。在十六世紀後期的淮河流域，特許權稅的稅率是每二百斤鹽納〇・八兩白銀，即大

75《明史》，卷八十，頁五；龍文彬：《明會要》，第二冊，頁一〇五一；《續文獻通考》，頁二九五八、二九六四；《大明會典》，卷三十四，頁九四九—九五一。

76《明史》，卷八十，頁七—一一、一四；龍文彬：《明會要》，第二冊，頁一〇五五。

77《明史》，卷八十，頁六—七；鹽引只能在極為嚴格的條件下由近親繼承，參見《大明會典》，卷三十四，頁九五二。

78《大明會典》，卷三十四，頁九四七；《明史》，卷八十，頁八。

79《明史》，卷八十，頁一一—一二；《大明會典》，卷三十二，頁九〇九。

約每美噸納銀六兩。[80]

如果朝廷能夠滿足於以固定稅率對不同數量的鹽進行徵稅的話，事情也許就會簡單得多了。但是相反，朝廷同時還要求從這項收入中獲得固定數量的白銀。「餘鹽銀」的定額，被分配到幾個都轉運鹽使司或鹽課提舉司。因此，每位管理鹽務的官員，就不得不強迫灶戶們生產更多餘鹽，以完成餘鹽銀的定額。在許多情況下，為了完成這項額外之徵，各鹽區反而在正額生產管理上開始營私舞弊。[81]隨著鹽業管理制度的頹敗，私鹽日益猖獗。一些有勢力的商人，從原來合法的鹽商處購買到販賣餘鹽的特許證；有些商人則把特許證反覆使用多年而不上繳。很明顯，其中有許多人還進行武裝走私，或者與私鹽販子沆瀣一氣。

食鹽的管理細節過於複雜，很難在本篇概述中予以全面展示。但是，我們一點都不懷疑，明朝對鹽的管理，意味著是官僚制經濟最惡劣的典型之一：國家想壟斷鹽的生產，卻不願意有一丁點的投資；國家想直接將鹽售與消費大眾，卻又不願意設置一個集中管理的分銷機構；在跟鹽商打交道時，政府也很少忠實地承擔應盡的義務；負責鹽政的官員急功近利，全不顧將來，也不顧市場狀況；保證食鹽專賣的法律很嚴厲，但卻很少能得到執行。在明武宗統治年間，宦官及勳臣濫用職權，實際上已毀壞了整個食鹽專賣的運作。儘管後來的鹽政管理者們進行過各種改革，食鹽專賣已不再有堅實的基礎了。

必須注意的是，食鹽的專賣是有巨利可圖的。一五二七年的一道奏疏表明，在毗鄰鹽產區的南京，鹽的零售價格大約是每美噸二十五兩銀子。[82]然而，鹽的生產成本，即便以政府設定的每四百斤一石米計算，每美噸也到不了二兩銀子。從各種資料以及當時人的估計來看，我認為：到十六世紀末，全國每年的食鹽總產量不會少於一百萬美噸。如果能有效地進行管理的話，單單從食鹽專賣所得到的收入就可以解決明朝所有的財政問題。

儘管灶戶和鹽商要承受種種弊政和不確定性，明代的食鹽生產和銷售卻開始出現了資本化過程。當時的材料不時地提到「富裕的鹽生產者」。他們中間，有人是由原來的灶戶轉變而來的，有人則是純粹的外來者。他們通過不同的資源積聚資本，並且能夠利用其財富買下一些官方登記在冊的灶丁。作為鹽的生產者，他們及其雇工並不用繳納田賦，但需要承擔與他們應該完成的鹽額成一定比例的役。額外的「草場」，也可以出租獲利。隨著家庭財富的增長以及活動範圍的延伸，他們成為較早的「場商」。一八三〇年，場商們控制著東部海岸線鹽業的一半。[83]至於食鹽交易，最初是出現了非正式的「專賣權」。到十五世紀中期，「鹽

80《大明會典》，卷三十二，頁九〇八。
81《明史》，卷八十，頁一五；《續文獻通考》，頁二九六二。
82 此奏疏引自《香河縣志》，卷十一，頁一一。
83 何炳棣，〈揚州鹽商：十八世紀中國的商業資本研究〉，《哈佛亞洲研究》，一七（一九五四），頁一三二。

引」開始在商人們之間買賣。[84]到一六一七年，批發經銷商的「專賣權」得到了官方的確認；凡未列名於官方登記「綱冊」的人，不得從事淮河流域的食鹽批發貿易。[85]當然，大部分鹽商都列名於官方登記冊之中，享受食鹽銷售的特權，並且隨後積累下驚人的財富。這一點也不奇怪。因此，今天看來，食鹽的專賣只是讓所有人掏錢，而使少數一些人富了起來，卻並沒有使國家獲得它所應該獲得的利益。

一五七八年的帳目表明，十三個都轉運鹽使司和鹽課提舉司共計產鹽四億八千六百七十六萬四千二百斤，約合三十二萬四千美噸。[86]這個數字，跟早期的數字相比，只有很小的增加。但是，我估計十三個都轉運鹽使司和鹽課提舉司的餘鹽銀總計收入達到了一百二十萬零三百六十三兩，其中九十八萬三千三百二十兩送往北京，餘下的二十一萬七千零四十三兩送往幾個邊鎮。[87]從十七世紀初戶部尚書李汝華給神宗皇帝上的一道奏疏中，我們可以看到，包括食鹽、糧食、寶鈔在內的每年榷鹽收入，價值超過二百萬兩白銀。但是，李汝華卻也承認說這個目標從來就沒有完成過。[88]另外一種資料表明，在一六〇六年，都轉運鹽使司和鹽課提舉司都只完成了產鹽配額的一半。[89]一六〇七年和一六二一年，朝廷頒布命令，免除迄至當時的十三個都轉運鹽使司和鹽課提舉司的食鹽欠額。[90]有證據表明，直到十七世紀初，每年食鹽專賣的收入依然只是將近一百二十萬兩白銀而已。其中，實際送往北京的可能是一百萬兩。其他收入，如由開中之法而送往邊鎮的糧食，是零星送去的，並沒有太大的意義。

還有一些時候，當年的收入會超過正常水平。然而，這通常會導致次年的拖欠，或者次年更低的產出。

商業稅

對大部分明朝人而言，海外貿易是非法的。海禁政策使明朝帝國政府不可能從進出口獲

---

84 此論基於朱廷立《鹽政志》（一五二九年纂修）所引一四六八年的一道奏疏，見卷七，頁三。藤井宏認為所謂的代銷權源於官僚的腐敗。那些賄賂了負責官員的人可以獲得比守法商人更優越的貿易優先權。然後，那些人會將他們的銷售配額賣給後者。參見藤井宏〈占窩的意義及起源〉，《清水泰次博士追悼紀念明代史論叢》（東京，一九六二），頁五五一—五七五。

85 《明神宗實錄》，卷五百六十八，頁六—七；《續文獻通考》，二九七〇—二九七一；孫承澤：《春明夢餘錄》，卷三十五，頁四六—四八；何炳棣：《揚州鹽商》，頁一三六；歐宗佑：《中國鹽政小史》（萬有文庫本），頁三五。《明史》亦有簡短的相關條目，參見卷八十，頁一六。

86 這是從《大明會典》中雜亂的資料中得出來的。參見《大明會典》卷三十二，頁九〇三—九二四；卷三十三，頁九二五—九四五；《續文獻通考》，頁二九五五—二九五八。兩種資料之間有細小的差別。

87 這個計算是根據注86的兩種資料得出來的。

88 孫承澤：《春明夢餘錄》，卷三十四，頁四五。

89 《明史》，卷八十，頁一六；《續文獻通考》，頁二九七〇；《明神宗實錄》，卷四百三十九，頁一。

90 《續文獻通考》，頁二九七〇—二九七一。

得收益。但是，內陸關稅卻是政府收入的主要來源。關稅是通過杭州附近的北新關、蘇州附近的滸墅關、淮安、揚州、臨清、河西務、北京的崇文門以及九江等鈔關徵收的。[91]除最後提到的港口九江外，其他所有鈔關都在大運河沿岸。這表明大量商品是經由大運河這條南北幹線來運輸的。

內陸關稅起源於一種通行費。稅額的估定，最初是按船的大小方廣而定，並不向貨物徵稅。[92]這種稅只能用寶鈔支付。後來，稅額估定延伸到了貨物。在十六世紀中期，鈔關稅兼徵白銀和寶鈔。然而，到十六世紀末，鈔關稅以銀支付已經成了慣例，而寶鈔和銅錢僅構成其中很小的一部分。[93]鈔關稅的徵收稅率及徵收程序被細緻地編成條例。僅臨清鈔關出版的條例，就有一百零五頁、一千九百條。[94]但是，同時代的資料卻顯示，實際徵收跟條例規定相距甚遠。朝廷首先設定這幾個鈔關每年的稅額，實際上等於要求負責官員保證有一定數量的收入，因此無法期望那些官員們同時能夠嚴格遵守既定的稅率。[95]

在一五九九年，八個鈔關的稅收總額是三十四萬二千七百二十九兩白銀；一六二一和一六二四年，稅額分別增加到三十七萬四千九百二十九兩和四十七萬九千九百二十九兩。一六二九年，稅額增加了百分之十。一六三〇年，稅額再增加百分之二十。到一六四〇年，每年稅額總計增加了二十萬兩。[96]但是，到那個時候，運河沿岸區域極為破敗，政府機器也毀壞殆盡，實際上能不能完成稅額的一半都很令人懷疑。

明朝還在全國徵收商稅，主要針對小港口及陸地運輸的商品。明朝初年，超過四百個宣課司、宣課局遍布全國；負責的官員是由朝廷派遣的。在十五、十六世紀，許多司、局被合併或裁撤。到十七世紀，全國僅剩下一百一十二個宣課局。[97]商稅的徵收便適時由地方官員接管。在許多情況下，府的推官或者縣的主簿兼任徵稅者。由於銷售稅徵收的應用標準不一，從這個來源獲得的財政收入很難估計。我個人的計算表明，大約在一五〇〇年左右，每

91　《明史》，卷八十一，頁一七—一八；《續文獻通考》，頁二九三一；《大明會典》，卷三十五，頁九七七；應該注意的是，最初北京城的崇文門並不是一個內陸關稅徵收點。崇文門所徵收的，更多的是被看作是一種營業稅收入。然而，崇文門最終實際上成了內陸關稅體系內的一部分。崇文門的收入是隨著其他內陸鈔關的收益一起核算的。參見《明史》，卷八十一，頁二〇—二一；《續文獻通考》，頁二九三五、二九三七；孫承澤：《春明夢餘錄》，卷三十五，頁四二。

92　臨清和北新關例外。參見《明史》卷八十一，頁一七；《續文獻通考》，第二九三一；《大明會典》，卷三十五，頁九八〇—九八一。

93　《大明會典》，卷三十五，頁九七七—九七八。

94　張度編纂：《臨清直隸州志》（一七八二），卷九，頁二。

95　關於負責官員的玩忽職守，參見《明代的漕運》，頁一七八—一八三。

96　《續文獻通考》，頁二九三七—二九三八；孫承澤：《春明夢餘錄》，卷三十五，頁四二；《明神宗實錄》，卷三百七十六，頁一〇。

97　吳兆莘：《中國稅制史》（上海，一九三七），第一冊，頁一六九。

年商稅總量相當於十三萬八千兩銀子。一五七八年，商稅收益接近十五萬兩銀子。[98]

與鈔關稅不同，商稅很少送往中央政府。朝廷有時會要求某些宣課局將少量款項交付不同的中央機構。另外，這筆收入還用以補貼宗室的祿米。但是，此類支付通常只是幾百兩銀子，而且並不常見。[99]收入的剩餘部分，是保存在縣或者府裡，用於地方開支。總體來說，商稅的管理是最具有地方分權特點的；其收益也是最少得到有效的稽查。所以，這項稅源對於國庫的貢獻微乎其微。

其他收入

在明朝，工部也徵收一種特殊的貨物稅。被稅物品包括木材、竹、鐵、麻、石灰石、桐油等。在明初，這些稅是以實物徵收的；徵來的物資，送到政府掌管的船塢中。由於政府的造船項目是由工部監管的，而造船的收入和開支通常認為是可以互相抵銷的，所以帳目並不由戶部稽查。十五世紀以後，關稅的徵收改而折銀，但其收益仍然是由工部控制。[100]從這項稅源所得的資金，通常在每個季節被分配到幾個造船所。整個帝國有十三個抽分局（其中有四個鄰近北京，南京、淮安、真定、蘭州、廣寧、荊州、太平、蕪湖、杭州各一個）。我們只知道，在十七世紀初期，杭州、蕪湖、淮安等三個較大的抽分局的每年總收入是四萬四千五百一十兩銀子。[101]

為水利工程籌集的資金以及從公共荒地開墾中得來的收益，也同樣是由工部管理。前者由工部都水清吏司管理；後者由屯田清吏司管理。[102]整個明帝國的水利工程，都是由中央機構負責。但是，各省各府卻要提供勞力和物料，而且每年皆有定額。由於地方所承擔的役通常是折成貨幣支付，從這些收入中募集到的資金將交給工部。荒地開墾的收入，被指定用以裝備皇室成員們的冠冕，為宮中提供木炭，以及支付其他幾種雜項開支。[103]十七世紀初一位工部官員提供的未經編輯的資料表明，為水利工程籌集的資金每年總收入是十三萬九千一百五十兩白銀，開墾荒地所得的總收入為十一萬七千三百五十五兩白銀。[104]但是，實際中這些資金很少像規定中所說的那樣嚴格歸入到中央的管理之下。在大部分情況下，地方層面的徵稅者通常是吏胥；他們定期將資金送往相應的機構，有時並不向工部報告。有一個例子，北

98　這個計算是以《大明會典》為基礎，參見《大明會典》，卷三十五，頁一〇一四—一〇一八。
99　此類交納在《大明會典》中有紀錄，見卷三十五，頁一〇一四—一〇一八。
100　關於貨物稅的徵收，在周一龍《漕河一瞥》（一六〇九年編纂；國會圖書館膠捲）中隨處可見。
101　關於抽分場，參見《明史》卷八十一，頁一五；《漕河一瞥》提到過抽分的數量，見卷十一。
102　何士晉：《工部廠庫須知》（玄覽堂叢書），卷九，頁四一—四五；卷十二，頁四一—四七。
103　《明神宗實錄》，卷三百七十三，頁八。
104　這些未加整理的資料源於何士晉《工部廠庫須知》（玄覽堂叢書本），卷九、卷十二。

京附近某個府的徵稅者連續六年私吞稅款，直到這種資金盜用被發現為止。[105]在明神宗統治時期，這些款項中的部分還被挪作他用。例如，來自浙江的用於水利工程的資金和來自安慶府的墾荒所得的資金，就被改變了用途，用以資助皇室絲織品的生產。在其他一些時候，這些錢可能改而用以支付皇室的採木。[106]儘管來自這些收入的部分錢款被送往北京。但是，這些收入的總量卻並不大，也不是經常性的。不過，在一六〇〇年，工部看起來是能夠自給自足的，其收入仍然足以應對其各司、庫的開支。在那時候，工部剩餘的錢款偶爾會移交給戶部。在此之後，工部自己也開始有經常性的財政赤字，因此還不得不向別的資源去「借」，主要是向太僕寺借。

太僕寺控制的資金為帝國提供了一個很重要的資金儲備。這些資金來自平民應服勞役的折銀。在明朝初期，全國有許多民戶被安排去為政府飼養十萬匹軍馬。從這十萬匹馬中，每年要交付二萬匹馬駒。一四六六年以後，這種馬駒的交付被取消了；政府改而命令馬戶按每年定額，以每匹馬十二兩銀子的折率納銀。這樣，太僕寺每年就有二十四萬兩銀子的收入。[107]太僕寺再用這些錢來購置馬匹，以備軍需。但是，實際上太僕寺很少用錢去買馬。所以，這筆錢款的積蓄就不斷地增加。大約在一五八〇年，太僕寺存銀超過了四百萬兩。[108]這筆積蓄在十六世紀末期慢慢地被消耗掉了，而首先就是戶部、工部及光祿寺接二連三的「借用」。在十七世紀二〇年代，由於折銀比率的提高，太僕寺的這部分收入增加到每年三十五到四十三萬兩白銀。[109]但是，到那時候，這些錢一收上來便被花了個乾淨，而納稅者的滯納也開始出現。

此外，明朝政府還有幾種雜項收入。在明朝後期，北京、南京附近的國家牧場出佃給平民所獲的租金，每年是八萬兩白銀。[110]一五七八年，查抄和罰沒為政府提供了十七萬兩白銀，[111]在一五八〇年則為十二萬八千六百一十七兩白銀。[112]各種雜役的折徵，黃曆的出售，以及帝國祠廟的收入，在一六〇〇年前後產生了十二萬五千兩白銀。[113]這樣，每年的各種雜項大約價值三十五萬兩白銀。

105 何士晉：《工部廠庫須知》，卷十二，頁四八。
106 何士晉：《工部廠庫須知》，卷九；《明神宗實錄》，卷三百七十三，頁八。
107 孫承澤：《春明夢餘錄》，卷五十三，頁三。
108《明神宗實錄》，卷三百八十三，頁一二；《明史》，卷二百一十六，頁一六。
109《明熹宗實錄》（一九四〇年影印），卷七，頁二五；卷三十二，頁五；《崇禎實錄》（一九四〇年影印），卷五十三，頁九。
110《明史》，卷八十二，頁一九；孫承澤：《春明夢餘錄》，卷三十五，頁八。
111《明史》，卷八十二，頁二〇。
112 孫承澤：《春明夢餘錄》，卷三十五，頁一〇。
113 這是我的估計。根據是《明史》卷八十二，頁二〇。

在列舉這些雜項時，我還省略了幾個皇莊所徵收的租稅。這些租稅被送往皇宮之中，成了皇太后的開支帳戶。我也沒有提及供應皇家馬廄及動物園的項目所折徵的銀兩。這些錢並沒有改變用途。在我的分析中，也沒有將茶葉生產的稅收茶課包括進來，因為這批以實物徵收的稅用在邊境地帶的茶馬貿易了。這項研究也沒有談論國際貿易，因為國際貿易在明朝的財政管理中的意義相對較小。大批量的海外貿易，是掌握在海上走私者手中的。當國際貿易在十六世紀後半期最終合法化，遠洋運輸是很龐大的。一五九四年，當福建月港向海外貿易開放時，該港所徵的關稅就達到了二萬九千兩白銀。[114]這筆資金被用於地方軍事開支。但是，朝廷幾乎很快就回到其排外政策上來。朝貢貿易的實施，並不帶有財政的目的。實際上，進口貨物，特別是胡椒和蘇木，被朝廷用以賞賜官員和宗室。皇帝也不得不回賜給朝貢使節們大量的禮物。在十七世紀大規模宮廷建設進行之時，朝廷還向文武百官及富商們徵收一種名為「助工」的強迫性捐助。在一六二五年，助工所獲白銀為八十三萬一千四百五十七兩。[115]這同樣應該視為非正常的收入。

小結

我們總結一下就可以發現：從一五七〇年到一六〇〇年，戶部所得到的正常的款項相對維持在每年二百六十萬兩白銀的水平上。這個總數，是將表二中各個款項相加而得出的。

表二　估計戶部可收入的款項，1570-1600年

（單位：兩銀／年）

田賦折銀	500000
馬價折銀	330000
食鹽鈔銀	80000
出售鹽引所得收入	1000000
內陸關稅	340000
各種雜項	350000
總計	2600000

這些可收入的款項，在整個時間段內是相對穩定的。對於大部分研習明史的學生們來說，這也許有點奇怪，因為他們能夠從當時的不同的資料中找到跟這一估計相差甚遠的數據。事實上，我曾經將九套這樣的數據作過比較，每一套數據都提到戶部每年的收入。這些數據，從二百三十萬兩到五百四十萬兩不等。[116]然而，之所以有這些差異，是因為使用的統計方法的不同。一些資料得出了較高的數據，是因為把幾種經由戶部操作但並不由戶部收取的款項包括進去了，如歸屬皇帝的金花銀、由納稅者直接送往邊鎮的年例等等。本質而言，在

114 顧炎武：《天下郡國利病書》，卷三十八，頁三三—三四；卷三十九，頁一〇〇—一〇一；關於月港開港，參見佐久間重男：〈月港二十四將〉，《清水泰次博士追悼紀念明代史論叢》，頁三八九—四一九。

115 《明熹宗實錄》，卷六十二，頁五。

116 關於這些資料，參見：《明史》卷八十二，頁一九—二〇；《續文獻通考》，頁三〇八六；《明神宗實錄》卷二十，頁八；卷一百四十四，頁四—五；卷二百三十四，頁三；卷四百一十六，頁一三；《大明會典》卷二十六，頁七三八—七七六；孫承澤《春明夢餘錄》，卷三十一，頁三二；卷三十五，頁八—一〇。

可感知的數量上，帝國的收入既沒有增加，也沒有減少。我非常確信這一點，因為在這個時間段裡明代的財政結構並沒有重大的調整。在這段時間裡，財政方面的變化，僅僅是徵收程序的一些調整而已。

一五九〇年前的財政管理

在前面幾部分中，我強調說明王朝的財政管理從屬於意識形態的原則；戶部的人員配置也極為不足；戶部尚書缺乏執行任何政策的足夠的自主性；國家財政過於嚴格地束縛於各種開支，財政計畫因而沒有自由伸縮的空間。然而，我們還是必須認識到：饒是如此，明王朝建立的財政機器卻依然能運行二百年之久。也只是到了十六世紀末和十七世紀初，明代的財政問題才變得不可救藥了。

明太祖、成祖在位期間，是以劍來統治國家的。當時帝國的權力正處於最高點；許多管理政策都是藉著軍法的氣勢而得以執行。整個帝國所有人口都登記在冊，每個家庭都永久地限制於所登記的處所及職業。有時候，皇帝還下詔實行席捲大批人口的強迫性移民。由於江南的大土地所有者是唯一可能抵制帝國權力的經濟集團，明太祖藉口他們此前支持過自己的敵人而抄沒了這一集團的大量土地。[117]雖然抄沒並沒有認真地執行，這些土地的合法擁有權也依然曖昧，但那些土地所有者卻不得不繳納沉重的賦稅。在有些情況下，每畝土地每年繳付給政府的賦稅要超過二石——這大概是絕大部分肥沃的土地每年三分之二的產量。[118]我們說不清楚這種重賦到底是皇帝設定的田賦，還是一種懲罰性的稅收。然而，這種含糊不清，在明初並沒有太大的影響；只是，到明代後期，當中央政府已失去了其權力與活力時，這才變成了一個令人傷腦筋的問題。

朝廷的征斂，並不只限於正常的田賦。朝廷還通過採辦獲得物資及勞役。軍事供應如弓、箭、冬衣，宮廷供應如蠟、茶、新鮮食物、染料、木炭、木材、紙和藥材，都是由民眾提供的。基本的金屬，包括銅、鐵，或由政府開採，或從民間徵集。這實際上使政府的運作成本降低了很大一部分。[119]

在明朝初年，國庫每年所獲的白銀僅有三十萬兩。[120]但是，即便是這一點點的白銀收入，也是不必要的，因為那時貴金屬是禁止在私人交易中使用的。朝廷也很少向誰支付黃

117《明史》，卷七十八，頁四；龍文彬：《明會要》，第二冊，頁一〇〇九—一〇一〇。
118《明史》，卷七十八，頁四。
119《明代的漕運》，第五章。
120《明史》，卷七十八，頁三。

金、白銀。朝廷的開支，就是把它可以支配的數百萬石糧食分發下去，並且在糧食之外還補充發放一些寶鈔。寶鈔既不能自由兌換，也沒有貴重物作為準備金。明代到底有多少寶鈔進入流通，從來就沒有記錄。我們只知道到一四五〇年，寶鈔已貶值一千倍。[121]也許值得注意的是，財政上的不負責任從明朝初年就開始了。只是，在明朝初期，朝廷有充足的可以調配的財政資源，以應對其財政問題。那也是為什麼明朝人經常懷念這段時間的原因。明朝的人說，那段時期「府縣倉廩蓄積甚豐，至紅腐不可食」。[122]在明朝人看來，這是最讓人欣悅的一種情形。

明朝中期的前段，即從一四二五年到一五〇五年這八十年，是一個繼續鞏固及重新調整的時期。明代許多的財政制度，是在這段時期裡才獲得其永久性的特徵。在那八十年中，中國經歷了一個較長的和平與繁榮時期。即便蒙古軍隊在十五世紀中期曾反覆侵擾明朝的北部邊境，甚至在一四四九年俘虜了英宗皇帝，戰爭卻並沒有嚴重破壞明代國家的經濟。十五世紀五〇年代，黃河成功地得到了治理，而這一工程的完工卻也並沒有花費太多的國家資源。朝廷的專制主義，在這個時期也變得稍微緩和。受惠於帝國收入的充盈，這段時期的財政管理控制普遍有所放鬆；朝廷對納稅者也多有寬恤。那種把政府發行的寶鈔當作唯一合法的價值衡量標準的政策，已經被證明是無效的，而這個政策的實施在十五世紀三〇年代就已行不通了。[123]

一四一五年，連接北京和長江的大運河恢復通航。一四三一年和一四七四年的詔令，規定稅糧運輸由行駛於運河水道的特殊的漕軍接管。[124]此後，南方的納稅者就將他們的稅物送到長江以南，並被徵以加耗。一四三六年，金花銀制度化了。正如前面所提到的，結果，四百萬石稅糧按比較低的折率永久折銀。僅此一項措施，田賦總量就減少了十分之一。

影響更為深遠的是江南地區田賦稅額的急劇減少。明太祖雖抄沒了這一地區的許多土地，然而土地所有者仍握有不少地產。隨著帝國權力開始衰退，這些土地所有者開始公開抗拒支付高昂的賦稅。僅蘇州一府的賦稅拖欠，在一四三〇年就高達八百萬石。為此，朝廷委派周忱加侍郎銜「巡撫」江南地區。在接下來的二十一年裡，周忱實際上成了這一地區的巡撫。在周忱的建議下，江南地區幾個府的田賦被大大地減免。[125]

這裡涉及一個很有爭議的問題。在我看來，隨隨便便的觀察，是不足以解決這個問題

121 楊聯陞：《中國的貨幣與信用》（馬薩諸塞州坎布里奇，一九五二），頁六七。

122 《明史》，卷七十八，頁三。

123 《明史》，卷八十一，頁四。

124 《明代的漕運》，頁六七—六八；參見：韓丁（Harold C. Hinton）〈清代的漕運體制〉，《遠東季刊》，一一：三，（一九五二年五月），頁三四二；星斌夫《明代漕運研究》（東京，一九六三），頁六四—六八。

125 《明史》，卷一百五十三，頁一〇。

的。許多明朝人叫囂著，抗議加徵於東南諸府之上的賦稅，其中一些抗議很明顯是為地方利益代言。他們經常指出說，蘇州一府的賦額就高達二百七十萬石，而這比幾個偏遠省分的田賦的總額還要多。他們還辯稱，在明朝的一百五十九個府中，蘇州府的重賦是最不公平的一個案例。但是，在進行此類抗議時，他們卻沒有提到：十五世紀蘇州府的人口，占全國人口的百分之三．八四；這樣的人口數量同樣超過了他們所引述的幾個邊遠省分的人口總和。[126]而且，蘇州府位於高度發達的區域，還從許多政府水利工程中獲益。從生產力方面看，蘇州府的土地也是全國產量最高的地區之一。大部分地主屬於仕紳階層，有支付能力。此外，他們對土地的占有，對於明王朝而言是具有挑戰性的。近來，有關江南重賦的議題，已經引起了許多學者的興趣。這些觀點儘管各不相同，但是，卻沒有哪位學者對那些應為賦稅滯納負責的地方仕紳表示同情。[127]當時人的一份資料甚至表明，賦稅滯納的根本原因是「豪戶不肯加耗，並征之細民」。[128]

周忱的處理方案，似乎讓地方精英得到了安撫。蘇州府的賦額減少了七十二萬石，降為二百零五萬石。不僅如此，不少於三分之一的賦額將以金花銀方式支付，而其特殊的折銀比率可以使納稅者獲益。[129]類似的減免還惠及鄰近的幾個府。賦稅的徵收程序也有所改變：地方徵收的比率有所調整，從而使承受著高額稅率的納稅者的負擔略有減輕。[130]經過此次安撫，賦稅滯納的現象似乎消失了。然而，幾十年後，江南地區拖欠的賦稅數量又變得很龐大。這個問題，終有明一代都折磨著明朝的賦稅管理，而且到清代也依然未能解決。[131]近來，歷史學家似乎都同意說，在這個問題背後，根本性的問題是在這一地理範圍內的土地集中。擁有土地的仕紳，憑藉他們穩定上升的財富，敢於抵制看起來無所不能的帝國權力。[132]這樣的抵制在明朝初期已經開始，而隨著王朝的衰弱，這種抵制也就變得更為明目張膽了。

向地方利益讓步，嚴重削弱了朝廷自身的財政資源。而且，某地的稅額一旦減少，就不大容易增長到以前的水平了。我的計算表明，在十五世紀，江南地區四個關鍵性的府，即蘇州、松江、鎮江和常州四府的賦稅減免總計接近於一百萬石。如果再考慮到存留部分通常是

126 這個計算是以《大明會典》為基礎的，見卷十九，頁四九八—五一六。

127 如要列舉其中一些的話，可參見：傅衣凌《明代江南市民經濟試探》（上海，一九五七）；周良霄〈明代蘇松地區的官田與重賦問題〉，《歷史研究》，第十期（一九五七），頁六五—六六；朱東潤《張居正大傳》，頁一七五—一七七、三〇七；李劍農《宋元明經濟史稿》，頁二〇七—二〇八。傳統的史料，可參見顧炎武《天下郡國利病書》，卷六，頁九四；卷七，頁四；卷八，頁五二。

128 《明史》，卷一百五十三，頁一〇。

129 《明史》，卷七十八，頁五；卷一百五十三，頁一一。

130 何良俊：《四友齋叢說》（叢書集成本），卷三，頁一六九；《昆山縣志》（一五七六年纂修），卷二，頁二二一。

131 瞿同祖：《清代地方政府》（馬薩諸塞州坎布里奇，一九六二），頁一三三。

132 參見注127。

以較低的比率折徵，且因此也會帶來一定的稅收損失，那麼，帝國收入的淨損失總價值將超過一百九十萬兩白銀。[133]

朝廷的寬宏大量，並不僅限於賦稅徵收領域。此前，分配到軍屯的成年男性公民需要將他們所有的餘糧交給國家，而一四二五年的詔令卻使他們只需要交納一半的餘糧。這道詔令儘管是仁慈之舉，卻似乎持久地削弱了軍需供應，因為其造成的收入損失根本就無法從其他財政收入那裡得到彌補。晚明的作者們也將這一措施視為軍屯制度崩潰的重要一步。[134]

在明中期前段時間，國家唯一開徵的新稅收，就是創自一四二九年的鈔關稅。鈔關稅和商稅在不久後就開始穩定地增長。然而，增加這些稅種，目的不是為增加財政收入，而是試圖強化寶鈔的流通。在十五世紀五〇年代，推行寶鈔的政策放棄了。大約同時，鈔關稅便也減少了，按原先稅率的三分之一徵收。[135]

總體而言，有一點是清楚的：在明朝中期前段時間，朝廷自願減免了許多來源的賦稅收入。這並不是缺乏財政控制力的表現。相反，詔令的頒發和政策的出臺，展示了朝廷在財政控制方面的自信。當時，帝國的軍事力量稍有削弱，中央政府的權力也不再不受約束，但是明王朝的財政狀況卻很不錯。這基本上是因為在正常的環境下，明朝的統治機器不需要什麼維護。大量的地方資金、充足的物資及勞役，足以用於應對日常的政府運作。儘管有前述種種賦稅減免，帝國的收入仍然是每年皆有盈餘。在十五世紀末，戶部太倉庫的存銀據說超過了八百萬兩。[136]

十五世紀，中國逐漸由穀物經濟轉入到貨幣經濟。人們越來越多地使用白銀作為正常的交換媒介。在一四八七年到一四九六年之間的十年，政府收入中的兩個主要項目都可以折銀，而這是發生在明朝最有影響的兩位戶部尚書——李敏和葉淇——掌管財政管理期間。李敏任戶部尚書期間，北方諸府向邊鎮的軍事供應改而折銀；葉淇出任戶部尚書期間，則建議在鹽的專賣中以銀代粟。[137]但是，終有明一代，田賦稅額基礎性的核定卻始終是以糧食來計算的，甚至也從來沒有過要將所有的繳納折成銀兩的建議。而且，折銀收入的逐漸增加，並不意味著國家財政的拓寬。相反，每次折徵令下達後，國家收入總值似乎還在下降。

一五〇五年到一五九〇年也許可以稱做明代中期的後半段。在這一階段，中國的經濟增長明顯大跨步前進。東南地區的急劇增長，更引人注目；特別是棉紡織業、絲織業、採礦和

133 此數據乃是比較一三九一年和一五〇二年的統計資料而得出，參見《大明會典》，卷二十四，頁六二七—六二八。
134 孫承澤：《春明夢餘錄》，卷三十六，頁三—四。
135 《明史》，卷八十一，頁一七—一八；《續文獻通考》，頁二九三二—二九三三。
136 《明史》，卷七十九，頁一四。
137 《明史》，卷一百八十五，頁一—三；龍文彬：《明會要》，第二冊，頁一〇五三—一〇五四。

冶煉業、陶瓷業的擴張十分迅速。[138]國際貿易儘管在官方看來屬於非法，實際上卻在地方政府的縱容之下進行著。[139]伴隨這種普遍的繁榮，人口也迅速增長。然而，內陸卻沒有整體受益於這種經濟發展。中國的西北部甚至遭遇一些消極的後果。西北地區沒有什麼可供輸出的產品。該地區出產的羊毛製品，在潮濕的南部中國用途並不廣泛。因此，西北地區的地毯製造業，也就無法催生大規模的貿易。同時，西北各個省分沒有什麼糧食剩餘，又不得不從外面購買生活必需品，例如鹽、茶、紡織原料等，從而嚴重地消耗西北地區流通的白銀。到十六世紀末，西北地區的經濟衰退越來越明顯。[140]

明代朝廷要面對的主要財政問題是雙重性質的：首先，隨著軍屯制度的持續衰退，軍隊所需要的越來越多的供應，都得由平民提供；此前，這些軍事供應還絕對只限於北部諸省；現在，北方諸省卻再也不能承受不斷增加的負擔了。其次，國家開支持續膨脹，南方的財賦收入卻因為深植的地方利益所進行的抵制以及地方官員缺乏熱情而得不到顯著增加；地方官員遵循著他們傳統的線性思維，認為稅額的任何增加都是邪惡的，與他們的仁治政府的理念不相容。

十六世紀中期大批出沒於東南沿海的倭寇的侵襲，迫使明代朝廷做出了幾種調整。抗倭戰爭依靠的是地方資源。為應對緊急情況而徵收的四十萬兩白銀，分攤到幾個受倭寇侵擾的省分的田賦上。[141]其他的地方稅收也有所增加，以供應新組織起來的民兵。抗倭戰爭勝利後，一些加徵停止了，但是許多項目，尤其是那些合併到條鞭銀中的項目，則繼續執行。[142] 從那個時候起，民兵組織成為了東南地區重要的地方制度，而這幾個省也有了更大的財政自主權。

海盜問題尚未解決，蒙古部落領袖俺答汗卻又開始侵入西北邊境地區。從一五五〇年到一五七〇年的幾十年間，俺答汗的入侵演變成了嚴重的危機。其時恰逢明朝北部邊疆處於衰

---

138 傅衣凌：《明代江南市民經濟試探》，隨處可見；宮崎市定：〈明清時代蘇州輕工業之發達〉，《東方學》，第二期（一九五一年八月），頁六四—七三；西嶋定生：〈中國早期棉業史研究〉，《東洋學報》，三一：二（一九四七年十月），頁二六二—二八八；尚鉞：〈中國資本主義生產因素的萌芽及其增長〉，《歷史研究》，一九五五年第三期，頁八九—九二；劉炎：〈明末城市經濟發展下的初期市民運動〉，《歷史研究》，一九五五年第四期，頁二九—五九。

139 倪元璐：《倪文正公全集》（一七七二年編纂），奏疏，卷九，頁五。關於日漸活躍的貿易活動，亦可參見《明史》卷八十一，頁二三；《明神宗實錄》，卷二百一十，頁七。

140 當時許多人提到過西北地區劇烈的經濟衰退。其中，顧炎武曾做出過最有說服力的描述，並提供了一些分析。參見顧炎武《亭林詩文集》（四部叢刊本）卷一、頁一三以及其他文章；倪元璐也曾有過類似的觀察，參見倪元璐《倪文正公全集》奏疏，卷六，頁二。

141 《明史》，卷七十八，頁一〇。

142 顧炎武：《天下郡國利病書》，卷三十三，頁一一八；《金華府志》（十六世紀後期編纂），卷八，頁一三。另外，許多地方志都曾提到這一點。

弱狀態之際；入侵者一次次的攻擊使情形更加惡化。為此，中央政府不得不供應額外的食物和白銀。即便在危機過後，維持軍隊所需的高額費用卻仍然持續不變。

山東、河南、陝西數省以及北直隸的十一個府提供的裝備北方邊鎮的供應，似乎在一五〇二年就已經接近一百六十萬石，到一五七八年則總計達到三百三十萬石。[143]此外，朝廷還不得不從自己的收入中抽出部分，送到邊鎮充作軍需。十六世紀二〇年代以前，這些年例銀每年均不超過五十萬兩。[144]一五四九年，也就是僅僅三十年之後，送往邊鎮的年例銀就達到了三百一十七萬八千三百五十四兩。[145]一五七八年的帳目則表明，每年由北京發出的年例銀達到三百一十八萬六千三百四十八兩，而且另外還有源自鹽政收入的六十四萬五千零一十五兩銀子。[146]兩項合計，年例銀超過了三百八十萬兩。毫無疑問，國庫每年必然是虧空的。

表三列舉了一五七七年、一五七八年、一五八三年、一五九三年及一六〇七年由太倉掌握的總收支情況。（注意：這

表三　太倉的盈餘和赤字　（單位：兩）[147]

年份	收入	支出	盈餘或赤字
1577	4355400	3494200	+861200
1578	3559800	3888400	–328600
1583	3676100	4524700	–848600
1593	4512000	5465000	–953000
1607	3800000	4200000	–400000

些數字包括金花銀、北方數省的軍事供應的折徵部分；因此這些數字顯得比我此前對這段時期所得出的太倉年均收入二百六十萬兩的數字要稍微大一些。）

有一點很清楚，在十六世紀九〇年代，每年將近一百萬兩的財政赤字很常見。而且，由戶部掌握的用於開支的那些銀兩中，似乎超過百分之九十是被送到了邊境地區充作軍事開支了。

到一五九〇年以前，明代財政管理一個值得注意的特徵是：面對不斷膨脹的開支，朝廷很少嘗試增加賦稅收入。除了前述為了抗倭戰爭的四十萬兩額外加徵的銀子以外，我另外找到的僅有的一次額外加徵是發生在一五五一年，也就是在俺答汗入寇的高峰時期。那一年，

143 這一計算是基於《大明會典》的，參見該書卷二十八，頁八三九—八六一。

144 孫承澤：《春明夢餘錄》，卷三十五，頁一八；《明史》，卷二百三十五，頁一四—一五；王世貞《鳳洲雜編》（叢書集成本），卷一，頁三。

145 這一計算是基於王世貞的《鳳洲雜編》，卷一，頁三—九；王世貞的資料據說是來源於戶部的文件檔案。

146 這一計算是基於《大明會典》的，參見該書卷二十八，頁八三九—八六一。

147 一五七七年和一五七八年的數字是以張居正的奏疏為基礎，參見孫承澤《春明夢餘錄》，卷三十五，頁三一—三三；一五八三年的數字是以孫承澤的《春明夢餘錄》為基礎，見卷一百四十四，頁四—五；一五九三年的數字是以《明神宗實錄》為基礎的，見卷二百六十二，頁七—八；一六〇七年的數字是以程開祜《籌遼碩畫》（一六二〇年纂修）為基礎的，見該書卷八，頁二七。

南方各省諸府的田賦加徵總計為一百二十萬兩白銀。[148]一般來說，要彌補財政赤字，要麼是調撥各省倉儲之積蓄，要麼是動用太倉儲銀。在一五八八年，太倉儲銀仍然維持在六百萬兩的水平。[149]太僕寺儲銀也大約達到了四百萬兩。各省的地方儲銀合計也有幾百萬兩。[150]只要現存的儲銀足以平衡赤字，眼下就不會有財政崩潰的危險。只有當所有儲銀都被耗盡，真正的危機才會出現。真正的危機，最終在十六世紀的最後十年到來了。

一五九〇年後的財政管理

明神宗（一五七二—一六二〇年在位）的漫長統治時期，尤其是一五九〇年到一六二〇年這段時間，在各個方面都是明朝的關鍵時期。許多傳統歷史學家指責，明神宗本人應該對他那個時代中國所出現的所有問題負責。的確，明神宗的慵懶與奢侈，也許足以讓任何一個朝代崩潰。[151]明神宗沒有做過任何事情，以便讓國家財政恢復正常。相反，國家的財富經常被他用來滿足他的個人欲望及嗜好。國家收入中大約一百萬兩的金花銀，無法滿足明神宗的花費。甚至，早在一五七八年，他就已經專橫地將他的個人使用經費增加到二百萬兩白銀。[152]此後，連區分國家財富和皇帝個人收入的掩飾也被拋棄；在無數次情況下，大批的款項從太倉庫轉移到了宮中。專門用於水利建設的資金，被改用於為皇宮生產絲織品。南方諸省所繳納的田賦，則被用於宮殿建設。明神宗知道，臣民們不可能對他肅然起敬。於是，明神宗選擇對臣僚們不加理睬。他拒絕接見大臣，並且任由重要的官職空缺不補。甚至，在包括戶部尚書趙世卿在內的幾位高級官員未得允許擅自離任時，他也不加過問。政府文件經常被擱置宮中而得不到處理，即便是對皇帝大加譏刺的進諫也從無下文。明神宗的玩世不恭實在太過分了。他不願意重組官方的財政機構，反而把自己信任的宦官分派到幾個主要城市充當稅使，實際上是拋棄了正常的政府機構。稅使所做的事情，不過是回避正常的官方渠道，進行聚斂。任何政府系統，尤其在以聖君統治為根本的傳統中國體制下，在皇帝這樣長時間的胡作非為之下，不可能不受影響。即便如此，把明神宗的不負責任當作明朝衰弱及最後滅亡的主要原因仍是大錯特錯。我們必須認識到，甚至早在其開始走向混亂之前，明朝政府機器就已經存在著斷裂和變形。

148《明史》，卷七十八，頁一〇。
149《明神宗實錄》，卷一百七十八，頁二一。
150《明神宗實錄》，卷三百八十三，頁一二；《續文獻通考》，頁三〇八六；顧炎武：《日知錄》，卷五，頁五—六。
151 關於明神宗個性的很精練的一段分析，可參見賀凱〈晚明的東林運動〉，載見費正清主編《中國的思想與制度》（芝加哥，一九五七），頁一三二—一三四。
152《明史》，卷七十九，頁一五。

中央政府缺乏獲得更多資金的能力，仍然是一個顯而易見的弱點。甚至，在一六一八年開始連續加徵田賦之前，稅收滯納已經累積得非常驚人了。一五九三年的一份奏疏表明，在一五八六年和一五九二年之間，全國的稅收拖欠總計達七百四十六萬一千一百兩銀子。[153]另外一份資料揭示，一六一五年的田賦拖欠達到了二百三十六萬五千四百兩。接下來兩年，即一六一六年和一六一七年的拖欠，加起來又是二百八十六萬九千四百一十兩。[154]這樣一來，當政府決定著手額外加徵之時，其實它甚至連正常的賦稅都無法收取。其他的政府收入也是如此。雖然我們缺乏所有的詳細數據，但曾經有資料提到：在一六〇一年，額定為白銀三十四萬二千七百二十九兩的鈔關稅，僅獲得二十六萬兩。[155]正如本文前面所提到的，在一六〇六年，來自鹽的收入也只達到官方鹽額的一半。

賦稅滯納，絕不是因為明神宗的治國無方，而是明朝統治制度的產物。實質上，明朝的統治制度授予了地方仕紳極大的專斷權力，讓他們統治鄉村社會。賦稅管理從未有效深植於鄉村社會。所以，當國家權力衰弱，鄉村社會就完全落入代為管理的階層之手，成為其犧牲品。賦稅負擔再也無法均勻攤派下去。未經授權的徵稅行為越來越普遍。一條鞭法，即省級官員在十六世紀為合併和簡化混亂的勞役及徵收程序而推行的改革，在很多情況下最後卻帶來了更多的弊端。[156]「且折色物品太繁，有時多至數十種。彼此間折納的比率，更極複雜之能事，即問吏胥等輩亦不知之，但由彼輩任意索取。」[157]除所有這些因素以外，朝廷不時蠲免賦稅的仁愛政策，也進一步損害了其財政管理。本著高貴仁愛之精神，皇帝會在他登基、冊立太子或者出現其他吉兆之時發布詔令，將某個特定時間之前的未完賦稅予以免除。人們或許推論說，這樣做不過是一種高姿態而已，因為所免除的賦稅也許根本就無法收取回來。儘管如此，這樣的詔令卻明白無疑地鼓勵了賦稅拖欠。有好幾次，地方上的賦稅已經徵集完畢，款項也正在送往京城的路上，這時候免除天下賦稅的詔令發布了。因此，糧長們就在途中收回了所有的賦稅，將這些錢私吞，而真正的納稅者們根本就沒有得到賦稅寬恤的恩惠。由傳統歷史學家所編纂的數據清單表明，全國性的賦稅蠲免在明代出現過二十七次。這樣的蠲免，有十九次是由明神宗之前的皇帝們所頒布的。在明神宗統治的四十八年中，他自己頒布了六次蠲免之令。剩下的兩次，是在明神宗以後的時期內頒布的。158

153《明神宗實錄》，卷二百六十一，頁一。
154《明神宗實錄》，卷五百七十，頁一五—一六。
155《明史》，卷八十一，頁二〇—二一。
156 孫承澤：《春明夢餘錄》，卷三十五，頁二四—二五；《明史》，卷七十八，頁一四—一五。
157 梁方仲：《中國稅制的一條鞭法》，王毓銓譯，頁一四（馬薩諸塞州坎布里奇，一九五六）。（譯者按：此段文字原見梁方仲《一條鞭法》，《中國近代經濟史研究集刊》四：一，一九三六年五月。）
158 龍文彬：《明會要》，第二冊，頁一〇一八—一〇二〇。

十六、十七世紀軍事開支的增加，與政府效率沒有直接的聯繫。十七世紀以前，明朝的大部分士兵來源於軍戶。政府以糧食支付餉糧及津貼。一六〇〇年以後，募兵取代了徵兵。大約在一六二〇年，步兵的基本報酬每年是十八兩銀子。[159]當士兵由原駐地移居到戰區，他還會得到一份被稱為「安家費」的津貼，每人約五到六兩銀子。此外，士兵走後留下的家庭每月可以得到〇．六兩銀子。[160]到明朝末年，現役軍隊通常超過五十萬人。在一六四二年，額定的軍隊人數達到了一百二十三萬八千五百二十四人。[161]這樣，僅軍隊的基本薪水一項，就超過了二千萬兩白銀。

十七世紀，一匹戰馬值十二兩銀子。我的計算表明，每月養馬的費用不可能低於〇．八兩銀子。隨著火器在戰場中的廣泛應用，軍需供應也變得更為昂貴。工部報告說，一六一八年到一六二一年的四年中，有一千一百三十四門火炮、一百二十五萬三千發各種各樣的炮彈、二百五十噸硫磺送往遼東一帶的野戰部隊。另外，還送去了二十六萬一千五百八十九副鎧甲。[162]

一六一八年開始的對後金的戰爭，很輕易地便撼動了王朝的統治基礎，因為這場戰爭恰巧發生在明帝國財政狀況處於最低點的時期。此前十六世紀末所進行的「萬曆三大征」，實際上已經將北京的儲銀消耗殆盡。針對蒙古將領哱拜的戰爭始於一五九二年；同年，日本武士豐臣秀吉侵略朝鮮；明朝軍隊在朝鮮半島迎擊日本入侵者，而戰爭持續了七年之久。更為重要的是，朝廷還不得不另外再派一支遠征軍前往西南地區鎮壓反叛的土司。三大役的軍費開支總計達一千二百萬兩。這在明朝是一個空前的數字。[163]

鎮壓南方土司楊應龍一戰的開支，大部分是由湖廣、四川兩省提供。[164]在援朝戰爭期間，朝廷向北直隸、浙江的田賦加徵了一種特殊的附加稅。[165]其餘的戰爭經費，都是從國庫的積蓄中獲取的。一度高達八百萬到一千萬兩的太倉儲銀，到一六一八年便下降到了十二萬兩。[166]太僕寺的儲銀，到一六〇三年也減少到只有近一百二十萬兩，[167]到一六〇七年更被消

159《明熹宗實錄》，卷七十，頁一八一一九；《明神宗實錄》，卷三十六，頁六四九；卷五百八十四，頁一〇；《明臣奏議》（叢書集成本），卷三十五，頁六七三—六七六。

160《明神宗實錄》，卷五百七十一，頁四；卷五百八十四，頁一〇。

161《明清史料》，乙編（上海，一九三六），第五本，頁四二四。

162《明熹宗實錄》，卷十五，頁一三—一四。

163《明神宗實錄》，卷四百四十一，頁一九。

164 李化龍：《平播全書》（叢書集成本），卷一，頁一八；卷六，頁三六一—三六二；程開祜：《籌遼碩畫》，卷三，頁六八。

165《明神宗實錄》，卷二百五十四，頁五；顧炎武：《天下郡國利病書》，卷三十三，頁一一八。

166 程開祜：《籌遼碩畫》，卷七，頁一七。

167《明神宗實錄》，卷三百八十三，頁一二。

耗到二十七萬兩。[168]

很有諷刺意味的是，當國庫實際上已被掏空之時，皇帝控制的錢財卻仍是相當地富足。在一六一八年受到後金攻擊後的關鍵幾個月中，明神宗仍然將內東裕庫的金銀留置宮中。為此，許多歷史學家都覺得明神宗難以原諒。這些銀兩是金花銀積攢下來的。作為皇帝的個人積蓄，這批儲銀的數量從未公開宣布過。在明軍初戰失利後，各部尚書、都察院都御史、各省巡撫，甚至退休的軍隊將領、國子監的學生們，都向皇帝請求將這筆銀兩發往遼東。[169]明神宗嘲弄地回答說，他根本就沒有這麼一筆銀子。在一六一九年，戶部尚書李汝華給皇帝上了不下六道奏疏，請求從皇帝的個人積蓄中暫借二百萬兩銀子。[170]只有兩次，皇帝打開了自己的錢包：一六一八年，他將十萬兩白銀交付戶部，次年給了三十九萬六千一百七十三兩白銀。[171]然而，一六二〇年夏天神宗死後三天，內東裕庫就發出帑金二百萬兩以供軍需，[172]三個月後又從中發出了一百八十萬兩。[173]在一六二一年初，熹宗即位後，五十萬兩白銀再次從皇帝的個人帳戶中劃出，用以支付軍事開支。[174]

十七世紀早期遼東的危機，並沒有因四百萬兩金花銀的及時發放而得以化解。必須牢記於心的是：到一六一八年，遼東的行政和軍事管理者已經失去了對鄉村人口的控制。軍隊再也不能獲得實地的補給。每一噸軍事供應物資，包括糧食、草料、棉衣以及裝備，都必須從內地運輸而來。朝廷對這樣的運作模式根本就沒有準備。從內地到邊境的供應路線，長期以來沒有得到重視。如果用牛車進行陸上運輸，費用將會驚人地昂貴。一六一九年，朝廷在天津衛設立督餉部院，並且發現海路運輸可以將運輸費用降至每石一兩白銀。[175]但是，負責軍事供應的都御史卻報稱，如果要使遼東軍隊得到充足供應，他需要四千艘遠航大船，而當時可用之船僅有七百艘。[176]

可悲的軍事供應狀況，在一六一九年遼東經略熊廷弼的筆下有具體的描述：

---

168 《明神宗實錄》，卷四百三十七，頁六。

169 他們的奏疏載見於程開祜編纂的《籌遼碩畫》。

170 這些奏疏見於程開祜編纂的《籌遼碩畫》卷二十六，頁二八—三一；卷三十，頁八—一二；卷三十一，頁一〇—一二；卷三十二，頁二五—二七；卷三十二，頁三七—三九；卷三十三，頁一七—二〇。亦可參見《明神宗實錄》，卷五百八十，頁一三。

171 《明神宗實錄》，卷五百六十九，頁一二；卷五百八十，頁二四。程開祜：《籌遼碩畫》，卷四，頁四六。

172 《明史》，卷二十一，頁一二；《明史稿》（文海出版社），卷一，頁一〇四；《明通鑑》（中華書局），卷七十六，頁二九五五；談遷：《國榷》（北京，一九五八），卷八十四，頁五一五六、五一五八。

173 《明光宗實錄》（一九四〇年影印本），頁二六。

174 《明熹宗實錄》，卷一，頁二。

175 《明史》，卷二百五十六，頁八。

176 程開祜：《籌遼碩畫》，卷四十四，頁四六。

遼東買一弓二兩，一矢五、六分，更無買處。至於衣甲、撒袋、鞍轡、皮繩諸物，日日裝束，時時追逐，補綻縫破，無事不貴。每見軍士賠辦器物，典賣行囊，身無寸綿，裸體穿甲，心如刀割，而恨不能以身代也……[177]

軍隊身處邊遠地區，而環境如此痛苦難熬，極容易招致災難性的後果。當士兵們的軍餉遲遲未發，軍紀會蕩然無存，叛亂就會爆發，大規模逃亡也會出現。一六一九年便有一例：一千名士兵中七百人脫隊逃跑，整支部隊一夜間化為烏有。[178]騎兵們屠宰他們自己的馬，目的是為了可以不參加自殺式的騎兵衝鋒。[179]士氣處於這樣的低點，明朝軍隊不得不承受更多的失敗了！然而，後金軍隊卻獲得了消化和鞏固他們的征服果實的機會，增強了自身的力量。對此，明朝不得不動員更多的軍隊，結果又需要更多的軍事供應，這一連串的事件變成了一種惡性循環。

軍事開支持續上升，直到明朝滅亡。在明朝的最後十年，朝廷面臨內憂外患的雙重威脅。在很大程度上，戰爭開支是通過不斷增加田賦來彌補的。朝廷在二十年內曾七次為應對緊張局勢加徵田賦；而且，每次加徵都是在前面累計加徵的基礎上再行加徵的。加徵的時間及數量如下：[180]

這樣，到一六三九年，總計的加徵為每畝〇．〇二六八兩白銀以及基本稅額的十分之

1618年	每畝0.0035兩白銀
1619年	每畝0.0035兩白銀
1620年	每畝0.002兩白銀
1631年	每畝0.003兩白銀
1635年	在正常田賦上加徵十分之一
1637年	對在冊土地每畝加徵0.0048兩白銀；對之前的未稅土地每畝徵0.01409兩白銀
1639年	每畝0.01兩白銀

一。基本稅額的確定實際上很困難。大部分情況下，加上加耗，基本稅額接近每畝〇．〇五兩白銀。在按最高稅額徵收的情況下，每畝〇．五兩也很常見。因此，如果按前一種情況計算，加徵總量是每畝〇．〇三一八兩白銀；如果按後一種情況來計算，加徵的總量是每畝〇．〇七六八兩白銀。

從管理的觀點看，這一系列加徵最讓人討厭的特點是它的零碎性。然而，這也許是不可避免的，因為這個國家、它的財政機器及其官僚的心態對於任何重大決策都缺乏準備。朝廷命令加徵，只是為環境所迫。即便到

177 程開祜：《籌遼碩畫》，卷四十四，頁二四。

178 程開祜：《籌遼碩畫》，卷四十四，頁二九。

179 錢穆：《國史大綱》（第二版，上海，一九四七），第二冊，頁五八七。

180 這些稅率出現在：《明史》，卷七十八，頁一一—一二；《續文獻通考》，頁二七九四—二七九五。龍文彬《明會要》亦載有相同的信息，參見該書第二冊，頁一〇三三—一〇三四。然而其數字跟前兩種資料所載有細微的差別。原始文本記載的不清晰，曾使我一度相信，一六三七年的加徵——每畝〇．〇〇四八兩及每畝〇．〇一四〇九兩白銀——是兩次連

那個時候，加徵仍然是不情不願的。而且，國家的賦稅徵收能力也很值得懷疑。事實上，逐年加徵的後果，同樣是各省的賦稅拖欠以及大量未徵收的賦稅。明朝政府官員和軍隊將領留下了一卷卷文件，談到那些危急年代裡的軍隊餉銀拖欠、軍事供應不足以及資金解運延期等等。看起來，在一六二〇年以後，士兵餉銀被拖欠六個月以上的時間已經是司空見慣。考慮到明王朝所面臨的全國性危機，緩慢而低效的財政動員帶來了嚴重的後果。由於至關重要的困難局面沒有能夠在一開始就得到恰當的應對，問題變得越來越糟，而姍姍來遲的補救辦法只是帶來了越來越多的代價。很明顯，在明朝的最後三位皇帝中，沒有誰具備力挽時局的能力和性格。明光宗（一六二〇）僅僅統治了一個月的時間。明熹宗（一六二一—一六二七）則是一個低能兒，任由權閹魏忠賢管理政府，而官僚們卻被無望地捲入到黨爭之中。最後一位皇帝莊烈帝（一六二七—一六四四）則衝動而多疑。他處決了許多位兵部尚書和現場指揮作戰的督撫。在中國，一個已經建立的王朝，總是會在危急時期展現出驚人的持久力。數以百萬計的人們的堅定的忠誠，會提供一種獨特的力量之源，從而使王朝克服迫在眉睫的危險。然而，在十七世紀上半段時間，明朝的中央領導階層如此徹底地敗壞自身的名譽，使得這種忠誠也開始失效。

然而，從王朝的財政史看來，個體角色的重要性不應該被過分強調。明代財政制度之所以崩潰，是由其背後許多活躍或蟄伏的因素的聚積效應導致。本質上，兩百多年的財政管理，就是遵循著這樣的一種模式，即沒剩下什麼自由活動的空間。同時，人口的增長、從穀物經濟到貨幣經濟的發展、不同地域間經濟發達程度的不平衡、近代戰爭所帶來的高額軍費開支、對於合理的運輸體系的需求——所有這些是明朝的創立者沒有預見或沒能預見的——都要求朝廷採取更大膽的步驟，使它自己能適應於新的活動領域，承擔新的財政責任。然而，明代朝廷沒有對這些需求做出反應。

在許多歷史學家看來，十七世紀的田賦加徵有點「過高」，並將此視為導致王朝滅亡的主要原因。[181] 毫無疑問，對於已然超負荷的財政機器來說，田賦加徵確實增添了新的、額外的緊張；同時，加賦也給某些納稅者帶來了難以承受的負擔。然而，加賦是否超過了全體國

181 像許多歷史學家一樣，王毓銓也譴責這種加徵。他說：「中國的農業經濟被強加在農民身上的特殊的田賦將血吸盡。」參見王毓銓〈中國歷史上的田賦增加與王朝滅亡〉，《太平洋事務》，一九三六年六月，頁二〇一。認識到我的詮釋是有疑問的，並且希望接下來的研究者能對它予以糾正或調整。《續文獻通考》（頁二九七五）提到對此前未稅的田地徵稅，但卻沒談及稅率。我只是把這些點滴證據聯繫到一起，也十八（頁一二）提到每畝〇．〇一四〇九兩的稅率，但沒有談及它是如何應用的。《明史》卷二百五十二（頁二）及五。但是，每畝〇．〇一四〇九兩的稅率被應用於迄至當時尚未徵稅的田地，也未得到當時資料的證實。《明史》卷七四八兩白銀的稅率——能明顯得到這些資料的支撐，參見：《明史》卷二百五十二，頁二；《續文獻通考》，頁二九七的收入，每畝〇．〇一四〇九兩的稅率不可能統一推行過。我相信我現有的解釋——對此前在冊土地定以每畝〇．〇〇續的加徵，一個緊接著另一個，且都是針對所有的應稅田地的。感謝楊聯陞教授指出，由於沒有產生遠超所彙報的數量

民的支付能力，依然是一個值得討論的問題。我越是考察細節，就越不敢相信那些稅率過高的說法。那些田賦加徵，從來不是未經適當考慮而冷酷無情地向人們徵收。在一六一八年第一次加徵中，貴州省是免徵的。即便其他各省及地區以每畝〇．〇〇三五兩銀子加徵，朝廷也還是命令每個地區可以做出調整，以適應各地的情況。[182]全面加徵的目標以一五七八年的在冊土地為基礎，設定在二百多萬兩白銀。[183]在第二次、第三次加徵中，有更多的免徵。結果，當累計加徵的稅率達到每畝〇．〇〇九兩時，一六二三年的帳目卻表明，這些加徵的收入是四百四十九萬一千四百八十一兩。[184]這意味著，這些稅率只應用於不足五億畝的土地，而當時登記在冊的土地卻是超過七億畝。一六三五年的加徵，僅僅是為鎮壓內部叛亂而從五個中部省分收取，而且最初的加徵是從基本稅額超過十兩白銀開始加徵，後來才發展到只要超過一兩白銀即可加徵。[185]一六三七年的加徵，稅率是每畝加徵〇．〇〇四八兩，結果收入為一百九十二萬九千兩白銀，[186]意味著該稅率只推行於約四億二百萬畝應稅土地，即當時登記在冊的七億八千三百萬畝土地的百分之五十一，同時朝廷還明白宣稱「災處免征」。[187]明朝的田賦數據既不會如此詳盡，也不會如此一致地加以記錄，所以，我們無法得出這一階段的一個平均數。但是，正如前面所提到的，在基本稅額上加以相當於每畝〇．〇五兩白銀的加徵，則可以被視作比較典型的案例。如果再加上按土地徵收的勞役及其他義務，則每畝或許又增添了〇．〇三兩銀子。前面提及的七次加徵，共計每畝加徵了〇．〇三一八兩，使田賦加徵總計達到了每畝〇・一一一八兩白銀。在中國的中部及南部，這大概是每畝中等肥沃的土地年產量的百分之十到百分之十五。從十七世紀的標準來看，這個稅率固然是有點高，但卻也不是不可忍受。

在七次加徵之後，每年的田賦總量目標大約是二千一百萬兩白銀。[188]在這一總量之內，可能有二百一十二萬兩是從重新登記的土地、土地交易稅以及節省地方政府開支等幾個方面獲取的。[189]在任何一年，田賦的直接收入都不可能超過二千萬兩。但是，即便是這樣一個目

182 程開祜：《籌遼碩畫》，卷十一，頁一五。

183 《明神宗實錄》，卷五百七十四，頁一四；程開祜：《籌遼碩畫》，卷十一，頁一三—一七；卷十五，頁四一。

184 這一計算是以陳仁錫《皇明世法錄》（臺北，一九六五年重印，卷三十四）為基礎的。值得注意的是，《明史》（卷七十八，頁一一）和《續文獻通考》（頁二七九四）都聲稱總額是五百二十萬兩。但是，陳仁錫所做的詳細帳目是從戶部的檔案中抄來的，看起來也很完整、連續。

185 盧象昇：《盧忠肅公集》（一七五五年編輯），卷四，頁三；《續文獻通考》，頁二七九五。

186 《明史》，卷二百五十二，頁二；《續文獻通考》，頁二七五九。

187 《續文獻通考》，頁二七九五。

188 一六四一年的田賦總額是二千一百三十三萬零七百三十五兩，參見孫承澤《春明夢餘錄》卷三十五，頁一一；這一數字來源於戶部的檔案。

189 這一計算是以陳仁錫《皇明世法錄》為基礎的，參見頁九五八—九九六。

標，也是無法實現的。我無法找到任何證據，證明田賦總額能夠完成。相反，我從各種關於賦稅滯納的奏疏推斷：如果任何一年的收入能夠接近預定稅額的百分之七十，該年的賦稅徵收就算是很成功的了。在十七世紀四〇年代，每年的實際徵收能否達到預定稅額的一半，也極為可疑。這些證據使我相信，國家的資源其實並沒有耗盡；相反，根本性的問題是，中央政府沒有能力將國家的財政力量動員起來。明朝人對這一狀況並非全然不知。給事中吳執御說：「臣竊謂天下之民未嘗窮，而天下之財未嘗盡也，惟主計者自為窮之、盡之之計。」[190]一六二四年到一六三三年間的戶部尚書畢自嚴也記載說：「凡此廣浩繁項，不可枚舉，孰非賦自地畝？則計歲入太倉，歲充邊餉者，真無異馬體之毫末也！」[191]

二千一百萬兩白銀是個什麼樣的數字？簡單來說，二千一百萬兩白銀，僅僅是十七世紀中期維持五十萬人的軍隊一年所需的經費。在那時候，每個士兵每年的餉銀和口糧價值為十八兩白銀；給五十萬人的軍隊開餉，需要九百萬兩。保守估計，軍官的餉銀大概為二百到三百萬兩白銀。餘下的八百或九百萬兩，用來維持軍隊所需的戰馬、兵器、服裝、裝備、運輸，恐怕不是十分充裕。如果像何炳棣教授所預測的那樣，中國那時候的人口已經達到了一億五千萬人，[192]那麼，供養這樣一支中等規模的軍隊不應該有問題，因為三百個人才供養一個士兵。

事實上，繼起的後金或清朝即便是為維持其正常的政府運作而徵收的賦稅，根本就不比明朝低。這一事實證明晚明賦稅過重的觀點就更站不住腳了。誠然，一六四四年滿洲人控制中原之時，他們很快就宣稱廢除所有的田賦加徵，並且將商稅及鈔關稅減半。但是，實際上，大量的白銀仍繼續流入國庫之中。推測起來，在清朝初年，也就是在必須要鎮壓南方忠於明朝的抗清力量之時，國庫收入很大程度上是通過戰時的抄沒和追贓而獲得的。對此，當時人的材料並沒有細節性的描述。然而，在一六五一年後，政府文件中就有不少有價值的統計。以下我列舉了此後三年的總體財政狀況：[193]

1651年	糧食收入	5739424石
	白銀收入	21106142兩
1652年	糧食收入	5628711石
	白銀收入	21261383兩
	榷鹽所得額外收入	2122014兩
1653年	糧食收入	5672299石
	白銀收入	21287288兩
	榷鹽所得額外收入	2128016兩

在十七世紀八〇年代，糧食收入更進一步增加到七

190 孫承澤：《春明夢餘錄》，卷三十六，頁四八。
191 孫承澤：《春明夢餘錄》，卷三十五，頁二九。
192 何炳棣：《明初以降人口及其相關問題：一三六八—一九五三》，頁三—二三、二七七。
193 《大清世祖實錄》（偽滿洲國「國務院」影印本，一九三七），卷六十一，頁六—七；卷七十，頁三一—三二；卷七十九，頁二三—二四。

百萬石，白銀收入達二千七百萬兩，而榷鹽所得達到二百七十萬兩。[194]而且，清人還不斷進行計畫外的徵稅。一六五〇年，為建設承德避暑山莊，在正常田賦之上加徵了二百五十萬兩，以募集資金。[195]一六六一年，當國庫再度入不敷出時，又在正常田賦之上加徵了五百七十七萬一千兩白銀。[196]

清人基本上沒有對前朝遺留下來的總體財政架構進行改革。注意到這一點是很有意思的。地方層面的賦稅管理，也仍然處於仕紳的影響下。[197]清朝雖然曾經命令全國土地清丈，但卻沒有認真地推行。[198]但是，之前在明朝由不同部門負責的幾種款項，到清朝後則轉由戶部掌管，而地方層面上的各種徵收項目亦稍稍進行了合併。這樣，清朝實現了某種程度上的財政統一。

新政權一建立，賦稅滯納的問題就再一次出現。然而，新王朝在執行其賦稅法律方面似乎更強硬。一份報告表明，在一六六一年的江南地區，有一萬三千五百一十七人因拖欠賦稅而被指控。這些人據說皆為「文武紳衿」。然而，清朝皇帝指示對那些人照例議處。[199]

現在看來，有兩件事情是很清楚的。首先，在十七世紀，中國的經濟活動水平已達到一個高度。因此，國家財政也應該水漲船高，跟上步伐，而賦稅的增加就成了正常而又不可避免的結果。其次，即便新的賦稅負擔完全加徵於農業經濟之上，全體居民仍然有能力繳納。明廷在其末年的失敗，很大程度上是源於其執行賦稅法律及控制地方弊端的無能。這種無能導致了財政赤字。

明朝末年的歷史，一頁頁讀來極為可歎。在北部中國相繼被盜匪蹂躪和入侵的滿洲軍隊劫掠之後，北京的朝廷越來越迫切地需要來自遙遠南方的供應。然而，穩定而充足的供應，卻遙不可及。在一六四四年初，軍餉拖欠累計已達到幾百萬兩白銀，而來自南方的賦稅卻只有幾個數萬兩銀子的小包裹而已。在戶部尚書倪元璐的逐日報告中，他告訴莊烈帝說，這些數量極小的、零散的資金正在送往北京的途中，並給出了每筆款項到達的大致時間。這些文件，反映了皇帝及其主要財政管理者極度的焦慮！[200]此時，國庫實際上已然空虛。由於徵收不到足額的米，作為替代，戶部尚書購買了幾噸各種各樣的豆子。[201]在北京被圍時，守軍已

194　王先謙：《東華錄》（上海，一八九一），康熙朝，卷四十二，頁八。
195　王先謙：《東華錄》，順治朝，卷十五，頁一。
196　《大清聖祖實錄》（偽滿洲國「國務院」，一九三七），卷四，頁九。
197　這從官方奏疏中可以看到，參見《大清世祖實錄》，卷一百一十八，頁八；卷一百一十九，頁一三。
198　一六六五年，安徽巡撫力諫停止清丈，認為清丈只是引發了混亂，參見《大清聖祖實錄》，卷十五，頁五—七。
199　《大清聖祖實錄》，卷三，頁三。
200　倪元璐：《倪文正公全集》，奏疏，卷十一，頁一一。關於稅銀由南方送達北京的困難的描寫，可參見《明清史料》乙編，卷十，頁九四八、九七七—九七八、九八七。
201　倪會鼎：《倪文貞公年譜》，卷四，頁一一。

經五個月沒有領到軍餉了。連炊具都沒有的軍隊，卻還被要求履行責任。每個士兵發放了一百文銅錢，被告知說他們可以自己去購買食物。此時，士氣和軍紀陷入到最低點。一位將領報告說：「鞭一人起，一人復臥如故。」[202]至此，明朝即將滅亡一點也不令人奇怪；讓人感到驚奇的反而是：明朝竟能一直存而不亡，直至斯時！

結論

然而，所有這些討論都將說明什麼？從這段財政史中，我們又能學到什麼？

通過前面諸頁彙集的那些資料，我希望我已經描摹出了明代政府機器運轉的基本輪廓，儘管我的觀察僅限於財政管理。

明太祖創建的政治體制的基本原則中，沒有經濟核算和平衡或契約調整的位置。因此，帝國的穩定全部依賴於政府的控制能力。被統治者對王朝的認同，則僅僅是來源於官方的僵硬的儒學意識形態。這一基礎性的設計，使得後來的皇帝及大臣們失去了調整的能力。然而，在前近代，如果不是缺乏足夠的統計及其他控制手段、讓人滿意的交通和通訊設施、有效的行政管理人員，皇帝和大臣們也不可能把中國這麼大的國家凍結為一個靜止不變的國度。這個政府組織及其所統治的國家之間，也遲早會出現裂縫。在明代，我們既看到了官僚操縱下的經濟體制的奇蹟，又見識了這種經濟體制的荒誕。到了最後，這個經濟體內的許多部分都脫離了控制。這種情況發生後，恪守教條的儒家管理者，卻拒絕適應新的環境。一方面，形式主義與傳統主義比從前更得到強調；另一方面，妥協和不講規則卻又在背後得到縱容。這樣的做法，進一步拉大了理想化的秩序與經濟現實之間的差距。

白銀在明朝成為普遍的交換媒介，其影響也不能低估。專家估計，明朝最後的七十二年中，除了國內銀礦產銀外，還有超過一億枚外國銀幣流入中國。[203]明代的財政管理，本質上是以糧食經濟為基礎。各種不同的稅率和度量單位、自給自足的體制、地方和部門自足、分割的預算、分散的現金流通渠道、大量的物資和勞役徵收、地方糧長制度等等，使得明朝的財政機器顯然無法適應新的貨幣經濟。在這裡，我列舉了明代財政管理中許多令人不滿的特徵。然而，如果不是白銀流通徹底改變了這個國家的經濟面貌，那些特徵其實並不會如此可怕。建立在反動態、反擴張的經濟基礎之上的、陳舊的財政結構，如今比以前更過時了。

明代中期以後，朝廷在處理個別案例時仍保有仲裁的能力，但是缺乏統一執行其法律的力量。表面上，皇帝的權威在任何時候都無可置疑，但是他對各省的控制卻明顯逐漸鬆弛。

202　谷應泰：《明史紀事本末》，卷七十九，頁八四—八五。
203　梁方仲：〈明代國際貿易與銀的輸入〉，《中國社會經濟史集刊》，六：二（一九三九年十二月），頁三二四。

權力沒有滲到當時仍循規蹈矩的各省督撫的手中，也不會滲到宗室成員手中，因為按照明初兩位創立者——太祖和成祖的規定，宗室成員無法成為一支占優勢地位的政治力量。相反，填補權力空間的是地方仕紳；以賦稅問題而言，掌握權力的是級別較低的賦稅管理者。這兩個集團都太過分散，形不成權力自覺。儒家的信仰對他們來說太過強大，以至於不可能發展出任何屬於該階層的意識形態。在他們當中，更不要冀望有敢於公開反叛的人。但是，他們會逃避、怠工、消極抵制，以及採取不合常規的措施。所以，破壞明朝統治基礎的不是強有力的打擊，而是緩慢的腐蝕。

就此而言，我對傳統的王朝興亡循環論不是很滿意。根據這種解釋，每到王朝末期，富裕而有勢力的土地所有者就會偽造賦稅紀錄，從而使自己保有不用納稅的土地，而貧弱、沉默的農民就不得不承受主要的賦稅負擔。同時，政府對於賦稅的渴求卻無休無止，直到飢餓和絕望使重稅壓迫下的農民公開反抗，進而導致王朝的滅亡。這種解釋也許在其他階段的歷史中能找到更多的正確性，例如漢朝和唐朝。然而，將這種解釋用於明朝，卻根本就沒有說服力。在晚明，正常的田賦，即便算上加耗、加徵，通常也只是地方徵收中很小的一部分。當時的人們抱怨得最厲害的過高稅率，是針對額外收費，以及計畫外的、非正常的乃至一些未經授權的徵稅而發的，因為它們大部分未載見於任何稅收冊籍。[204]這些舞弊行為並不是在明朝衰弱時期開始出現，其中的許多做法歷史悠久。

在莊烈帝統治時期內，理學家兼政治家劉宗周奏報說，在他的家鄉浙江山陰縣，田賦總是提前兩年徵收的，而這些收入送到北京卻反而比預定計畫晚了一年。[205]同時，給事中孫承澤告訴皇帝說，戶部的官員沒有能力處理各省呈送的財政報告。要求調查的命令很少得到任何回音。[206]從管理的觀點來看，這種制度性的破壞，並不能看作是中央政府徵收重賦的後果。相反，它也許可以理解為在明朝末年朝廷擁有的徵稅能力非常小。由於沒有辦法得到足夠的稅收，朝廷也就無法提供有效的、公正的行政管理。

傳統的學者對明朝政府有足夠多的賦稅過重的指責。令人奇怪的是，認為明朝政府課稅過輕的批評，在明朝人的著述中卻也不時可見。但是，從傳統的儒家標準來說，那樣的批評自然不會很流行，因此它們很少引起人們的注意，更別說有什麼響應了。根據曾出任南京太僕寺丞的十六世紀末最傑出的文學家歸有光的觀點，蘇州府儘管在當時被視為全國賦稅最重的地區，它的田賦和役實際上不妨再翻一倍。在文章裡，歸有光質疑明朝政府對人民的「姑

204 孫承澤：《春明夢餘錄》，卷三十五，頁三七；卷三十六，頁五六；倪元璐：《倪文正公全集》，奏疏，卷八，頁六—七；顧炎武：《亭林詩文集》，卷一，頁一五—一六。
205 劉宗周：《劉子文集》（乾坤正氣集本），卷一，頁一五—一六。
206 孫承澤：《春明夢餘錄》，卷二十五，頁二九—三〇。

息」政策是否明智。他還指出，如果不能募集到足夠的賦稅收入來進行工程建設，就等於沒有機會讓人民得到更多的改善生活和富足自身的手段。最終，「仁慈」的管理者所能做到的，無非就是向他治下的那些飢餓的民眾發放救助而已。[207]出版於十七世紀初的沈德符的筆記，直至今天還是明代社會史的重要史料。其中，沈德符悲歎說，明代朝廷總是無法徵集足夠的賦稅，賦稅的數量都不及宋代。他提到南宋時期，有點懷舊地說：「當時主計者，勝今日萬萬矣！」[208]

同樣，我也不能接受晚明「民變」起因於重賦的解釋。在民變頻發地區，田賦要麼就是免徵，要麼就是減徵。[209]我感覺，應該對民變負責的，乃是政府機器的崩潰。由於無法從稅收資源得到足夠的資金，政府長期以來一直漠視水利灌溉工程的建設。水利工程得不到修繕；應對自然災害的預備倉內的糧食被賣光了，換了銀兩。最近許多學者的研究，提供了充足的證據表明，軍隊的逃兵和被解雇的驛卒在全國性的叛亂中扮演著比農民更重要的角色。我們前面已經提到過士兵的大量逃亡。帝國驛站的廢棄，則是明王朝無力解決開支而造成的另外一個後果。被解雇的驛卒們自己組織起來，組成一個個戰鬥集體。隨著逃亡士兵的加入，他們開始從事盜匪活動。[210]農民的加入，或者是因為威逼強迫，或者是因為他們的家園已被毀壞。十七世紀三〇年代和四〇年代北部中國的饑荒，也許可以看作是另一個起作用的因素。至於說較高的賦稅，我承認它確實給了叛亂者心理和宣傳上的巨大優勢，而經濟的影響反在其次。在一九五四年出版的一部收錄二百二十份關於晚明農民起義原始檔案的未分類的資料集中，有十六份檔案談到軍餉的拖欠和軍需的不足，有八份檔案認為士兵逃亡是起義的根源，有五份檔案提到驛卒，有十五份檔案表明饑荒和民眾間蔓延的絕望是引起動盪的原因，有八份檔案證明農民是在叛亂分子的恐嚇和脅迫下才參與起義的。僅有三份檔案是指責賦稅的。在這三件檔案中，有一份只是泛泛地談及全國範圍內的重賦。另外兩份檔案則是上呈皇帝請求免除山西、河南某些地區的賦稅的奏疏。奏疏的附錄部分表明，這些請求隨後就得到了莊烈帝的批准。[211]還有一項現代學者的研究，則將導致反叛的原因按順序作了列舉：災荒、盜匪、賦稅、驛站制度的廢棄。[212]

簡要地說，概括明朝的滅亡，將涉及太多的因素。從時間方面來說，其中一些因素可以追溯到明朝建立之初。從空間方面來說，一些因素則涉及了地域特色及地方管理。迄今為

207　歸有光：《三吳水利錄》（叢書集成本），卷一，頁五、七。
208　沈德符：《野獲編》（扶荔山房本），補遺，卷二，頁三七。
209　例如，河南和湖廣北部的田賦就被寬免。參見倪元璐《倪文正公全集》，奏疏，卷八，頁七—一七。
210　鄭天挺編：《明末農民起義史料》（上海重印本，一九五四），頁二七；錢穆：《國史大綱》，第二冊，頁五九一。
211　鄭天挺編：《明末農民起義史料》，散見各處。
212　李文治：《晚明民變》（上海，一九四八），頁一五—二五。

止，我所做的工作，也只是在迄今未加探索的廣袤領域的邊緣處冒險而已。這個論題極為寬闊，而擺在我們面前的資料實際上也無窮無盡。所以，無論在深度還是廣度上，我的探討都還有極大的空間。

原載 *Chinese Government in Ming Times: Seven Studies*, ed. by Charles O. Hucker（New York and London: Columbia University Press, 1969）, pp. 73-128.

什麼是資本主義？

讀者看到這題目，想像著作者是否會先給資本主義下一個確切的定義。若果如此，則全書先已有了一種演繹既定的想法。可是這種做法與我的目的完全相反。

資本主義是一個經常見到的名詞，在多數讀者心目之中，均有一個大概的輪廓，但若要在今日將這一名詞的歷史背景和社會背景以及很多與它關聯而過去卻未顧及的地方，一併搜集檢討，這樣一來就應採取歸納法。

況且資本主義是一種連亙幾個世紀、通過許許多多國家的組織和運動，牽涉到法律、政治、經濟、社會、宗教、思想和文化的各部門，迄今尚未停頓。如果筆者先賦予一種一成不變的定義，無異要求讀者先接受一套宇宙觀，務必先建立信仰，才談得上識見，那麼其教條主義顯示出的宗教虔誠，超過學術上的好奇心。事實上，不少人在資本主義的一類的著書都採取這種態度。

當代論述資本主義的學派

前劍橋大學講師陶蒲（Maurice Dobb）分析當代有關資本主義的論文，歸納為三派（見*Studies in the Development of Capitalism*）。一派注重生產關係之轉變。資本主義一行，生產者即開始賣勞動力，此後對製成品無從過問，這也就是馬克思主義者學派。第二派注重資本主義的精神。我們可以看出：韋伯（Max Weber）的正面支持這精神，唐尼（R. H. Tawney）的既支持也質疑，以及桑巴特（Werner Sombart）的反面批判均可歸於這一派。還有一派重視自然經濟如何蛻變為金融經濟的過程。資本主義特徵，組織上本就預備對付遙遠的市場，於是批發商出資墊買商品，因之也會干預著零售商及生產者之業務。

雖然討論資本主義的文章，凡不屬第一第二類者通常多傾向於第三類，筆者注重技術的因素，也有這種趨向，可是這種分類法到底有將每個人的觀點過度簡化的毛病。譬如說，韋伯一向以他提出清教徒對資本主義形成時的貢獻而為人稱道，可是韋伯卻從來沒有抹殺技術上的因素，他的論文裡提出法律、利息、信用各種條件，不過統以「新教倫理」概括之。可見得上述各派之間，必有很多交錯出入的地方；也有不夠周延的地方。

我們姑且把以上三派的代表作拿來簡單評述：

馬克思主義者所寫歷史，一般過於呆板，很難注入新的見解。譬如陶蒲提到工業資本之形成時，即依馬克思而建立其說。他雖從十六、七世紀英國各式行業的情況找出無數例證，不能不算淵博；可是我們在二十世紀末期，亟於將先進國家的經驗，提供給待開發國家參考，若僅能證實由舊社會至新社會階級鬥爭無可避免，根本就無法用之作為今日思想上或行動上之參考。

資本主義對世界文明之貢獻，可以以產業革命的成效來看。根據庫志耐（S. S. Kuznets）

的研究，迄十九世紀中葉，世界上只有五個國家（美、英、加拿大、瑞士及荷蘭）平均每人一年的收入達美金二百元（一九五二年至一九五四年間的價值），或略高的境界；全歐洲及全美洲合計，其平均數則不可能比一百五十元超過甚多，也就是與今日之窮國家相去並不遠。這和以後一百多年來的情形相比，今昔相差是如何的懸殊！馬克思雖然未曾用過「資本主義」這一名詞，他並未忽視這種組織和這種運動之功效。他也承認對歐洲之封建社會而言，這種發展（我們之稱為資本主義者）實在具有革命的成分。那麼今日之待開發的國家，因資本主義富有革命性，又有成效，是否值得竭力抄襲？或者又因為它尚有很多壞的地方，在歐美已屬打倒推翻之列，於是應當修正或回避？（我想今日對已開發及待開發的國家而言，研究資本主義不能再有一個比這更有關切性之目的。）此種問題，不能在馬克思的著作中找到啟示，而馬克思主義的作家，也很少提出適當的建議。陶蒲的一部四百頁之著作中，提到中國三次，每次僅指出中國的次殖民地地位，此外也未再提出其出路與希望。這也難怪孫文指斥馬克思為資本主義的「病理家」而不是「生理家」了。

資本主義的精神

單是指出資本主義出於一種精神上的力量（spirit或geist），而不是追究這種精神在社會上和經濟上產生的組織與結構，不是一種完滿的解釋。有些學者認為這種精神，實在不過是一種帶著占有性的個人主義（possessive individualism）。要是果真如此而且僅是如此，則中國的「楊朱為我」、「雖拔一毛以利天下不為也」也應當產生資本主義了。

桑巴特提出資本主義的精神出於猶太教，與韋伯所說出於清教徒相軒輊。他說猶太人在十五世紀末葉從西班牙被逐出後，於十六世紀之初來到荷蘭，就憑著他們的資本及信用證據，扶助資本主義的發展，並且通過安特衛普（Antwerp，今屬比利時）將資本主義的精神帶到英國，「可是猶太教自始至終就沒有產生一種貧窮的典範（poverty ideal）」（這也難怪桑巴特後來接受納粹運動）。桑巴特總認為在資本主義之前，人類是比較純潔的，各人以自己為主，去衡量外界事物；接受了資本主義，就本末顛倒，採取了一種數量上的計算（quantitative calculation），把所有的精力用於獲得財物，「用武力，用魔術，用計謀，用新發明和用金錢去獲得財物」。可是在另一方面他也說及每一個歐洲的國家都有產生資本主義的能力，只有程度不同。自從羅馬帝國崩潰，每一個國家內都有兩種力量出現，一是對黃金的貪婪，一是創設企業的精神，不久這兩種力量凝結一氣。可是桑巴特講到資本主義的弱點，沒有空間的限制，也沒有時間的程序，不外奢侈淫佚。他甚至指出市民生活軟化，如吃糖、製造絲綢、生活色情，也都歸咎於資本主義。如此說來，則不僅日本之德川幕府後期，即中國的唐朝也是資本主義的產物了，因為九世紀的長安正以上述三件情事，即吃糖、穿綢和色情生活著稱。

布勞岱對中國經濟史的解釋

法國史家布勞岱（F. Braudel）論及資本主義，剴切地指出自己對歐洲的分析，不適於西方以外之體系。他說：

> 其中最離開正道的乃是中國，其帝國的管制阻礙任何一種創立商業統治集團之企圖。只有最下層的商業，〔包括〕市鎮間的店鋪和集場〔能夠〕有功效的作業。（見 *The Wheels of Commerce*）

布氏對於中國經濟史的瞭解，大部得自前匈牙利漢學家的白樂日（Etienne Balaz，曾譯注《隋書‧食貨志》，他的著作以法文出版），其重點注重中國官僚體制與商業組織之嫉不相容。布氏指出中國在分裂為二時，雙方互需要對方的物產，於是大型的市場開始出現，有如宋朝。可是一到趨於統一，如明、清大帝國，其對外貿易有如「窗戶及瞭望臺（windows and lookout posts）」，只存在於邊疆，旨在對付夷人，而且或開或閉。即廣州十三行之貿易，也是在這種條件下進行，於是貿易有季節性，而不是經常開放。至於中國內地過去有效率和有組織的商場和市集，在統一帝國的主持之下就不存在了。他於是推論中國的商業政策（實際也就是反商政策）基於對外政策，一方面也由於中國能自給自足，不倚賴於對外貿易。

中國之重農抑商，由來已久，布氏和白氏的分析，也符合史實。他們的觀察和結論在一百年前或甚至在五十年以前都可以算是徹底解答了一個大問題。可是最近幾十年的政局之展開，才使我們也徹底瞭解中國問題之大，程度之深，遠超過官僚體制所設障礙（因為傳統的官僚組織在民國時已不存在）和對外政策的掣肘（民國初年國家已分裂，對外門戶也大開）。而尤其以最近幾十年劇烈的變動，使我們知道中國傳統社會與現代商業不能並存，遑論產生資本主義。在這些地方，我們還可體會韋伯所述中國社會裡「血緣關係對經濟之桎梏（sib fetters of the economy）」及「無法強制實行的法律必淪為死法律」。

官僚體系的障礙

我們不妨先就官僚體系說起。一般的看法，宋朝的朱熹，乃一代大儒，當然是哲學家。其實他也是一個官僚集團的代表。他在江西做地方官時，曾發布一篇〈曉諭兄弟爭取產事〉的公告。內中提及「照對《禮經》，凡人子不蓄私財，而律文亦有別藉異財之禁」。表面上看來，無關緊要，這不過當時一位模範官僚不接受親戚家人爭產的訴訟，而責成父兄族長調解，以保全「風俗之淳厚」。我們再看明朝一位模範官僚海瑞的一段紀錄，他在做地方官時也留下了很多自己審問民事刑事的文字。內中有一段直率表示他的立場：

> 凡訟之可疑者，與其屈兄，寧屈其弟；與其屈叔伯，寧屈其侄。與其屈貧民，寧屈富民。與其屈愚直，寧屈刁頑。事在爭產業，與其屈小民，寧屈鄉宦，以救弊也。事在爭言貌，與其屈鄉宦，寧屈小民，以存體也。（《海瑞集》）

他們兩人相去約四百年，也分別是布勞岱所說中國分裂及統一時代的人物，只是兩人的法律觀點均缺乏「內在的公平（intrinsic justice）」。此外儒家的經典可以當作法律執行，社會組織視作一種不成文憲法，而凝聚於「尊卑男女長幼」的原則也牢不可破；自兩宋至明清，沒有實質上的改變；保持如是態度的也不限於模範官僚，朱熹和海瑞不過積極闡揚這些原則而已。

如果我們仔細考察當時的行政紀錄，則可以體會這種法律觀念，固然出於儒家的思想，同時也是一種社會的產物。傳統的朝代，以大量的小自耕農作為當兵納稅的基礎（這也是各種文獻中層出不窮呼籲防止兼併的主因），無從創造一種深奧的法理學，讓小民支付律師和法庭的費用，又給專門人員以職業訓練，去花費金錢與時間對各種訴訟作技術上的推敲，況且文官集團的甄選和考察，也要全國一致，一般農民又不識字，於是只好一方面授權於本地血緣關係的威權，減輕衙門工作的分量，一面以最單純而簡短的法律，密切跟隨著當時的道德觀念，作為管制全國的工具。

不能在數目字上管理

這種體系下一個無可避免的後果，就是私人財產權缺乏確切的保障，且以與農村習慣不相關的財產為尤然。官僚組織不僅與高度商業之組織嫉不相容，他們自己也無法作技術上的和法制上的改造，去迎合商業習慣的變數（variable）。中國歷史裡很多理財家，企圖突破環境，或增加行政效率，或使財政片面商業化，無一不歸於失敗。因為其下層機構裡，私人財產權不能固定，以致最基本的統計數字，就沒有法律為之撐腰，無從保證完整正確；其上層的數字，又經過很多加減乘除，也只好隨著衙門內之威權的意志為轉移，談不上客觀與可靠了。此時所謂改革，也無非少數熱心腸的人，加壓力於這官僚集團，強其所難，終必與大多數官僚成員發生衝突。漢朝的桑弘羊、王莽，唐朝的宇文融、韋堅、王鉷、楊慎矜、劉晏，宋朝的王安石、蔡京，元朝的阿合馬、盧世榮、桑哥，明朝的劉瑾、張居正和清朝的盛宣懷，各有不同的環境，他們的人品與抱負也有霄壤之別，可是其中從一個「不能在數目字上管理」的局面下企圖打開出路，結果事與願違，則大同小異。最後又有一個康有為，提出一個無法執行的方案，只是在他還未能對方案負責之前，即已垮臺。

為什麼一種無法強迫施行的法律必淪為死法律？大凡一種法律行得通，必有社會上的強迫力量為之支援。在多數情況下，人民能夠也願意照立法的條文行事。其條文不是合法（即有成例可援），就是公平（中國人常稱合於情理）。法官開庭指正一二，或是派法警，出傳票，貼封條，其執行才沒有困難。倘使立法與社會情況相違，甚至其條文與民間生活發生幾個世紀的大距離，一般民眾讀之如念外國文，則當然行不通。英國劍橋的街道，依中世紀的規模，既窄狹又曲折，於是一般車行只有時速十五里。這時縱有一位維新的市政專家，要在街頭豎下一個時速七十里的標識，我們也只好說他是自欺欺人了。反過來說要在美國的高速公路上樹立一種時速十五里的限制，哪怕有天大的本領，又確實的掌握了警察權，恐怕也不見得能推行到底。

這樣的情形與資本主義何關？

上面說及中國之商法及民法不能展開，大都由於官僚機構需要管理大量農民，其耕種土地分割至小；此時社會上服務事業，包括法律之使用，只能根據這低層機構之主顧的生活為標準。連毛澤東也知道中國是一窮二白，一方面請不起律師，一方面社會上也沒有高度組織的能力，去適應變局，也就無法打破環境。

中外的歷史，可以互為借鏡。我們看到中國過去不能在數目字上管理的情形才想像到西方所以能夠，並非自古即然，必在某種情形之下突破了環境限制。而且更可以猜想到其中機緣很可能與資本主義之展開有關。因此我們檢討西方的資本主義，應當先注重其打破局面的情形，才能瞭解其現代民法和商法行得通的究竟。這樣用歸納法整理出來的資料，最低限度對今日中國的改革有啟發作用。

法律與資本主義

一部最直接將法律的功效與資本主義牽連一起的著作，為諾茲（D. C. North）及湯姆斯（R. P. Thomas）之《西方世界之興起》（*The Rise of the West World: A New Economic History*）。在這篇論文之內，作者強調債權務必被尊重，合同必須強迫執行。他們也說：

> 不管主權誰屬，只能在安全、有秩序和在法律保護的商業路線、交易市場和契約關係之下，利潤才能增值。

他們不僅一再申明私人財產權之重要，更且財產權還要有效率，即是行使起來，迅速妥當，不致被留難，發生疑義，而牽扯出來無端的停滯和額外的費用。這種理論合於情理，即陶蒲分析第三派的理論時，也說及資本主義一行，批發商先出資墊買遠距離的批發貨物，其需要法律之維護已不言可喻了。

綜合以上東西兩方的情景，也包括布勞岱所說資本主義之成功，在它與國家互為一體，我們想像資本主義可以在以下三種情況打開局面：一是在城市國家（city state）之中，前述小自耕農的問題根本即不存在，民法一向就受商法引導（有如威尼斯）。二是城市經濟比重特大，而這城市也濱海，於是採取雙重體制。這城市及濱海部分，對外開展，保持半獨立的狀態，不為內地農業牽制（有如荷蘭）。三是一個有農業基礎的國家給予自己一個從頭至尾的改革，實行土地主權之集中，以便利用現代化之服務，使農業的生產與分配和工商業合為一元。前述有效率的私人財產權，也可以適應到農業方面。如此的一個國家，雖有相當多的人口和相當大的領域，在經濟上及法制上，行動無異於一個城市國家，其民法也受商法的領導（有如英國）。在歐洲史內，也真有以上三種型式的實際事例，其展開也符合上述一二三的次序。可見得資本主義的傳播，有其在歷史上的長期合理性（long-term rationality of history），詳情還留待以後檢討。這裡值得注意的乃是資本主義傾向於國家經濟最前進最活躍的部門，不願與一班小自耕農拖泥帶水牽扯在一起，所以在經濟上能夠打開出路。可是在其組織過程中又常有犧牲落後部門的趨勢，上述第三種形態尤然。即此我們也可以窺測到陶蒲一定要分析「前進」與「反動」的由來，同時也要注意孫文並沒有指斥馬克思全部不對，不過說他是資本主義的病理家，並非生理家。

資本主義的範圍

仔細咀嚼文字，不是我寫歷史的習慣，尤其不是我的嗜好與志趣。可是目前我們臨到這個關頭：一提到資本主義就牽涉古今中外，一連串的扯入無數語言學上的和歷史學上的問題。若不在此澄清，以後的歸納與分析都不易著手。

資本主義這名詞，非中國產物，可是英文之capitalism前半截為資本capital，後面的接後語ism即是主義，譯成資本主義，率直乾脆，應該沒有問題了，然則其中就已出現一個問題。中文「主義」二字帶著深刻的政治涵義。所以孫文說：「主義是一種思想、一種信仰和一種力量。」可是英文中之ism，卻帶著比這更廣泛之內涵。ism不僅是政治上的觀念和工具，同時也是一種習俗上的趨向和徵候，不一定能為中文的「主義」所納，有如alcoholism[1]

1　編者按：酗酒，酒精中毒。

和vagabondism[2]（讀者請注意：如是將ism之涵義擴大，通常有卑劣的意思）。本文企圖將西方的經驗，提供給今日中國參考，對資本主義這一名詞，採取較狹義的解釋。也就是如孫文所說，針對其為一種思想、一種信仰和一種力量，注重其為一種組織和一種運動，注重其社會性和整體性，追究其在國際場合中發展的線索，無意於綴連其在空間上種種可能的起因及一切後果。

資本主義與私人財產權不可劃分。然則什麼是私人財產？這不僅中國與西方不同（詳上朱熹稱「人子不蓄私財」），而且在西方也經過急劇的改變。中世紀之前，財產權無非占有權。十六世紀之後才包括動產，但仍注重使用價值（use value），最近一兩個世紀才逐漸的推廣到交換價值（exchange value），而且推廣到勞動力。（見Edward Jenks: *The Book of English Law*）可見得敘述資本主義，時間是一個很重要的因素。

迄至第二次世界大戰時止，中外一般的觀感，以對資本主義否定的為多。一方面是一九二九年的經濟大恐慌之記憶猶新，一方面當時美國的看法仍受反托拉斯及組織工會等社會運動領導影響。將資本主義視作西方國家之精萃，不過是東西冷戰開始後的一種現象。將資本主義作極高度的標榜，也只能在今日美國風行。我們檢閱時下的著作，若干書籍將資本主義與美國國防牽扯在一起。也有的認為資本主義與人類的自由不可劃分，也還有的認為反對資本主義的言論，代表一種心理上的不正常。

不論如何，我們須先看清歷史上的資本主義，它既有幾百年超過國界的發展，事實絕不如此的簡單。如果資本主義真有這麼多而且無可評議的優點和特色，就絕不需要如許多的作家為之辯論。這也就是說，我雖想在較狹義的範圍內談資本主義，卻不願如是之窄狹，只提及時下美國學界討論資本主義時所指定範圍內的資本主義。

資本主義的時空剖析

以上已經說得很多，卻還沒有涉及我自己想要討論的著眼，其原因乃是我在本文開頭已說要用歸納法討論資本主義，可是也不能「容天地之道」一起歸納，其中必有若干限制。用這種消去法，初步將範圍逐漸縮小。現在我們不妨再檢查布勞岱教授所搜集以前各人對資本家及資本主義的看法。

歐洲的作家早在一六三三年提到資本家（capitalist）此名詞，但是資本主義（capitalism），是一最近才提出的字眼。給這個名詞以現代之定義者，則為法國社會主義者蒲蘭（Louis Blanc）。他在一八五〇年的一封信裡提及資本主義，而且稱這是一種「挪用資本給有些人而

2 編者按：流浪，流浪生活。

不及旁人」的辦法。普魯東（Pierre Proudhon）於一八六一年說及資本主義的形態，乃是它以資本為收入之來源，卻不將之隸屬於以勞力促其實現的人們。馬克思未曾用過此名詞，亞當・斯密又在馬氏一百年前活動，當然也沒有直接提及資本主義。

以上雖有數人提及資本主義，也還只偶爾涉及，將這名詞大吹大擂弄得眾所周知的，則無非前述的桑巴特，時在本世紀初年。只因為這一名詞涵義模糊，一般經濟學家都擯拒不用。直到第一次世界大戰告終後才出現於各種字彙及百科全書，同時又受俄國大革命之影響，因之引起各種爭執。有些人主張把「資本主義」這一名詞永久的放逐，不再使用；有人則主張此名詞不能形容十八世紀以前之事物。

我們也同情布氏的見解，他認為資本主義，既被稱為一種系統，則必與「非資本主義」有一段絕大的區別和距離，也就是在經濟與社會條件上講，處處都是南轅北轍，所以在十九世紀之前它只能出現於若干地區。這些地區的特點，則是它們對資本的繁殖為有利。然則忽視它在十九世紀之前的存在，也是忽視資本主義的地志學（topology，也可以譯為局部解剖學）。我在不久以前發表一篇有關資本主義的論文，提及與李約瑟（Joseph Needham）博士討論這題目之心得，即以資本主義在不同的時間，透過不同的地域為線索。

英國歷史家克拉克（George N. Clark）曾說：「用資本主義這一名詞去概括現代經濟制度，是十九世紀中葉社會主義者所發明的辦法。」（見於Seventeenth Century）什麼是現代經濟制度？我們也可以從亞當・斯密的《原富》裡窺見其旨。至今還有些人認為亞當・斯密是資本主義的開山祖。這樣的推戴是值得訾議的。前面說過亞當・斯密自己就未曾使用資本主義這一名詞。可是他在《原富》裡說在「政治經濟裡，有兩種方法可以增進國民的財富，一種是商業的系統，另一種是農業的系統」。他又不斷的鼓吹商業的系統是一種現代化的系統。這書裡也提出很多獨出一面的意見，有些意見不僅當日視為離奇，而且在今日也仍超過一般見識。（譬如書內結論主張，英國不要堅持一個橫跨大西洋龐大帝國之美夢，不如接受「現實的中庸」。其難能可貴，則是《原富》書成於美國宣布獨立之前夕。）可是他一直的闡釋，讓貨物不斷的流通，合同與債務有法律的保障，交通不受阻礙，在這些條件下，國民的財富和私人資本都可以不斷的增長，而國家的支出除了負擔國防費用及維持王室之威嚴之外，也只能開銷於上述幾種目標。在提出這許多意見並且在這些意見之後，列出數目字和事實上的證據，亞當・斯密已經勾畫出一個資本主義的輪廓。同時他還保持了一種信念：個人開明的私利觀，在國家公允正直之領導之下，必能公私互有裨益，如此也是一種他的獨特資本主義之精神。

資本主義的條件

我們參照斯氏的論文，並且參考許多其他的著作，而上述克拉克的書籍在內，則覺得在技術上講，資本主義必須透過以下三個條件，才能成為一種組織和一種運動：

（一）現代商業習慣，注重資金活用，剩餘的資本，首先必須通過私人貸款的方式，才能此來彼往，廣泛的流通。

（二）產業所有人又以聘請方式雇用經理，因之企業擴大，超過老闆本人耳目足以監視之程度。

（三）而且技術上的支持因素，如交通通訊，還要共同使用，這樣企業活動的範圍，才能超過每個企業力所能及的界限。

依此，我即算沒有對資本主義提出一種確切的定義，至少已經供給了一種假說，先固定了資本主義在歷史發展中必須通過的途徑。因為以上三個條件之遂行全靠信用，而信用不能無國家法制之維持，所以我們一看到這三個條件於一個國家裡能夠實施，也可聯想到資本主義已在這國家落地生根了。至於資本主義是好是壞，則不難從以後的紀錄中看出。

這種設計，放棄了馬恩的「萌芽」觀念。一方面因為萌芽的一個暗喻，純係馬克思歷史家根據西歐的一種特別情形創設，另一方面則其範圍含糊，沒有一種適當的標準，可以斷言何種情形確為萌芽，何時尚是不成熟的徵象。以上的條件則在事實上有不可逆轉的情勢，因為它們使所有權（ownership）和雇傭（employment）結成一座大羅網，而且越結越大，已經在社會上產生一套可以互相交換（interchangeable）的因素，並且通過教育，其分工制（division of labor）也成為一種習俗和風氣。縱使有些國家因戰爭或革命改變所有權的性格和雇傭的關係，卻沒有一個國家在達到這條件之後，又再後退，使擴大的範圍再度縮小；或是已流通的因素硬化。德國和日本，在第二次世界大戰後的恢復比一個待開發的國家之草創容易，即基於這個道理。（這並不擔保以後此種不可逆轉的情形必會永遠存在，然則這已不在刻下研究範圍之內了。）

至於這三個條件匯集一起，是否可以成為一種思想、一種信仰和一種力量，因此足能稱為主義？

我的答案則是既為一種組織和一種運動，則已經具備了力量；因其牽涉既廣，卻又有選擇性，其背景上則不可能沒有思想和信仰。但是思想是一種抽象的因素，最初在很多情形下缺乏適當的記載。要到發展成熟之後，才能夠為後人搜集整理。余英時教授對這個問題，也有了深切的興趣。我在著筆寫文章之前，曾和他有一段從容的討論。我們的結論，則是敘述資本主義發展的過程，應當將英國的經驗當作一大樞紐。十七世紀以前的發展，其組織與運動還不足首尾連貫，有時還在拉鋸戰之中。數位英國史的權威，說到十七世紀後期的英國，則在「自覺之中模仿荷蘭（conscious imitation of the Dutch）」。既稱自覺，則其心理上的準備早已成熟；根據荷蘭與英國的情形，我們也可以揣想資本主義在十七世紀已近乎產生一套有系統的理論。

有了以上各種考慮，我們希望我們的檢討能夠產生一套新的看法。

原載《歷史月刊》第十三期（一九八九年二月），頁一〇四—一一〇。

蔣介石

三十八年之前，我第二次來美，就想寫本蔣介石的傳記。我知道中文原始資料，要不是認為他是國家元首，最高統帥，只能崇拜，不能議論，連他官銜之上還要留一空格，以表示尊敬；則是無理謾罵，斥之為逆為匪，如此同樣的不能令人置信。中國歷史裡留下如此一個偌大的空洞，不僅影響中外視聽，而且使研究歷史的人無所適從。我以為我自力攻讀，可以比較客觀；也曾將中國事物，做過一段內外上下觀察的機會，希望筆下可以承乏。

殊不知美國在一九五〇年代也並不是凡事皆可客觀、任憑各人隨便恣意批評的場所。韓戰既開，「誰拋棄了中國」成為黨派政客間爭執之焦點，參議員麥卡錫（Joseph McCarthy）只憑片言隻語，指摘誰係共產黨，紅帽子威脅之下曾使不少左派人士丟官，也使不少藝術家和職業界人士因之失業。而且這也不是左派被斥，即為右派揚眉吐氣的日子。美國的國務院、文藝新聞界及大學學府倒因為本身受了麥卡錫的壓力，更增加對中國國民政府的反感。《新聞記者》雜誌（Reporter）曾出專號，指斥「蔣宋孔陳」將美國援華使法幣回籠的黃金，炒成外滙，培養「中國說客團」（China Lobby）回頭到華盛頓與聞美國政治。杜魯門的《回憶錄》則揭舉蔣迫害學術領袖，用特務槍殺西南聯大教授李公樸和聞一多，並且公布他在這事發生時與蔣來往的書牘作見證。再則四十年代之暢銷書，有如《史迪威文件》和白修德（Theodore White）所作《雷霆後之中國》（*Thunder Out of China*）此時仍有極大影響；白氏曾被美國人稱為「蔣委員長之敵」，《史迪威文件》即係他所編，他自己書中對蔣及國民政府批評得體無完膚，而且內中更以國軍在河南將糧食搜刮一空，造成人為的饑饉，解決共軍新四軍時縱容士兵強姦隨軍女政工人員，最為口誅筆伐的對象。在如斯氣氛之下，我剛一提及自己曾為「蔣家軍」內之下級軍官（重點在下級）即被講課的教授和同學瞠目相視，似乎我即是納粹黨內的小頭目。我想將在國軍的經驗拿來做學術討論的題材建議，只好打消。寫蔣介石傳記的計畫提出後，在若干書社和雜誌面前碰過釘子，從此石沉海底，永遠的棄置。

可是至今日已近四十年，我對失去的機緣，毫無遺憾，事後想來要是當日草率成書，今日可能羞窘。即使今日去蔣逝世又十五年，撰寫他「全面目」的傳記之機緣，也還不是十分成熟，以下只據我所知道的列舉建議三數則。

第一，我們不要忘記迄至今日關於蔣介石的資料，中外之間仍有一段莫大的鴻溝。史迪威曾在敘蔣介石時在《文件》裡寫出：「他想做道德上的威權，宗教上的領導者和哲學家，但是他沒有教育！這是何等的可笑！假使他有大學四年教育，他尚可能瞭解現代的世界，但是這實情他全不瞭解。假使他能瞭解，情形就好了，因為他倒是想做好事。」驟看起來，史迪威言過其實，近乎荒唐。曹聖芬的《懷恩感舊錄》裡提及蔣不僅遍覽群書，而且讀得極其仔細。書中又提及：「北京大學一位哲學教授賀麟先生曾經說過：德國黑格爾的歷史哲學最是晦澀難懂，中國哲學家對之真有深刻研究，真能透徹瞭解的，只有少數幾位，而總統是其中之一。」周策縱的英文版《五四運動史》也提及蔣在五四運動期間，曾訂閱《新青年》雜誌，還準備去西方留學，即據常情判斷，他為中國領導人幾十年，得到學術界教育家的支持，也不可能胸無城府，腹無點墨。哥倫比亞大學的狄百瑞（Theodore de Bary）即曾和我當面說起他和蔣介石暢談理學心學的經過。

可是蔣介石的哲學思想受王陽明的影響極深。陳榮捷是當代研究王陽明的權威，他的書中即說及王學知行合一，長於行事的果斷，缺乏邏輯上之綿密。我們看來也與孔子所說「知其不可而為之」、與孫文所說「不知而能行」極為接近；嚴格言之，這種種東方哲學，都缺乏科學精神。從蔣介石的事業談起，也只有這種不顧程序的幹勁，才能完成抗戰大業。中國受日本欺負，逼得暴虎馮河，鋌而走險，也顧不得科學非科學，邏輯不邏輯。如果嚴格按照《孫子兵法》裡面的「廟算」仔細琢磨，早已用不著抗戰，還不如和汪精衛一起去投降。他蔣介石先接受千鈞重荷，退而分配斤兩，他自己承擔的責任既已超過他本身足能支付的能力，那也就顧不得馭下時的合理守法了。只是這種以直覺（intuition）作主，蠻幹的辦法更倚之為行事的方針，是不能為一般美國人所容的，史迪威覺得蔣無教育，大致由於這思想上的根本差異之所致（倒是日本人反能欣賞這作風）。《史迪威文件》又有一則提及：「中國人先造屋頂，只要最低度的支撐物和根基。誰也看不出地底下是什麼，何苦去考究它？只有我們才受罪的去對付低層基構，使這建築物站得住腳。」他所發牢騷同一源於兩方心理上和思想上之南轅北轍。

蔣介石能極端的容忍，可是有時他也在激忿情形下仍暴露他的弱點。在重慶時侍從室人員生活艱苦，要是改行經商，倒有不少發財的機會。蔣之副官處長陳希曾即此請離職，蔣一怒之下，將面前桌案整個的推倒在地，因為他視陳為家鄉子弟，現為近侍而不能與他共體時艱，情不可恕。一九四五年國民黨六中全會在重慶開會時，有一位王姓委員循著西方代議政治的辦法對當前軍事提出質問，也蒙著總裁兼軍事委員會委員長蔣的雷霆與咆哮。在他看來，前方將士救死扶傷之不暇，後方受他們保護的黨員不思量國軍缺兵欠餉，以爛部隊抵擋敵方的貔貅，還要在此時效法西方之時尚，作個人出門面的憑藉，也是無可寬貸。如此事蹟，應當據實提出，尤且應當把周圍的條件，一併加入，使讀者同時看出蔣介石之長處和短處；即這兩件事也可看出中國傳統以道德代替法律的精義之由來。

即是西方對蔣之批判，也仍著重於「他想做道德上的威權」著手。最近史景遷（Jonathan Spence）所著中國近代史的教科書即提出上海英租界有蔣在巡捕局的檔案，原文未敘係刑事偵緝或因政治關係而得，總之則無可隱諱。我希望有熟悉此間情節的人士，據文件將詳情提出。從現有的資料看來，蔣介石壯年與中年的行徑不同。他在上海的一段生涯，似有做游俠浪人的趨向。如果確實，則他在兩段生活之間必有一重發憤立志的轉變。據實直書不足以為他盛德之累，倒反增加他傳說裡的多重色彩與人情味（我個人即不相信世間有十全十美的啄木鳥，而羨慕血氣旺盛的志士）。

田漢是中國現代的戲劇家，也是「義勇軍進行曲」的作詞者。我年輕時只知道他是左派名流，不料最近讀到他在一九三〇年寫的〈我們的自己批判〉，內中竟有以下一段。文中所畫×未經改動，但是「校長」具有引號，亦如原排，則為蔣介石：

> ……所以我以為我們是應該先完成北伐，何況由廣州而武漢而上海隨著「校長」而來的友人×君替我們談起國民黨分裂之如何可歎，「校長」如何以國民黨的文天祥陸秀夫自任，這樣一來自能引起我一種對於歷史悲劇似的痛歎與對他們「校長」那種英雄的（heroic）心事底同情，於是我雖不曾想過直搗所謂「赤都武漢」卻願意隨他們「校長」渡河殺賊，遂所謂「直搗黃龍」之願。

所以當日局勢動盪，很多人都無法保持一貫的方針。從此我們也可以看出：直接間接與蔣介石有關的資料還待發掘，也可能車載而斗量，我們無法即說至矣罄矣。

第二，寫他傳記的資料固然還待發現與整理，然則蔣介石在歷史上的地位卻相當的鞏固。這樣的說法，好像也是本末顛倒。然則當中有一個重要的因素則是對日抗戰的意義不可磨滅。蔣介石採取行動時，站在歷史之前端，很多未來情事，尚不可捉摸。我們今日則站在史實之後，對已經發生的事情當中的因果關係以及時間上之湊合（timing）已有相當可靠之根據，而以我們只注重當中粗枝大葉的情態時為尤然。

中國自秦始皇統一以來，在歷史已經產生了九個大朝代和十多個小朝代，可是我們以財政稅收作根據劃分時，則又可以將這些朝代併合而為三個大帝國，秦漢自成一系統，隋唐宋又成一系統，明清又成一系統。明清的「第三帝國」的財政賦稅帶收斂性，這比隋唐宋的「第二帝國」之帶擴張性的截然不同。在辛亥革命時，明清帝國的制度已經經歷了五百四十三年的長時期，本來就「氣數將盡」，以現實的情形來說，即是起初創建時心理過於內向，法律過於單簡，稅收過於短少，政府平日對內不設防，無操縱經濟的能力，純靠社會力量，以「尊卑，男女，長幼」和均一雷同的方式統率全國。這些條件本來就已不合時宜，何況一九〇五年廢除科舉，更先使上下脫節。民國肇造之後，所接收過來的財政機構無庫存，無充實的稅收來源，軍隊也當然不應命，所謂總統內閣，其本身即是社會上的一種游體，所頒布的法律與社會實際情形風馬牛不相及。是以軍閥割據為必然現象，因為過渡期間只有私人軍事的力量，才能夠在三兩個省的地區內有效。

我們提到軍閥混戰，蔣介石北伐統一全國的過程中，不能憑己意以為此人無識見，那人道德虧損作為一切問題的解釋。自一九一一年至今，不僅是換朝代，而且包含著再造帝國式的險阻艱辛。其內外煎逼工程浩大的情形，至少也要和「不知有漢無論魏晉」的過程中相比，也要和忽必烈以元朝入主，左右都找不到出路，迄至朱元璋削平群雄頒布《大誥》的階段相比。

而且尚不止如此，今日世界上落後的國家無不企圖「現代化」，當中端倪紛紜，既有資本主義與社會主義之軒輊，也有馬克思的階級鬥爭。我也花了上十年的時間，不顧意識形態，單從技術角度鑽研先進國家完成現代化的程序，發現其重點無非從以農業作基礎的管制方式進而採取以商業為主體的管制方式。先決條件在對外能自主，對內剷除社會上各種障礙，使全部經濟因素概能公平而自由的交換，然後這樣一個國家才能「在數目字上管理」。

在數目字上管理即全民概歸金融及財政操縱。政府在編制預算，管理貨幣，釐定稅則，頒發津貼，保障私人財產權利時即已普遍的執行其任務，而用不著張三挨打，李四坐牢，用「清官萬能」為宗旨，去零星雜碎的權衡各人的道德，再釐定其與社會「風化」的影響。只是農業社會裡人與人之關係為單元，商業社會裡凡事都屬多元。去舊迎新，有等於脫胎換骨，改變體制時通常發生流血慘劇。大凡近世紀的革命運動與獨立運動都和這體制上的改變有關，其詳情已列入我所作《資本主義與廿一世紀》，大概最近即可出版。

這樣一來有似於更換朝代改造帝國的艱難不計，中國近世紀的奮鬥，更添上了一段維新與現代化的要求，於是萬緒千頭，問題更複雜了。現在看來，蔣介石的一生事業乃是在此多種需要之下替中國創造了一個高層機構（只是在臺灣則因一九五三年耕者有其田法案及其他措施，已能使農業上的財富與商業上的財富交流，較大陸上進入數目字管理的境界已先進一步）。他雖非完全赤手空拳，但是當初以私人身分借債支持黃埔軍校，次打敗軍閥再邀請他們合作，終以零拼雜配的門面完成抗戰，如此固定了中國的國際地位，至少也是無中生有，總之則在千方百計的覓法創造；怪不得過分批評他的人說來好像他蔣介石繼承了一筆大家私，只因他揮霍而蕩然無存時，跟隨他到底的人也索性不服輸，偏不承認他有任何差遲與過失，硬要把他說成一個天人神人。

陳志讓的英文《毛澤東傳》裡提及蔣待人經常有三個方法：一是感情上的激勸，一是以金錢策動，還有一個則是用武力制壓。其實說來說去，所謂三個方法仍為一個，此即不循組織條例，注重人事關係。再考究之則仍為農業社會裡的習慣，因為人與人之關係為單元。蔣介石召見團長縣長級人員，親自派遣出國人選，侍從室裡保存著各人的自傳，他也自己道出：「……即如我自己的經驗來看，我覺得我並沒有旁的什麼多大本事，不過我每到一個機關或部隊，就注重考察那個機關或部隊裡的人，並從人事的改進以求那個機關組織的健全。」

說來也難能相信，抗戰勝利也靠他這樣領導的力量支撐了八年，才贏得最後勝利。蔣雖企圖改造中國，他所創造的高層機構下面卻仍是成千上萬的農村，要不是他的激勸、策動和制壓，抗戰的力量即團結不起來。即時至今日，中國尚未完全轉變為一個多元的商業社會，做到凡事都可以由數目字管理的程度。我們再看抗戰期間死難的高級將領如佟麟閣、趙登禹、王銘章、張自忠最初都出於雜牌部隊，亦即是軍閥部隊收編過來之後身。

第三，撰修歷史卻與寫作傳記不同。我們處在一個大時代裡，群眾運動的進出經常超過人身經驗。因之歷史與傳記，並不是始終天衣無縫的密接，寫歷史的務必注重每一事物的長期之合理性，寫傳記的則不能在這種大前提之下一味隱惡揚善，或隱善揚惡。蔣介石一怒之下將胡漢民拘禁於湯山。他看到抽調的壯丁用繩索牽引而來，即槍斃兵役署長程澤潤。尤特里女士（Freda Utley）可算對蔣最為友善的外國作家之一，在她著的《中國最後的機會》（*Last Chance in China*）對於蔣在清黨期間殘殺共產黨員一節則毫不假借。她寫出：「在那暴怒、復仇、虐刑與死亡的日子，因之喪失生命，成為囚徒，變為玩世不恭，或從茲不與聞政治的青年，都是全國的精英。」我們知道蔣介石對親屬半公半私的經商曾極度震怒，可是他卻始終無法洗刷這貪汙的惡名。我們寫歷史的人，不能在這些題目上過量的做文章，因為最基本的歷史輪廓還沒有畫畫都清楚，將「負」因素高度渲染，即妨礙「正」因素之展開。

在這情形之下，我只好引用孔子（好在他也是歷史家）評管仲的一段作結論。孔子曾斥管仲不儉而不知禮，可是子路和子貢都抨擊管仲時，他卻出面支持他。

子曰：「桓公九合諸侯，不以兵車，管仲之力也。如其仁！如其仁！」

子曰：「管仲相桓公，霸諸侯，一匡天下，民到於今受其賜。微管仲，吾其被髮左衽矣！」

原載《中國時報》，一九九一年三月六日。

蔣介石的歷史地位

為陶希聖先生九十壽辰作

我的父親黃震白，號稱種蘇。晚清為同盟會會員。他少年時代民族意識之濃厚，單從他給自己的兩個名字上也可以看出。因為他生於西元一八七八年，在少年時代就逢到中國的甲午中日戰爭、康梁百日維新、庚子辛丑間的義和團事件及八國聯軍入北京等等事蹟，而且新興的報紙雜誌在這期間也廣泛的介紹歐美的社會達爾文主義（Social Darwinism），其重點則是弱肉強食。在這種環境下，他離開湖南的家鄉，由貴州雲南經河內海防而入粵閩，加入革命的團體，並且考入福建講武堂為軍官學生，以便替同盟會策動新軍，深受社會背景的影響，也算由於歷史上的潮流所驅策。

我父親的政治生涯迄無成就，他最後的十年中，尚輾轉的在湖南的幾個縣政府裡任科長，這也和舞文筆做胥吏的情況相去無幾，僅能維持我們一家低級標準的生活。可是他初年運動新軍，則至有成效。福建講武堂的總教習為許崇智，就由第一期學生黃震白介紹秘密加入同盟會。這學生的年齡，又比教習還大。不久辛亥革命成功，全國光復，他們彼此飛黃騰達。許崇智在福建為第十四師師長，黃震白剛離開軍官學校，即任許的參謀長，並且在臨時政府成立時代表福建省出席，因之謁見孫中山先生。

倒袁之役，我父親還曾隨孫中山先生去日本。可是他回湖南活動，立即為袁的爪牙拘押，準備械送北京。當時袁世凱以嚴刑拷問黨人，假使北行成為事實，一定吉少凶多，在這千鈞一髮的時間內他乘看守人鬆懈，逃出虎口。不過從此他就感到心臟跳動不正常，怕受驚嚇，多年的冒險生涯和民國初年的政局都使他意懶心灰，所以他在第二次革命結束後即立室成家，退居林下，以致晚年為衣食所迫，他也不願在舊交故友前求助，而甘心做白頭胥吏。而至今國史黨史的紀錄，也沒有黃震白的名字。

我小時候聽到父親講他少年時代的故事，雖說父子之間，我還怕他在敘述之中，帶著一種吹噓的成分。可是一九五二年我在東京遇到國民黨元老戴愧生先生（他的名字，也有革命涵義，但比先父的為含蓄），他就是我父親在中華革命黨期間接近的同志，他不僅證實先父所敘一切，而且又提到他在初期黨內的地位、僑居東京的住處和他自己以後在廣州邀請先父再度出山未果的種切。戴先生歷代僑居菲律賓，在這時候，已入暮年，和我談說之後，也是不勝唏噓，又作小詩一首贈我，而這事至今也有三十五年之久。

我的父親生前既不以追逐名利為宗旨，我也應該尊重他自己的志趣，沒有將他事蹟拿出來渲染的必要。可是黃震白雖然本身沒有成為製造歷史的人物，卻在中國近代史展開的時候親身親眼的做過一段比較客觀的觀察，而我自己在先父去世後十二年才開始學歷史，至今也已三十五年，回想起來，我和其他很多學中國史同事最大不同之點，則是我在接受書本知識之前，先已和歷史的實際行動接觸，其所以如此，也是受我父親的影響。

所以這篇論文從他和他的時代開始，以便賦予其應有的縱深。

這論文的主題則為蔣中正先生。根據一段習慣應稱「先總統」、「蔣委員長」。我自己也在成都中央軍校畢業，當日我們的辦法，則據師生關係稱「校長」，並且提及的人和聽到的人，都立正表示尊敬。

但是我現在作文的目的在展開歷史的研究，不是替軍事政治領導人物作宣傳。很多中外作家，寫蔣先生的傳記多注重他為國家元首，卻沒有想到他一直到易簀之日，還沒有忘記他自己是「革命家」。因此把他寫成一個完人，一切都是功德圓滿，也與他自己的旨趣相違。況且中國傳統方式的敬長尊賢，其目的是維持舊社會的秩序，規避與第三者之間名分上的爭執，因之其立場即可能與口頭的尊敬已經有了相當的距離。

蔣先生生於一八八七年，距今百年，今日任何寫歷史的人，也不可能全部繼承他的觀點，當然也不能期望讀我等書的下一代再抄襲我們的見解。即以我近身的事舉一個例：我在十多歲的時候，一天無意之中發現小泉八雲並不是生而為日本人，卻是英國人（其實是愛爾蘭人，又一度入美籍），只因為居住日本多年，與日本文化結不解緣，因之取日名，入日籍。我將這事情告訴父親的時候他就很驚訝的說：「為什麼這樣的英國人會如此的無恥！」

我於一九七四年入美籍，可以說是為我父親當日的見解所不容。只是第二次世界大戰之前，人種即決定國籍，已和今日的標準相去至遠。我初來美國時，也仍是抱著昔日的觀念，一直住了二十多年，在此成家納稅教書著作之後，才感覺得仍採取僑寓的立場不預聞本地公民權利義務諸事之不合實際。即使先父泉下有知，我也能向他解說。我們對前一代付於我們的觀念，如此折衷採用，才能希望我們的下一代能對我們所遺留的觀念也能同樣的按情形斟酌取捨，這才是修撰歷史的使命之所在。

我企盼初步確定蔣先生在歷史上的地位，不僅是他在中國歷史上的地位，也概括他在世界史上的地位。我在海外幾十年讀書的一個心得，則是覺得中國革命業已成功，中國的歷史，已經能和西洋文化匯合。[1]這樣一個重要的發展，至今還沒有為世人公認的緣故，還是由於我們著書講學的人，沒有脫離我們局部的歷史眼光，過於被時下政治上和社會上的風氣所束縛，因之忽略了我們自己應產生的領導作用。既要依現局徹底修改歷史，則不能拘泥於舊日的習慣。如果在寫論文之前預先就用了局部的和習慣上的見解禁錮自己，則絕不可能另創新論，也不會值得海內外學人的注意。迄今在美行銷書之一，為《艾遜豪威傳》，作者即為傳記人物之孫，但是書名也不稱艾帥，或艾總統，或先祖父，而徑稱艾遜豪威。這中間一個意義，即是歷史學上全民平等，寫書的人和被寫的人不分畛域，也不計尊卑，其記述之所在，與兩者私人關係無涉。官銜只用在文句中有關的地方。蔣介石為一個全世界眾所周知的

1　見我寫的〈中國歷史與西洋文化的匯合〉，載《知識分子》（紐約）一九八六年秋季號，頁二九—四四。英譯載 *Chinese Studies in History*, Vol. 20, No. 1 (Armonk, N. Y.), pp. 51-122.

名字，其本身沒有被人尊敬或不尊敬的意義。我的論文能用這頭銜出版，也是今日中國已經脫離舊社會官僚習慣的明證。其實這樣也才能符合中國最初寫歷史的傳統。

關於許崇智，哥倫比亞大學的《中華民國名人傳》有這樣的一段記載：

一九二五年的夏天，許崇智達到了他一生事業的最高峰。當國民政府於一九二五年七月一日在廣州成立的時候，他被選為十六員政委之一，並且也是五位常委之一。其他常委則為胡漢民、廖仲愷、譚延闓、汪精衛。他又被任為軍政部長和軍事委員會的委員，其資深委員則為蔣介石；他又被任命為廣東省政府主席，亦即是省長。一九二五年八月因廖仲愷被暗殺，廣州也新臨一個危機。最初高級人員中只有胡漢民被捲入事端，他的堂兄弟被疑是這個謀殺案的主使者。迨後則有其他的嫌疑犯被捕，包括廣東（兩）軍的高級軍官。許為此軍的資深指揮官，不能完全置身事外。一九二五年九月二十日他被免本兼各職。當夜蔣介石派陳銘樞護送許登輪船赴上海。[2]

《劍橋中國史》則於敘一九二五年八月二十日廖仲愷被暗殺後，有這樣的一段記載：

這悲劇出現之後鮑羅廷立即建議組織三人委員會付予全權，處置這危機，許崇智、汪精衛及蔣介石構成此三人委員會，而以鮑羅廷為顧問。訊問之下發覺國民黨內保守派領袖及黨軍內若干軍官有圖謀推翻廣州權力組織中的激進分子。一周之內，很多嫌疑犯被捕，有些即處決，其他參與的則逃走。蔣、鮑決定遣送胡漢民去蘇聯。不出一月蔣即驅逐了他的競爭者許崇智，亦即是廣東軍名義上的指揮官。[3]

另一本記北伐的英文專著則說：「許崇智在〔出師〕前一年的夏天被逐放，因據說他和軍閥陳炯明合作。」[4]

黃震白沒有參加一九一七年護法之役，遑論北伐前後的廣州政事，但是他仍去過廣州，也仍與許崇智麾下一些幹部保持聯繫，有些同事尚是福建講武堂的同學，他對這事的解釋，在旁人面前看來，還可認作道聽途說，在我則為可靠的事實。因在我看來，他沒有增益或減

2 Howard L. Boorman and Richard Howard, *Biographical Dictionary of Republican China* (NY: Columbia University Press, 1968), II, p. 126.

3 C. Martin Wilbur in *Cambridge History of China*, ed. John K. Fairbank (Cambridge University Press, 1982), Vol. XII, p. 553.

4 Donald A. Jordan, *The Northern Expedition: China's Revolution of 1926-1928* (The University Press of Hawaii, 1976), p. 44.

損這故事之中的資料之必要，而他在我面前提及此事時，我還只十三四歲，也從沒有聽到以上廖仲愷、陳炯明等事蹟，他所說及，已經能夠單獨的存在，是以更為可信。

一九二五年，蔣介石雖為黃埔軍官學校的校長，並且在第一次東江之役建戰功，在軍事組織上他卻是許崇智的參謀長。許在這時候以聲色自娛，又喜歡打麻將，經常好幾天不在家，也不去司令部。蔣已經將內外上下都布置妥貼，才請許去午餐。席間他就說及廣州方面的人事，對「老總」很不利，所以請老總到上海去休養，等到三個月，或半年之後等我將這裡的情形擺布好，再請老總回來。許還推託要到司令部去看視，蔣就說用不著了，所有的公告和命令，都已畫行妥當。許崇智臨到最後關頭，還半央求的說至少要待一兩天回家收拾行李，蔣介石即說，用不著了，夫人和公子都已在船上了，正在等老總開船。

這樣看來許崇智不一定與刺殺廖仲愷有關，也難能與陳炯明串通，而是在不經意之間，被褫奪軍權。以後的蔣總司令才能利用改組的粵軍做基本隊伍，完成北伐大業。雖然黃震白這時候抽象的忠心在許而不在蔣，他敘述這故事的時候卻無形之中表示著他對蔣的景仰。當日還在軍閥時代，部下叛變奪取長官的兵權者，比比都是。蔣介石兵不血刃，能達到這樣的目的，而不出惡聲，能保留他日後與許崇智見面的機會，也可以見得他胸中的城府高人一等了。

世事也真不能預料，我自己在聽到這故事十多年之後，也遇到一個獨特的機緣，能在近距離之內窺測到蔣介石的一種不見於書刊的性格，同時也體會到中國政治裡的奧妙。

一九五〇年一月，我隨著朱世明將軍去麥克阿瑟元帥的辦公室。那天是否就是麥帥的七十生辰，我已經不能記憶，總之去生辰不遠。我手中捧抱著的一棵盆栽樹，寓有百年長壽之意，即是在臺北的「蔣總統」（可是還未復任，詳下）所送的生辰禮品。麥克阿瑟照片上看來光彩白皙，近觀則膚色比較黯黑，臉上的筋肉也不如照片上的豐滿。我將盆栽樹遞交給朱將軍之後由他手呈麥帥。然後他們坐下談天，這也是他們見面時的常態，我則退出於接待室等候。我出入於辦公室，攏總不過五分鐘。這也算是我做隨從副官一種形式上的工作。

我於一九四九年春天，由阮維新上校推薦，到中國駐日代表團為上尉團員。阮和我及朱團長都先後在美國陸軍參謀大學畢業，麥克阿瑟則在參謀大學任過教官。他的情報課長魏勞畢（Maj. Gen. Charles Willoughby）做教官時，朱即是當場受業的門生。朱自己也任過外交部發言人和駐美武官，算是有經驗的外交官。當我們在日本時，「國軍」已經退出大陸，可是我們在東京仍保留著一個憲兵排，象徵的維持駐領軍的身分。這時候旁人意想不到的則是當時朱團長已被美方監視，對他特別注意的則為魏勞畢課長。

朱世明是湖南人，自稱有「湖南脾氣」。他的愛國心又特別強，對當時美國政府無意援華，又在公私之間對中國動輒責罵非常憤慨，有時出於言語之間，並且他又間常表示他對毛澤東和金日成的英雄崇拜，如是都容易招物議。

那年秋天，人民政府在北京成立，美國發表白皮書稱援華前後使用美金二十億元，其沒有成效咎在中國。在國內則由李宗仁代理「總統」，對中共的和談，又沒有成果，李則留滯於美國，都引起「中國駐外各使館」惶惑不定。「駐法大使館」的人員就在人民政府成立不久宣布投效北京。朱世明在這時候召集代表團高級人員在葉山團員休假的別墅交換意見。我因為當時尚係低級團員，未任隨從副官，不知道內中詳情，只在事後聽說法制組的組長吳文藻主張我們也投共。如果朱世明在這時候發表過同情中共反對美國的言論，非常可能。可是這種言論，只能算他在外交場合中不如意而發的牢騷，最多只算失言。以後吳文藻全家回北京。朱則在他辭職之後在日本取得永久居留權，於一九六五年在東京灣附近住宅逝世。

「中國駐日代表團」是一個不平常的機構，它的人員來自「國防部」、「外交部」、資源委員會、僑務委員會、國民黨組織部等各部門。團長主要的任務是對麥帥的聯合軍總部聯絡，內部團員也常向國內各部院他們自己的上司直接提出報告。吳文藻的談話不久，臺北就傳聞朱世明在日本召集「葉山會議」，準備投共。這種傳聞也透入聯軍總部，魏勞畢以前為德國人，原名為魏登巴（Karl Widenbach），他在東京期間，以偵緝國際共產黨的活動自居，著有專書，如此他當然對朱世明加以注意。

在臺北對朱世明特別嫉視的，則為湯恩伯。湯在這時候有他的一個秘密計畫。他認為日本的職業軍人，是世界上的超級戰士，如果雇用作為沿海島嶼上的防禦之用，可能發生決定性的力量。在一九五〇年，很少的人能在臺灣反對湯恩伯，因為陳儀以前曾提拔他，而最近湯恩伯則以暴露陳儀勸他投共的計畫，使陳因「通匪」而被槍斃，在當日風雨飄搖的臺灣，好像建有不世奇功。但是在日本則有朱世明妨礙他計畫之遂行。

朱首先在招待新聞記者時否認聘雇日人是「中國政府」的政策，這樣就等於暴露湯的秘密計畫。他又與盟軍總部接洽，防制日本退伍軍人私往臺灣（禁止日人非法出境，也是麥克阿瑟的政策）。而最後湯恩伯自己擬來日本，朱更囑託總部不予他的入境許可，如是湯恩伯恨朱世明入骨，更要攻擊他在葉山會議為「共匪」張目的罪名。一九五〇年五月，恰巧也是韓戰爆發前月餘，朱世明奉召回臺北述職，我於半年前被派為他的隨從副官，隨他赴臺灣。

這時候蔣介石復職為「總統」不過兩月餘，朱世明謁見時的談話，我不知悉詳情。但是我從因他吩咐而安排他謁見臺北若干「政府首長」的序次和以後與湯恩伯見面的情形，猜想蔣令他自己向各人解說疏通，只要他們諒解，蔣也不加追究。他和湯見面，則由彼此間的朋友招商局董事長徐學禹在餐館設宴而完成，我也在座。這場合以傳統的方式，不提及正題，只是兩造聽東道主言外之意，不再計較近日的嫌隙。這一串的謁見與調解成功，朱世明不再被追究。但是他既已在東京為美方注目，也失掉了他做外交官的用途，應當由他回日本之後提出辭呈。

如是我們沒有被扣留而能夠登班機返日。只是當日早晨忽接「總統府」電話，「總統」要接見朱團長，這時候消息傳來，不免令人驚愕。一個可能的變化則是在臺北的安排並沒有如意料，我們仍可能在最後關頭被扣留。朱世明一向膽大，到此也不免色變。他去「總統府」約一個鐘頭才回，幸虧時間還來得及趕赴飛機場。事後朱自己說，這場會見，只幾分鐘，其目的無非道別。朱曾被任為浙江省保安司令，其地也是蔣的故鄉。開羅會議時，他擔任過蔣委員長的翻譯官，並且他往國外的各種差遣，多時也是蔣介石親自決定。所以他臨走之前仍由「蔣總統」召見感謝他多年的奔走。這是他們一生最後的一次見面，想來彼此心中明白，只是這場安排出於朱世明意料之外。事後他連說：「這倒沒有想到！」

我想有類似經驗的人，一定還很多。有些為蔣介石精誠所感化的，類皆出於此種經驗。然則作歷史的人，過於強調蔣介石的溫情和個人道德，又如何解釋蔣之被控訴為屠殺人民、排斥異己、放縱特務政治的首腦？這種攻擊，層出不窮，魯迅即寫有「忍看朋輩成新鬼，怒向刀叢覓小詩」的記事，敘述當時心境。杜魯門則以一九四六年聞一多和李公樸在昆明之被刺殺，曾對蔣介石提出質問。[5]今日我們提倡確定蔣介石國際上的歷史地位，除非對這些事有所澄清，否則即無法交代。

寫蔣介石的傳記，已不下十餘種，回憶錄和雜文內提到他的更是汗牛充棟。可是一個奇怪的現象，這中間所述的個人性格，加不起來，今人即算絕對的客觀，極端的容納眾議，再加以適當的選擇，也不能將這些資料綜合。

我在成都中央軍校看見過校長五次。當日蔣委員長主持抗戰，日理萬機，但仍不時抽空向軍校學生訓話。他蒞臨時，我們將教場宿舍打掃一新。我們的隊長最怕我們在校長面前「失儀」，一再訓飭。可是等到隊伍集合，校長登臺致辭之際，仍有好多學生將步槍移在身後，撐著捆綁在身後的背包，使腳尖能提高一兩吋，一定要一睹校長的丰采。軍校學生畢業的時候，照例每人領有德國式短刀一把，刀柄上鐫有「校長蔣中正贈」字樣。到我們十六期一總隊快畢業的時候，學校裡決定今後不用校長名義頒發了，只稱畢業紀念。消息傳來，我們全總隊的學生大為不滿，於是推選代表到校本部請願，一定要收回成命，到後來頒發的軍刀仍有「校長蔣中正授」字樣，才眾心歡悅。這種仰慕之忱，出於英雄崇拜的思想，也不待上級督導。

軍校學生，一般只有中學未畢業的程度，來自社會上廣泛的各階層與部門。當然獻身衛國是我們的志願，但是另一方面則是個人接受了日本侵略中國的挑戰，我們走進去最危險的部門，希望抗戰勝利，此身不死，功名富貴也是分中之事。可是蔣校長到十四期一總隊畢業

5 Harry S. Truman, *Years of Trial and Hope* (NY: Doubleday, 1956), p. 83.

的時候就對著擴音機上大聲疾呼：「你們趕快的去死！你們死了，你們的靈魂見了總理，一定會得到極大的安慰。你們的父母，就是我的父母；你們的子女，也就是我的子女！」當時一般學生對這訓辭的反應，可謂冷漠。因為「不怕死」固然是一般的志願與風尚，但是軍校剛畢業，事業剛開始就像日本神風突擊隊那樣擔待著有死無生的命運，並不是我們的期望。同時當日軍政部尚沒有我們家屬的名單，又何能對遺屬普遍的周濟。假使我有機會事前貢獻意見的話，一定也不會讓他如此措辭。

我們心目中的校長，是英風爽颯，果斷乾脆，有能力創造奇蹟，此也有當時王柏齡、鄧文儀等回憶錄上的敘述作見證。可是蔣這時候卻在宗教式的畢業訓辭之外偏要替自己造成一種老成持重、禮儀周到、毫不逾越、按部就班的形貌。有一次他校閱我們的學生總隊，和他同來的有「宋氏三姊妹」——即蔣夫人、孔祥熙夫人和孫中山夫人。在閱兵臺上最後的一段時間，他偏要孫夫人做首席閱兵官（因為她是總理夫人）。她堅決不就，於是蔣也不願意居正位。結果在閱兵臺上，三位夫人站在一邊，我們的校長站在另一邊，當中留下一個空缺，我們的隊伍才在軍樂中向閱兵臺正步行進。還有一次，在做紀念周時（實際上是周紀念），校長突然發現校務委員戴季陶站在臺下，他就在擴音機前請他上臺。而戴又偏要客氣，堅不上臺，於是他們在我們幾千個軍官學生面前互相推讓不下五分鐘，直到戴勉如其命的登臺，紀念儀式才開始。

最使我們失望的，則是校長對我們訓話多次，總是以抽象的道德為主題，也沒有一次講到自己成功與滿意的事蹟。同時他又叮囑我們注意學習戰術。有一次他說：「老實說：戰略是不學而能的，只要一個人有天才，又有戰術的基本訓練，不怕不會掌握戰略。如果有任何人在這學校裡講戰略，你們就要鳴鼓而攻之！」

這樣的印象，我也和旁的人一樣，總是不能綜合，最好我們再採取給他最苛刻批評的人以及反對他的人所提出的資料作例證。史迪威在和一個中國高級官員談話之後，說蔣是：

> 他想做道德上的威權，宗教上的領導者和哲學家，但是他沒有教育！這是何等的可笑！假使他有大學四年的教育，他尚可能瞭解現代的世界，但是這實情他全不瞭解。假使他能瞭解，情形就好了，因為他倒是想做好事。[6]

我們也可以反問，他既沒有教育，也沒有控制知識的能力，如何能使胡適、蔣廷黻、董顯光和翁文灝在他政府裡做事，而且向他表示尊敬？即使毛澤東，多時把他說得一錢不值，但是在《中國革命戰爭的戰略問題》卻提到：「惟獨第三次戰役，因為不料敵人經過第二次

---

6 Theodore H. White, ed. *Stilwell Papers* (NY: Sloane Associates), p. 214.

戰役那麼慘敗之後，新的進攻來得那麼快（一九三一年五月二十九日我們結束第二次反『圍剿』的作戰，七月一日蔣介石就開始了他們的第三次『圍剿』），紅軍倉卒地繞道集中，就弄得十分疲勞。」[7]這樣看來，蔣之富於組織能力，尚為他最大的敵手所意料不及，他行動敏活，與有些人所描畫他的遲鈍無能完全不同，甚至與他自己所想表彰的老成持重也有很大的差別。

我在軍校畢業以後，也看到蔣委員長四次，恰巧每次都是他最得意的時期。一九四二年英美承認取消不平等條約，他到重慶較場口去告訴民眾，坐敞篷轎車，沒有特殊的警戒，兩旁市民自動的拍手。一九四三年開羅會議結束，他飛印度視察在蘭伽的新一軍，前後推擁著一大堆隨員。一九四五年的冬天，他曾在上海跑馬廳演講，當日我取得照像員的身分，在近距離拍攝了很多的照片。而尤以一九四六年國軍收復長春，他到大房身飛機場和高級將領訓話並攝紀念照給我的印象最深。那天我在飛機場擔任勤務，不知如何他專機上的人員和地面上缺乏聯絡，他也沒有經過隨從人員開路，也沒有人引導。下機後就單獨一人直在我前面經過。雖莊嚴卻不威風凜冽，步伐也不十分穩重，口裡則連說「好，好，好」，直到這時候迎接人員才上前接引過去。

我在國軍總是當下級軍官，從沒有為統帥接見，（蔣召見的人物以萬計，大概上校階以上的軍官都有這機會，有些職位則非召見不能任命。）但是卻認識不少經他召見的人物。從他們之所敘述及以上各種經驗看來，蔣介石引人敬肅的能力，是一種歷史文化上的產物，其周圍的氣息，由於他自己及侍從與面對他召見及被訓話的人集體合作而產生。這也就是說，他之能令人感到凜然可畏，則是被覺得凜然可畏的人，自己先期已經在心理上做有這種準備，也預期左右同列的人有同樣心理。美國文化上欠缺如此的產物。〔美國人以吸引領導人的力量（charisma）給予電影明星。〕很多美國人自己既無接受這種處置的傾向，也不能瞭解這種氣息是當日蔣介石做中國統帥不可或缺的工具，就以為蔣是自作威福，所有中國人在他下面低聲下氣，都是沒有骨格，偏要揭破這假面具，其結果也不言而喻，倒是日本人，卻沒有這樣的想法。

如此看來，則從蔣介石的個性上分析，不容易寫出好的傳記，尤其不能寫出真實可靠的歷史（Pichon P. Y. Loh所作的心理分析，即只能寫至北伐之前[8]）。因為蔣的作為，不一定是他的個性，而有時尚可能與他的個性相反。我們也可以說他之對中國有如路易十四對法國所稱：「朕即國家」（L'état, c'est moi），包羅萬象。然則他所代表的卻不是一種固定的組

7 《毛澤東選集》（一九六六，北京版）卷一，頁一九七。

8 書為Loh, *The Early Chiang Kai-shek, A Study of His Personality and Politics, 1887-1924* (Columbia University Press, 1971).

織，而是一種運動。這種運動之成為一種革命，又需要利用舊社會的生活習慣做工具，造成團結，才能有希望將中國帶進新世界的領域。以新舊兩方距離之大，這領導人就不能避免前後矛盾，而在沒有同情心的人看來，則是缺乏邏輯，傻頭傻腦做不開明的獨裁者，其所以如此則是沒有受過四年大學教育之故。

所以很多現行寫蔣介石的資料，大概都已局部化，只能代表個人對蔣介石之某種作為的一種反應，頂多亦只能代表他們自己對中國革命過程中的一種企望。如羅斯福及亨利魯斯，則希望蔣的運動成功，邱吉爾則因為與他自己的世界觀相反，禁不住對美國之支持中國為四強之一的做法嗤之以鼻，杜魯門則顧慮美國民意及財政上的耗費，不願在世界二次大戰之後捲入中國的漩渦，史迪威則覺得蔣介石是防制他自己獨當一面以美國的方法解決中國的問題的一種障礙，因此也阻塞了他的事業和前途。如此好多人還沒有把自己的立場解剖得明白，就已把他們局部的印象，寫成或講成蔣介石的歷史性格。

要確定蔣介石在歷史上的地位，務必要將中外歷史全盤檢討，擴大所觀察的輪廓，並且增長其縱深，還要滲入過去不能使用的資料。

中國的八年抗戰，是人類史上少有的大事，也是中國自鴉片之役以來惟一以勝利結束的對外戰爭。並且全民動員，戰火延及南北沿海及內地各省，即對方日本，也從未經過類此的事蹟。且因為中國的戰事不能結束，鋌而走險，擴大而成為太平洋戰事而波及全世界，其影響也至遠至深。如果我們這時還把這段歷史當作通常事蹟以「流水帳」的方式看待，並且考究各人「功罪」，還以一人一時一事對我個人的利害得失作取捨的標準，也可以說是把「我」看得太大，而把歷史看得過小，而至少也是能察秋毫之末而目不見輿薪了。

我們也可以反躬自問：中國在一九三七年，面積大日本十倍，人口也在五倍左右，又有幾千年連續不斷的歷史，為日本所無，為什麼竟讓日軍侵入，廝殺至十幾省，而不到盟軍參入，不能轉敗為勝？有些人至今還說這是由於中國社會風氣不良，領導人物缺乏團結所致。這種解釋，不是完全不對，但是以道德為重點，究竟是皮相之談。反過來說，中國之決心於持久抗戰，就是要證明這說法之無根據。

即以這問題牽涉之廣泛，也可以令人揣想這後面亦必掀動了長期歷史上和組織制度上的原因，這種種原因透過政治、經濟、法律、思想和社會諸部門，才使中日兩國之間，發生絕大的力量上的不平衡，因之鼓勵強者以他們優勢組織的權威凌駕於弱者頭上。

從經濟的立場上講，這弱者的組織為一種農業的組織，通常其間人與人的關係為單元，亦即你我之間的交往，與他人無涉。強者的組織為一種商業上的組織，人與人間之來往為多元。因為這種組織一切以金錢為行動的媒介，此處的收支進出，直接間接的影響到彼方的收縮盈虧。也有些人稱前者為「封建」，後者為「資本主義」，只是這些字眼含糊，缺乏確切而公認的定義，容易被人濫用。[9]

然則說它是資本主義也好，說它是現代經濟制度也好，這種新型的組織與制度建立於以下的三個原則：一、資金活用，剩餘的資本必須通過私人借款的方式才能此來彼往，因之得廣泛的流通。二、產業所有人又以聘請方式雇用經理，因之企業擴大，超過本人耳目足以監視的程度。三、技能上支持的因素如交通、通訊、律師等共同使用，這商業活動的範圍，才能超過每個企業自己力所能及的界限。從技術的角度上講，在這程序中混入公眾的資本和國家資本則可使其重點趨向於社會主義，如果堅持私人資本的獨斷則為資本主義，這以上三個基本條件並不會變更。其中的差別也是相對的，而非絕對的。

日本在明治維新之後，顯然的已具有資本主義的體制，也在當日各強國控制殖民地以便獨霸各處資源與市場的一般趨勢下與西方資本主義國家衝突。同時一九三〇年間，日本之資本主義之沒有出路，則有北一輝等倡導國家社會主義的波瀾，這些情節，已不是本文重點所在。我們從抗戰前後的形勢看來，日本採取新型的商業組織，其內部財產的所有權（ownership）和雇傭（employment）互相結合構成一個多元的組織，有如一個龐大的羅網，公私利益也無不籠括，因此越做越大，這也就使中國難與之匹敵，其物質上的條件如冶金業即可製造兵器，造船業即可供應船艦不說，其間還有一個人事組織上的優勢：此即其社會的低層機構（infrastructure）中各因素能互相接替交換（interchangeable）。因之指揮一個軍事組織，也與經營一個大公司和管理一個大工廠原則相似。其下屬將佐士兵的職責，也與平時日常生活的權利義務互為印證。在兩種組織中，各人都知道他們一有差錯，必波及全體，其責任也顯然。簡而言之，這樣的結構就是可以「在數目字上管理」。

中國人處於劣勢，也不是所謂道德不良，人心不古，而是一個現代化的國家和一種現代化的軍隊，其中凡事都有牽一髮而動全身之感，而神州大陸的民間，卻沒有一個類似的組織，為之配對，而給予支助。

中國的政治制度，在世界可算獨一無二。中國因防洪救災及對付西北方的游牧民族等等事實上的需要，在西元之前紙張尚未發明的時候，即構成一個統一的大帝國；其組織的原則，不是由下端根據各地特殊情形造成一個符合實情的低層機構，而是用《周禮》式的「間架性設計」（schematic design）做主宰。這也就是說，先設計構成一個理想的數學公式，注

9 資本主義這名詞最初以現代方式使用者，似為法國社會主義者蒲蘭（Louis Blanc），馬克思即從未使用。見Fernand Braudel, *Civilization and Capitalism, 15th-18th Century*, III, *Wheels of Commerce*, Sian Reynolds trans.（NY: Harper & Row, 1982）, pp. 237-238. 又英國歷史家克拉克爵士，則稱資本主義即係現代經濟制度。見George N. Clark, *The Seventeenth Century*, 2nd ed.（NY: Oxford University Press）, p. 11.

重其中的對稱均衡，而用之向億萬軍民及犬牙相錯的疆域上籠罩著去，其行不通的地方，就讓之打折扣，只要不整個推翻其設計，下層不著實的地方，都可以將就。比如古代的井田制度，周朝之所謂「王畿千里」，北魏至隋唐之均田，甚至宋朝王安石之「新法」，近代之保甲制度，大都採用這「金字塔倒砌」的原則[10]，也就是頭重腳輕。

在這種傳統之下，中國政府的重要統計數字，始終無法核實，中國官員也沒有產生對數目字絕對負責的習慣。他們對財政稅收的經理的態度尚如是，當然也沒有釐定商業法律、判斷私人財產權的才幹與興致。因之中國農村形成無數自給自足的小單位。縱有全國性的商業，也只能算為一種有特殊性的事業，既無縱深，也缺乏各種事業間的聯繫。以上所述構成現代商業組織的三個條件，只有前二個即資金流通、經理雇用可以在親戚家人之間極有限制的施用，第三個條件，服務性質的設備共同使用，則始終談不上。因此中國的私人資本無法像歐美日本那樣的增積。

明代之後中國原始的農村性格較前更為顯明，內向（introvertive）及非競爭性（non-competitive）的風格使突破環境的機會更為渺茫，經濟的發展注重全面扁平而輕於質量。政府的職責注重保持社會秩序，其稅收幅度狹小，也只能維持舊式衙門的開銷。而且法律仍然不能展開，所以其管制的憑藉全靠舊式的刑法。但是刑法的判斷，又著重「尊卑、男女、長幼」的序次，以「五服」為裁判輕重的標準，也就是政府以它的力量，支持民間的「家屬威權」（patriarchial authority），以便減輕自己的工作分量。並且以這種社會價值（social value）作行政的基礎，毋須注重各地其他不同的習慣以及經濟的消長。如此官僚集團保持其內部的簡單劃一，接近於理想的淳樸雷同。文官的考試及訓練，也不出乎這些基本的原則，所以八股文即可以作衡量行政能力的標準。[11]

這樣行政當然產生無數不盡不實之處，其下層原始的數字既包括很多虛枉的地方，每到嚴重的問題發生於上端，其責任無法徹底查究；所以只能靠專制皇權作主。皇帝的面目既為「天顏」，他的命令文為「聖旨」，則一經他的指畫，即不合理的地方亦為合理。又因此文官集團只注重他們相互所標榜之邏輯的完整，事實上的成敗好壞，倒可以視為次要。好在這國

10　這是一個相當複雜的歷史問題，迄今仍沒有一部完美的著作，將之從頭至尾徹底闡述。我的幾篇論文，也只掛一漏萬的提及，見〈中國歷史與西洋文化的匯合〉，以上見本書頁二六九注1。〈明〈太宗實錄〉中的年終統計〉，載 *Explorations in the History of Science and Technology*（上海古典，一九八二），pp. 115-130，又《明史研究通訊》第一期（臺北，一九八六）。我即將發表的 *China: A Macro-History*（M. E. Sharpe）也多次提及這種政治制度的設計。

11　雖說我的意思和若干專家的不盡相同，我自信以學術綜合性（inter-disciplinary）的方法讀史，使我的結論不致與現實發生很大的距離。我最近的兩篇論文為〈明代史和其他因素給我們的新認識〉，《食貨月刊》十五卷七、八期（一九八六），英譯載 *Chinese Studies in History*, Vol. 19, No. 4（一九八六）及〈中國近五百年歷史為一元論〉，宣讀於一九八六年臺北第二屆國際漢學會議。

家在內向及非競爭性的條件下繼續存在，只要不動搖其根本，各種馬虎參錯，也能掩飾遮蓋。此外以抽象的道德代替工作的效率，以儀禮算為實際的行政，都有兩千年以上的歷史作根據。

清朝繼承明朝的體制，雖說在某些方面在行動上已有改進，但是根髓未除。例如道光帝之責備林則徐，慈禧太后之誅殺許景澄，都談不上公平合理，仍是傳統政治的作風。我們也無法以他們個人的賢愚好壞作結論，因為這些行動，已是組織制度下的產物。只是鴉片戰爭之後，這樣的組織制度已無法繼續存在。

並且我們從長期間遠距離的立場觀測，歷史的展開，也並不是沒有層次和程序。道光和耆英，雖戰敗仍自高自大，不思改革，固然可以斥之為反應遲緩，可是以兩方體制作風之懸殊，也牽涉到思想和信仰，並且中國一改革就只能整個解體，一切重來，當初的遲疑，也並不是全無邏輯。一八六〇年間，同治中興號為「自強」，主張中學為體，西學為用；仍以為西方的科學技術，可以在中國的社會風氣裡培養，今日看來絕無成功的希望。可是當時也非經過一度實驗，不能遽爾的先作結論。又直到甲午中日戰爭被日本擊敗之後才想到變法圖強。即到這時候康梁的規劃，仍帶著一種機會主義的心眼，指望寫好一紙憲法，編列一種預算，全國即會恪然景從。殊不知一種法律之行得通，全靠社會的強迫性（social compulsion）作主，也就是其中條款，不是公平（equitable），就是合法（legal），已經有了過去的成例，因此十之八九的情形人民已準備照此條款行事，即有政府的干預，也不過鞭策領導其一二。要是立法與社會情況全部相違，甚至立法的人和預期守法的人沒有共通的習慣與語言，高層機構還沒有摸清低層機構的形態，就輕率的希望一紙文書，立刻可以命令一個走獸化為飛禽，那也就是不著實際了。戊戌變法時，其維新志士已有這樣的心理狀態。但是另一方面，從完全不改革到造船制械的改革，更進而為重組政府準備立憲的改革，則是一種梯度式的前進。以後推翻專制，建立民國，也還是這梯度式進展的延長。

從這些事實的層次，我們也可以瞭解歷史的長期上的合理性（long term rationality of history）；一個古老的帝國，要變成現代的國家，必須組織成為一種運動，透過政治、經濟、法律、思想和社會諸部門，使全國人民一體捲入，才有改革的希望。鴉片戰爭開始於一八四〇年，南京條約訂於一八四二年，到民國肇造的一九一二年，前後七十年，還只推翻了一個防制改革的政治障礙。其工程浩大，費日持久，也非一個人或幾十個人愚頑不肖之故；我在國軍當軍官學生及下級軍官的時候，看到農村裡各種組織制度的痕跡，無非「王氏家祠」、「李氏家祠」、「松柏惟貞」的節婦牌坊和過去人物的「神道碑」。前清中試的秀才舉人，則在門前和祠堂前懸掛「舉人及第」和「文魁」的牌匾。這些組織與統治的工具，無一可以改造利用。（可是「文化大革命」的主持人要銷毀這些文物卻又是沒有勇氣面對歷史。）南京、北京和廣州的政府，縱是通電全國的時候把自己的立場說得無懈可擊，仍沒有透進至農村的低層機構裡去；嚴格言之，它們也仍是社會上的游體（foreign body）。

如此我們在背景上的分析，已接近本文開始的一段敘述。我們不怕文辭粗俗的話，就可以說傳統中國是一隻「潛水艇夾肉麵包」（submarine sandwich），上面是一塊長麵包，大而無當，這就是當日的文官集團，雖然其成員出自社會各階層，這集團的組成卻不依任何經濟原則，而係根據科舉制度與八股文。下面也是一塊長麵包，此即是全國農民，只要他們不為饑寒所迫鋌而走險，執政的人難能想到他們的出路與志趣。這種組織最大的弱點，則是缺乏「結構之緊湊」（structural firmness），是以無從產生「功效上轉變的能力」（functional maneuverability），並且一九〇五年中國停止科舉制，則上層機構與下層機構脫節。民國初年的軍閥割據，也就是意料中事，因為舊的已經推翻，新的尚未出現，過渡期間只有私人軍事的力量，才可以暫時保持局面，而此種私人軍事力量，限於交通通訊的條件，又難能在兩三個省區以上的地方收效，而地區外的競爭，尚釀成混戰局面。

如果我們的目的不是發揚個人的情緒，而是冷靜的分析蔣介石的歷史地位，則我想不出任何理由，可以把以上的背景擱置不談。

今日我們研究這一段歷史，逢到一段絕大的困難，則是沒有過去的事例，可以與這連亙一個多世紀的改革作為借鏡比較。我最近幾年研究一個國家由農業的組織轉變為商業組織以至全國能以數目字管理的情形，則發覺其中沿革每個國家的不同，並且一般都極困難，改革的時候也都曠日持久。我們輕率的以為它容易，則是被日本及美國的特殊情形所誤解。

日本為一個海洋性的國家，境內物資的交換，通常大量的用水運，足以避免陸運的困難，因此商業發展容易，也能避免各地方政權的留難。並且各大名占據一方，帶有競爭性，而江戶時代又承平日久，他們的競爭性也漸向經濟方面發展。諸藩在大城市設有藏元（財政經理），批發事業則有「問屋」，定期船舶則為「回船」，又經營保險。十八世紀田沼意次為幕府主政時，更全力實施商業政策，如利用江戶大阪的商人資本拓地、獎勵生產、提高對華輸出、經營礦產、幕府掌握專利的事業、以通貨貶值刺激交易等等，所以明治維新前一百多年，日本的商業組織，已經有了粗胚胎的結構，不期而然的與世界潮流符合，維新只是政治法制系統的改組，不像中國所需要的是一個牽動全民的革命。[12]

美國在獨立戰爭前，早已利用英國的法制，使農業的組織與工商業的結構交流，又在一

12 關於田沼意次財政經理的情形見John W. Hall, *Tanuma Okitsugu, 1719-1788, Forerunner of Modern Japan* (Cambridge, Mass. Harvard University Press, 1955). 我對於其他幾個國家轉變過程的分析，歸納於〈西方資本主義的興起——一個重點上的綜合〉，載《知識分子》一九八六年夏季號，此文又以〈我對「資本主義」的認識〉為題載於《食貨月刊》十六卷一、二期（一九八六）。英譯載*Chinese Studies in History*, Vol. 20, No. 1, pp. 3-50.

個空曠的地區上長期成長擴大，即遲至一八六二年，還能因「自耕農屋地法案」（homestead act）讓一般人民以極低廉的價格購買公地一百六十英畝（近於中國千畝），然則雖有此優厚的條件，過去仍有佘士叛變（Shays' Rebellion）、威士吉叛變、各州否決聯邦立法（nullification）及四年內戰等事蹟，此外，迄至近世，也還因銀行的立法、貨幣政策、反托拉斯、跨州商業（interstate commerce）及社會福利等問題，發生無數糾紛。可見得一種體制，牽涉億萬軍民，要使農業也能透過工商業的法制，以致全國都能在「數目字上管理」，並不是一件簡單容易的事。

溯本歸源，則此種組織與制度，即使泛稱之為資本主義，也不僅只是一種剝削勞工的工具，它的技術因素，經過歷史上長期發展的程序。首之以義大利各自由城市為先驅，而以威尼斯為其中翹楚，此城市因為避免日耳曼民族侵入義大利半島的掠殺而組成，全城在一個海沼之中，在十五世紀之前，與大陸的農業生產無關宏旨，島中鹹水，也不便製造，於是盡力經商。因此它的國家就是一座城市，整個城市，也等於一個大公司，商船隊與海軍，缺乏基本的差別，民法與商法，也無隔閡。因此才將以上所述組織現代經濟制度的三個原則發揚到最高限度。但是威尼斯能因此而做地中海的海上霸王，基於歷史上及地理上特殊的背景，也非旁人可以仿效。它之能不待整備可以立即在數目字上管理則是由於結構簡單純一。可是沒有堅強的生產基礎，到底不能持久。

到了十六世紀之末及十七世紀之初，荷蘭民國開始執西歐經濟事業之牛耳。阿姆斯特丹銀行成為國際貨幣中心，很多國家商船的保險業也為荷蘭操縱。原來荷蘭處於北海之濱，當初不足為人重視，過去也沒有組成獨立國家的經驗，只是封建割據的力量較其他地區為淺，各村鎮的自治，早有端倪。十六世紀西班牙的統治者企望在此地區推行中央集權的管制，又以反宗教革命的宗旨屠殺新教徒，才引起荷民全面反抗，戰事曠日持久，各處的顛簸破壞也大。荷蘭宣布獨立為一五八一年，是為中國的萬曆九年，到一六四八年三十年戰爭結束，其獨立的地位才被各國承認，事在清朝順治年間，前後六十八年，也只是因為長期兵燹，原來貴族的產業蕩然無存，才能引起市民政治的抬頭。並且這新國家即便採取資本主義的體制，也不能立即以商業性的民法通行全國。只是荷蘭省（Holland）為聯邦七省之一，卻有全國三分之二的人口（有些專家則說只稍在一半以上），又供應聯邦經費四分之三，才能出面推行聯邦制，即獨立後當日的旅遊者仍發覺荷蘭民國內部仍是千頭萬緒，並沒有整齊劃一的徵象。

我們一般的觀感，新教的卡爾文派（Calvinists），以他們的「定命論」（predestination）作為荷蘭新國家的意識形態，有促進統一的功效，其實這時候定命論就被當日的政客和學者，作各種不同的解釋，以支持他們刻下不同的眼光。只有執政者莫黎斯王子（Maurice of Nassau）不為所動，他對人說：「我也不知定命論是藍是綠。」只有這種不為抽象的觀念所左右的精神，才能實事求是，先造成一個新國家的門面，才能在長時間解決內部的問題。好在荷蘭利於水運，農業也重畜牧而不重穀物的生產，這些條件都與商業形態接近，其內部的參差不齊，即不致釀成僵局。

繼荷蘭為歐洲資本主義之領導者則為英國。英國合蘇格蘭及北愛爾蘭只有中國的面積約四十分之一。在十七世紀它的人口從四百萬增長為六百萬，尤其微少。可是就當日歐洲的局面講，大於荷蘭五六倍，仍是泱泱大國。它的農業基礎堅固，但是產品卻以羊毛為大宗，經常占全國輸出四分之三以上。在新時代環境之下，航海業增進，西半球的金銀輸入於歐洲，引起物價普遍的上漲，宗教革命的影響又波及各處，種種情形都給英國造成一種極不安定的局面。

十七世紀的英國，經過英王與議會的衝突、發生內戰弒君、在克倫威爾領導下的民國、復辟和第二次革命的等等事蹟，當中又有因信仰問題的衝突與秘密外交的黑幕。自一六〇六年貝特（John Bate）因英王不經過議會立法自行抽取關稅認為與成例不合向法庭提出訴訟，不經意的展開了以後的各種變亂，到一六八九年的光榮革命（Glorious Revolution）成功，才算使各種紛爭告一段落，中間經過八十三年。其中詳情最有供二十世紀的中國借鏡之處，只是今日研究英國史的專家經常尚在細端爭執之餘，也沒有顧及到這樣一個用途。

我們看清了中國在二十世紀的尷尬情形，則覺得概而言之，這情形不難綜合作結論，認為英國經過十七世紀的奮鬥之後，走上了資本主義的道路，並不算錯；因為光榮革命之後不久，英倫銀行成立，其股東成為了英國政府的債權人，茲後持政的「輝格黨」（Whigs）又代表大地主及商業資本的利益。不過光榮革命之成為一種運動，又仍支持了憲法至上（constitutional supremacy）及公民權利（bill of rights）等原則，也不盡是「資本主義」這一名詞所能概括。

一個比較合於實際情形的解釋，則是英國在十七世紀全部國家政治、經濟、法律、宗教等等情形，都已趕不上時代。總而言之，則是這個國家不能在數目字上管理，所以要整個改組，經過幾十年動亂之後，其內部才開始規律化。其下層機構中，地產已有相當的整頓。英國土地所有制，向來根據封建（feudal system）的習慣，只注重使用權（seizin），對所有權卻無成法管制，穡夫（serf，在英國通稱villein，譯為「農奴」極不妥當，今後音譯為「穡夫」）對業主應盡義務，各地千差萬別，而且過去土地已有頂當買賣情事，更在合法與非合法之間。十七世紀初期最棘手的問題，則是穡夫的身分，他們也不能概稱之為佃農，也難能算作擔有特殊義務的業主，況且地產又零割分配使用。這時候迫於需要，英王要向全部國民抽稅，也就把很多不合理的事情，攤派在自己頭上來了。於是經過內戰，圓頭黨和保王黨以沒收、拍賣、贖還、勒退等手段加於各處地產，彼此都用武力，當然談不上公平（這也是今日治英國史者論辯的一個重點）。但是大亂之後，局勢有了相當的澄清。一六六〇年後零星的地產逐漸歸併，所有權已能固定，東佃關係，也較前明顯。所以在技術的角度上講，土地的所有已經明朗化，有一六九二年徵收全國土地稅的情形為證。

下層的組織既已較前合理化，也就用不著專制王權獨斷的裁決，像中國的官僚政治的辦法，以不合理勉強稱為合理了。於是高層機構也承認議會至上，司法獨立，英王失去了統治的力量，只作為象徵式的元首，以保持歷史的傳統。以後的兩黨政治（two-party system）、責任內閣制都在這些條件下產生。

可是新的高層機構和新的低層機構間，也是有新的聯繫。這一方面是政教分離的趨勢越為明顯，教堂不介涉民政之所致。另一個重要的發展，則是普通法（common law）的法庭，在一六八九年之前已開始容納公平法（equity）。普通法是農業社會的產物，凡事都依成例，以前沒有做的事統不能做。公平法是一種法律的原則，不講求合法（legal，凡合法則必依成例），只考究是否公平（equitable）。如此就給法律帶來了相當的彈性。一六八九年賀爾特（John Holt）為首席法官，他命令以後有關商人的案件，照商業習慣辦理。是以農業資本能與工商業對流，內地與濱海的距離縮短，全國的人力和資源構成一個龐大的經濟網。英國既能以數目字管理，則資金流通、經理雇用、服務共通的原則都能做到，所以一個人口六百萬的農業國家，也能和威尼斯人口十萬的商業城市國家一樣的牽一髮而動全身，在當日全屬創舉。只是英國能如此做，它的組織力量透過軍事政治的部門，成為一種壓力，也強迫其他國家都如此做。

即以法國為例，在她大革命的過程中，開始推行新的度量衡制，以全國的山河為基礎重劃齊整的省區，企圖以全國地產作保障，發行新幣，又頒行新曆，以後則更創造拿破崙法典，注重民法及商法，種種措施，無一不有以數目字管理的趨向。同時法國革命之前，政府與貴族僧侶重樓疊架的彼此牽制，資本主義無法在這情形下展開；革命以後局勢打開，資本主義的色彩才漸見明顯。然則我們要說法國大革命旨在推行資本主義，則不免把資本主義看得過大，而把法國大革命形容得過小了。倒不如看清其中最重要的一個因素，則是在技術上講，革命成功之後下層機構裡的各部門能互相交換。

為什麼我一篇寫蔣介石的文章牽涉得這麼多，既提到個人經驗，又是古今中外？我也自知其夾雜與囉嗦，但是在我替自身辯護之前，讓我再節錄一位對蔣做過極端苛刻的批評的人物：白修德（Theodore H. White）有下面一段關於蔣在重慶的記述：

有一次新聞局的局長穿著長袍去謁見他。蔣告訴他，他年紀尚輕，不應著舊式長袍，而應著西裝。蔣決定誰可以去美國，誰不應當去。他決定政府公辦的新聞學院的研究生誰可以留美。國立中央大學的學生抗議伙食不好，蔣委員長親自到該大學食堂去吃一餐飯，他結論是飯菜並不差。[13]

這段文字的要旨也是夾雜與囉嗦。但是要是這些零星雜碎的行徑就是蔣委員長的個性，誰又會推戴他作為中國的領導者，去完成抗戰大業？要是他是這樣的缺乏選擇重點的能力，在西安事變發生時，為什麼周恩來不設法消除他，而偏要主張立即釋放，使他能夠主持全國一致局面？可見得有時在歷史重要題材之下，縱是記述得百分之百的確實，也仍可能脫離其發展的重點。然則寫歷史的人也和寫傳記的人一樣，最初又不能不以瑣聞軼事作為立說的根據，所以本文在提出結論之前，有下面三段的敘述：

一、蔣介石的行為，包括了很多看來離奇，也好像自相矛盾的地方，我自己的經驗也和旁的人一樣，單從這些聽到的和看到的事蹟分析，寫不成真實的傳記和歷史，一定要使這些資料為長距離寬視界的背景所陪襯，我們才能體會到這些事情的真實意義。

二、很顯然的，傳統中國的社會與政治，以間架性的設計組成，理想高尚，技術低劣（所以五四運動要打倒的不是孔子，而是「孔家店」），無法局部改造，以適合新環境。可是一個國家包括億萬軍民，即在中國革命最高潮時，全國農民還用一千多年前的農具拖泥帶水的耕田，學齡兒童還用毛邊紙一字一畫的習字，所以無法要這國家放棄它衣食住行的各種因素，立即脫胎換骨。

三、中國的長期革命大半由於西洋及日本的壓迫和刺激而產生，我們研究其出路，也要先從西洋與日本的經驗比較。這些國家的一般趨勢，即以農業方式的組織，改造而為商業方式的組織，才促使內部諸種因素都能互相交換（interchangeable），以便在數目字上管理。英國的十七世紀雖和中國的二十世紀有風馬牛不相及之處，其長期動亂之後，產生了一個新的高層機構，一個新的低層機構，和一套新的法制，作為兩者間之聯繫。就技術的觀點（不是意識形態的觀點）言，它的規模和程序，最能給中國借鏡。

本文的重點，則是蔣介石以他自己一自挺當，承受了舊中國舊社會的各種因素，替中國創造了一個新的高層機構。他在臺灣的成就，尚不在以上敘述之內。

這種新的高層機構，還沒有完全組織妥當，並且在一九二七年在南京成立以來，還沒有享受過一年和平無事的日子，就在十年之後，擔荷了抗戰大業的重負，當然沒有力量改組低層機構。我們也可以說國民政府在大陸上二十年的歷史，無非即是抵抗內外企圖分裂和破壞這粗胚胎高層機構的一種紀錄。

我在軍校畢業之後，於一九四一年派在十四師當排長，軍隊駐在雲南的馬關縣，防制進

---

13 White and Annalee Jacoby, *Thunder out of China* (NY: Wm. Sloane Associates, 1946), p. 127.

占越南的日軍北侵。我們從縣之西境，徒步走到縣之東端，看不到一條公路、一輛腳踏車、一具民用電話、一個醫療所、一張報紙，甚至一張廣告牌。因為哀牢山的村民，一片赤貧，農村就是無數自給自足的小圓圈，村民能夠以玉蜀黍買布換鹽足矣，不僅現代商業沒有在此處生根，即二十世紀的各種人文因素也統統都不存在。

第十四師原來是國軍的精銳，在淞滬之役、江西陽新之役和粵北翁源之役都建過戰功。可是這時抗戰已入後期，軍隊成年整月沒有適當的補充供應，又自脫離鐵道線之後，經常越省行軍，所有裝備全賴士兵手提肩挑，況且廣西雲南很多地方，一遇雨季，道路即是一個泥坑，軍隊人員營養不良，又沒有適當的醫藥設備，在逃亡、病死相繼的情形之下，兵數不及原編額之半。

一九四一年重慶的軍政部指令，由湖南的一個「師管區」撥補壯丁若干名，作為十四師的補充兵。其實國民政府的兵役法，在抗戰一年之前以一紙文書公布，所謂師管區和團管區，大部都是筆墨文章，各種後勤機關也都付諸闕如。只好由我們師裡組織「接兵隊」徒步行軍到廣西搭乘火車到湖南，將槍兵分散，在村裡和保長甲長接頭，再按戶搜索，時人謂之「捉壯丁」，與唐詩所敘「暮投石壕村，有吏夜捉人」，雖前後一千多年，情形大致相似。

蔣廷黻曾和費正清（John K. Fairbank）說，國民政府時代，知識分子外向，對西洋各國的情形瞭解得很清楚，對中國農村內地的情形，倒是糊裡糊塗。[14]今日事後想來，現在雖有蕭公權、楊慶堃、Martin C. Yang、Sidney Gamble、Doak Barnett諸人的著作，我們也仍可以用魯迅的短篇小說解釋，傳統的低層組織，著重「尊卑男女長幼」，衙門主要的任務，則是保障地方社會的安寧。民國肇造以來，又經過四分之一世紀的上下脫節，則一九三六年所頒布的兵役法，也就是要一千多年以前的組織，擔帶現代社會的任務。兵役法的「公平合理」，都是根據理想上的全民平等，各單位都能互相交換的原則推斷而假設其存在。不僅是金字塔倒砌，而且付於實施，也只能從已經被遺棄達四分之一世紀的社會著手。即算這時候的社會秩序，還依傳統根據尊卑男女長幼的原則造成，那誰有能力反抗鄉村的保長甲長？他們縱不自己就是一鄉的地主和債權人，至少也與他們混溷一氣。這時候我們又何能期望年輕的佺輩佃農和負債的及目不識丁的貧農指摘他們的領導人或他們的叔祖債主為違法或對法律的使用上下其手？如此只能像傳統社會一樣，真理總是由上至下。徵兵納稅也全靠由上至下加壓力。實際被攤派義務的人，也是最無能力推排這壓力的人。這情形只有每下愈況，以致以中國這樣一個人口眾多的國家，反抽不出兵來。（一九八六年年底，我在臺北第二屆國際漢學會議主張儘量將這些資料提出，因為這些情節並不是國民黨的真實性格。我們越把這些傳統的弱點隱匿，歷史的發展，越被解釋得黑白顛倒。）

14　Fairbank, *Chinabound: A Fifty-Year Memoir* (NY: Harper & Row, 1982), p. 88.

十四師接兵隊「接收新兵」的經驗，則是捉來的壯丁，禁閉在一座廟宇之內，待積得總數，再行軍去雲南。所被拘捕頂數的壯丁，不是已經接受頂替的費用，事前就打算逃亡的投機分子，就是不知抗拒、無人頂替的白痴。而且捉過又逃，逃過又捉，連原來派去的槍兵，也有逃亡情事。且冒雨季行軍至雲南，路上又無醫療食宿的接應。師管區說它已撥補十四師壯丁二千五百名，也無人能說實際有若干名。只是除了逃亡、病倒、拖死、買放之外，到師部不及五百名，而且大部係痹瘻殘疾，不堪教練。

我們做下級軍官的人，與士兵一同居處，在戰時已經難能忍受的生活程度下更再降級一二層，又經常與痢疾和瘧疾結不解緣，腳上的皮膚，一被所穿的草鞋上的鞋帶擦破，在淫雨和泥濘之中，兩三日即流膿汁，幾星期不得痊癒。這些苦狀都不必說，而更難於忍受的，則是精神的苦悶。當日我們既無報紙，除了師部之外，也無無線電機，即有郵政也一月難得一封家書。而我們和士兵之間，則有語言的隔閡。多年之後，我讀到明朝以諍諫著名的南京右都御史海瑞的文字，才知道連這種情形，也有前例：海瑞一方面為國為民，可是這種為他愛護的人民，是一種抽象的和集體的對象；另一方面他筆下提名道姓的人民，有血有肉，要不是渾渾噩噩，則是狡詐凶狠，毫無可愛之處。總而言之，我們雖是今日的知識分子，也等於昔日的士大夫，口裡說為國為民，其為潛水艇夾肉麵包的上層機構，並沒有對下面這一塊長麵包直接交往，發生魚水相逢的機緣，因為兩者之間心理上和教育上的距離，已經在好幾個世紀之上。倘非如此，也不會被日本人追奔逐北，殺進堂奧，除了等候美國援助之外，無法取得主動。

我在學歷史的時候，也讀過中外學者不少的文字，責備國民黨和蔣介石忽視改造中國的農村，可以以英國學者Barbara Jackson為代表。當時我還半信半疑，現在看來，則知道這些批評者，也如蔣廷黻之所說，自己就應當先將中國內地的情形看得夠清楚，才根據海外的標準判斷。這中間的一段奧妙，則是因為傳統社會組織和結構的背景，二十世紀的新高層機構和低層機構無法同時製造。不僅經濟上的條件不容許，即以人事關係而論，它們最初的組織一定要從相反的原則著手。這也無意之中，表示中國之內戰無可避免。要不然何以早在一九二七年毛澤東就承認反對他的人稱他的組織農民為「痞子運動」，卻又堅持所謂痞子，實係「革命先鋒」[15]？韓丁（William Hinton）以聯合國工作人員的身分，看到一九四六年以後山西土地改革的情形，他著的書號為《翻身》，對中共極端的同情。[16]書中就指出中共在潞城一個村莊裡的組織，起先發動於身患梅毒、吸白麵、帶有土匪性質的流氓。他們進入村莊之內，鼓動村民造反。起先無非以威迫利誘的方式，弄得多數的農民個個下水，當時「打土豪

15 《毛澤東選集》卷一，頁一八。

16 Hinton, *Fanshen: A Documentary of Revolution in A Chinese Village* (NY: Random House, 1966).

分財產」的辦法，甚至弄得有些共產黨員也為之心寒。然則這還不過是一種初步的程序。今日我們平心而論，這種程序，也就是宣告過去人類的文化，統統都不存在，既無尊卑男女長幼，也無所謂合理合法。人與人間的關係全部解散，每個人都是原始的動物，也近於盧騷（Rousseau）和霍布斯（Hobbes）所想像的初民狀態，每個人都以堅持自己的生存權利為唯一要旨，所以有無數凶狠鬥爭的姿態，也只有被社會遺棄的人才能出面領導，可是一到這村莊已被掌握，內外威脅消除，有適當教育的中共人士才整批進入。痞子也好，革命先鋒也好，他們的作為又全部被檢舉。再度分田時，也不計較過去功罪，而確實講究合理合法。當初鼓勵農民為原始的動物，這時才重新教導他們為善合群，如此才造成一個可以在數目字上管理的局面，所以以後成立人民公社、最近的承包制就輕而易舉。這樣的事能夠做得通，也表示中國的舊社會已至山窮水盡。但是縱使蔣介石有此眼光，或者國民黨有此能力對中國農村社會的小圓圈依樣開刀，這程序對他們說來，也不可想像，因為其邏輯就與他們的立場完全相反。

論文寫到這裡，我也可以照很多人的辦法，以道德的名義作結束。好在罵國民黨也好，罵共產黨也好，總不怕沒有資料。同時也可以站在當中的立場兩邊都罵。在技術上講，我的文章已經和這立場的距離不遠。

但是盲目的恭維不是可靠的歷史，謾罵尤非歷史。以道德的名義寫歷史有一個很大的毛病：道德是人類最高的價值，陰陽的總和，一經提出，即無商量折衷的餘地，或貶或褒，故事即只好在此結束。間接也就認為億萬生靈的出處，好多國家的命運都由一個人或少數人的賢愚不肖決定之，與其他的因素都無關係，而只有破口謾罵的人看得明白。

我們也可以反躬自問：中國一九八〇年代與中國一九二〇年代比較，其中顯然的已有一個很大的區別。當初軍閥割據，數字全無法查考，有如傳說中的張宗昌，一不知手下竟有多少兵，二不知各處有多少房姨太太，三不知銀行裡有多少存款。今日中國組織上縱有不合理的地方，很多數目字已經能提出檢討。例如有史以來第一次符合現代標準的人口統計已經舉行，人民解放軍裁軍百萬，也能如期完成。這和以前的差別究竟在什麼地方？難道這今昔之不同，則是一人一時一事運轉乾坤之所致？歷史是一種永久的紀錄，我們希望千百年後這種紀錄還有用場，不應當為現下政策和個人好惡所蒙蔽，也不應當為士大夫階級的眼光所壟斷。況且歷史是連亙不斷的，其意義不一定是當事人所能全部領略。我過去常感遺憾：我服務於十四師的時候，徒然在雨季於一個煙瘴區待了幾個月，於國事無補，自己則弄得父親於日軍三犯湘北時病危，不能前往訣別。可是今日想來，我們的受罪並沒有白費。如果當日沒有我們在滇南駐防，不僅日軍可以北犯取昆明，至少雲南也還會被龍雲和他的繼承人所盤踞；倘使全國的情形如此，則一九四九年，這省區還不能為北京所掌握。

這樣看來，蔣介石和國民黨奠定了新中國的一個高層機構，已有歷史的事蹟作明證。蔣以「忍辱負重」和「埋頭苦幹」的辦法，將原始的及不能和衷共濟的因素，結成一個現代型的軍事政治組織，雖然內中有千百種毛病與缺陷，這種組織也能為各國承認。他主持的對日戰事，也就分明的指出以初期的犧牲吸引世界的注意，使其他國家無法袖手旁觀，終拖成一個大規模的國際戰事，在這種情形之下，取得最後的勝利。毛澤東和中共，則造成一個新的低層機構。內戰期間，他們也就以蔣和國民政府作為對外的遮蓋，同時他們自己也不沾染城市文化，甚至除無線電機及油印報紙之外，沒有高層機構的痕跡，如此才能在鄉村中有一段徹底的整頓。如果內戰是中國全面徹底改造的過程中第一階段和第二階段的分野，則「文化大革命」為第二階段與第三階段的分野。顯然的，以後的XYZ領袖集團〔即鄧小平（Deng Xiaoping）、胡耀邦（Hu Yaobang）、趙紫陽（Zhao Ziyang），再加入李先念（Li Xiannian）、陳雲（Chen Yun）、彭真（Peng Zhen）〕的工作，則是在高層機構及低層機構中賦予法制性的聯繫（institutional links）。所謂經濟改革的目的，不僅旨在提高人民的生活程度，而且在這種經濟活動之中，創造規律，才能構成體制。

在以中國特殊的情況為前提，構成一種可以在數目字上管理的目標之下，一定要考究這種體制帶有多少資本主義的色彩，是否夠得上稱為社會主義，或者是否與共產主義衝突，在我們看來這些問題大都已屬於摩登學究的領域，與實際情形已無具體的關係。因為：第一，以上所述「主義」多係一種抽象的觀念，可以在革命過程中作為一種意識形態；不能在實際建設的時期倚為藍圖。第二，強調這些「主義」的人，好像全部問題都已在他們掌握之中，要它向左即可向左，要它向右即可向右。也就是沒有放棄前述「周禮式的設計」，以為一紙憲法，即可以令走獸化為飛禽；亦即是金字塔倒砌，沒有顧及低層機構牽涉億萬軍民，高層機構又要與外間聯繫時各種組織與協定的困難。過去六十年的經驗，則顯示中國從二〇年代進步到八〇年代，並不是有很多可以選擇的路線左右逢源，而是遭到內外絕大的壓力，並柳暗花明之中突然開豁的發現生機。很多盲人瞎馬的浪漫主義，都在革命高潮中淘汰。最後牽涉大量人民的群眾運動，與中國的歷史與地理不可分離，其道路則是一條羊腸小徑，也多曲折支離。只能在不斷探索之中不斷的展開。所以我們事後研究，還要用相當的功夫，才能查看得明白。

即算今日一個國家的去向不能完全沒有主宰，我們也仍可以看清：今日中國的建設是無中生有，縱有民族資本和國家資本作臺柱，仍不能由官僚一手包辦，在資金活用、經理雇聘、服務共通的條件下，必須民間作第二線第三線的支持，同時也要在對外貿易之陪襯下完成。這些客觀條件即不容我們視所謂資本主義為畏途。反過來說，歐洲資本主義形成時，以「市民特權」（municipal franchise）作基礎，直到經濟發展到相當的程度，才逐漸將「公民自由權」（civil liberty）賦予全民。中國則在無線電、計算機、航空交通的時代裡完成革命，並且捲入漩渦付出最大的代價則為農民，而至今農民民智未開，也只能集團的領導，況且中國又不能像先進資本主義的國家一樣向外開拓殖民地，將問題「外界化」，諸如此類條件，技術上就使中國今後的趨向，無法全部抄襲西歐和日本，所以今後發展必帶著濃厚的集體性，也必有社會主義的性格；在這種不能過左也不能過右的場合之下，如果朝野人士對一時一事作政策上和具體上的爭辯，還講得通，要是劈頭劈腦，猶在整個輪廓上以主義為名，堅持我們個人理想上空中樓閣之整齊完美，則為不智。

第三，在此題目上論辯的人已經有了歷史眼光，但是仍沒有把自己的立場看清楚，也就是引用歷史尚未入時。中國為亞洲大陸國家，要將內中腹地也照商業性的方法組織，技術上遇有困難，因此才有這連亙一個多世紀的革命，也有中共領導下的土地改革，因此喪生的人數據估計達三五百萬不算過多。（韓丁的敘述，一個村莊內即有十幾人。）但是到底歷史也有它的選擇性和經濟的原則。（亦即是不絕對需要犧牲的時候，不會有人願意犧牲。）今日香港也可以說是在資本主義形態之下，也能在數目字上管理，就不能勉強的要它向經濟落伍的地區看齊，況且它的財富，差不多全是地產，以這些摩天樓和寫字間作保障，造成商業信用，這港口的城市才能高度符合到資金流通、經理雇聘和服務共通的條件，成為一個國際貿易的中心。即是人民共和國在一九六〇年間左傾至最高潮時，仍倚賴香港為進出口貨物的門戶。中國準備在十年內外收回香港，在這時候國內人士還不虛心研究兩種體制如何可以協助合作，外交立場如何可以保全完整，秘密結社的地下活動如何可以防止，團結的力量如何可以從文化上及歷史上的共通之處培植，偏要爭辯虛有名目的社會體制，也可以說是不智之甚。也等於一個疲憊至極的人，有人牽上一匹馬他還不騎，只因為馬的顏色，不是他心愛的色彩。

說到這裡，本論文也可以極簡單的附帶說及臺灣的情況，臺灣的條件，當然並非至美至善，但是在數目字管理的情形之下卻又較大陸為先進，即以其人口為例：迄今大部居於城市之中。（全島一千九百五十萬，臺北市則超過二百萬，為百分之十強。一九七九年全省城市中人口為百分之四十一點九，現今有人估計可能至百分之七十三。）可見得大部人民的生活依賴國際貿易與國際商業有關的工業。其中則有一個很緊湊的組織，才能使目下外匯存底超過六百億美元。如果這優厚的條件能動員為大陸建設的一種襄助，則為海峽兩岸人民之福。可是如果不加思索，即以「國家體制」的名目，先想去打擾這已見功效的組織，則又為不智之甚中之至尤。也就是沒有看清中國需要在數目字上管理的一個大問題的癥結。

我之所以說歷史之引用，尚未入時，則是今日之中國已經打開了一個多世紀的僵局，進入新時代，這規模之大，歷時之久，為世界歷史之所無。所以今人要引用歷史事例時，也只能抽取其中適用的若干原則，絕不能從頭到尾如法炮製。因為歷史上的現存事例，還沒有這樣一個龐大的輪廓可供抄襲。我所常舉出的一個例子，則是荷蘭民國成立時，採取聯邦制。聯邦海軍，由五個集團（colleges）拼成。遲至一七五二年阿姆斯特丹還有它獨立的郵政局。有一段時期，荷蘭省甚至倡言，它有獨立的外交主權，能和外國簽約[17]（也是在這種情形之下，莫黎斯王子稱定命論可藍可綠，與四百年後鄧小平所說捉鼠之貓可白可黑無異）。英國在光榮革命前後，所有改革，用立法和行政的程序少，而用司法裁判的多。也是避免以通令的形式，強迫一體照辦，而係針對真人實事，在法律的面前，按公平的原則斟酌取捨，然後集少成多，造成系統。現代商業的體制從這種實驗範圍之下構成。美國將最基本的觀念寫成成文憲法，而由司法覆審（judiciary review）時決定新法律是否能與之銜接。這些辦法，都可供中國參考。從威尼斯、荷蘭到英國的歷史看來，不論國之大小，一個國家開始以商業組織代替其農業組織時，無不對「國家體制」有了多少創造性的措施，甚至這「國家」的一個典型，也在長期中轉變。中國的情形當然無可例外。這樣的引用歷史，才不至於陷至被動的地位。

讓我再說一遍：這篇文字之夾雜囉嗦，則係因為題材廣泛，而且其中很多因素，還沒有澄清，更待歸納成為系統。可是我們若不怕它們的夾雜囉嗦，先將歷史前端現在的趨勢與動向看得清楚，則對其背景，也多一種認識，因之也對歷史更存信心。從這觀點看來，蔣介石的歷史地位是很鞏固的。其固定性由於中國八年抗戰的事蹟之不可磨滅。我們越把當日的困窘徹底提出，其情勢也越顯然。邱吉爾對蔣毫無好感，他的二次大戰回憶錄每提到蔣，總是一派輕蔑的態度，尤其不贊成羅斯福之支持中國。一九四四年他行文與外相艾登（Anthony

Eden），內中云：「把中國當作世界四強之一，這是一個絕對的笑話。」[18]當日也不能說他完全不對。只是曾幾何時，即物變境遷，遲早看來，蔣介石及中國之抗戰影響大英帝國顯著。邱吉爾和他過了時的世界觀對中國則關係至微。這一方面由於蔣介石造成了新中國的高層機構，使毛澤東、蔣經國和鄧小平都能各在不同的條件之下發揮其所長。反過來說，後人的繼續努力，也使前人的功績沒有白費。這也是我一再提及歷史上長期的合理性之旨趣的所在。

中國的革命好像一個長隧道，要一百零一年才可通過。在這隧道裡經往的人，縱活到九十九歲，也還不能陳述其全部路程。而只有今日路已走穿，則我們縱是常人也可以從前人的經歷，描寫其道路之曲折。如果我們採取這種觀念，則很多以前對蔣介石的作為無從解釋的地方，今日都可以找到適當的答案。

從各種跡象看來，蔣介石取得做中國領導人的地位，最先沒有自動的作此打算。和他接近的人提出，他遲至一九一九年，還在打算去歐美留學。[19]最近不久之前出版的一部黃埔軍

---

17 Herbert H. Rowen, *The Low Countries in Early Modern Times* (NY: Walker, 1972), pp. 191-197.

18 Winston S. Churchill, *The Second World War, VI, Triumph and Tragedy* (Boston: Houghton Mifflin Co., 1953), p. 701.

19 Tse-tsung Chow, *The May Fourth Movement* (Cambridge, Mass.: Harvard University Press, 1964), p. 343.

校紀念冊，在《黃埔軍校大事記》裡提出一九二四年二月二十一日，「蔣介石突然提出辭去軍校籌備委員長職務，離穗赴滬」。二月二十三日的記事則稱：孫中山在蔣介石辭職書上批復「不准離職」。至五月三日則稱「孫中山任命蔣介石為陸軍軍官學校校長」。[20]從這些跡象中已可看出蔣或因人事摩擦，或因意見不合，職銜未遂，起先就不是在一個十分和諧的局勢中登場。

不論他以何種心情和手段做到軍事政治領導人的地位，他一朝發覺身居要津，事實上很少給他有選擇的機會。林肯曾在內戰極端困難時說：「我的目的則是保全聯邦。要是我能解放全部奴隸而達到這目的，我也願做。要是我能讓全部奴隸都不解放而達到這目的，我也願做。要是我能解放一半的奴隸而保存一半的奴隸而達到這目的，我也願做。」蔣介石與林肯的決心相似，而困窘則遠過之。他已製造成一個高層機構的粗胚胎，卻沒有一個與他新政府銜接的下層機構，更談不上兩者間法制性的聯繫。要是說蔣不擇手段，則是他的手段已由環境代他抉擇，經常他做事時，一種情況，只有一種方法，讓他同時能夠維持他高層機構的粗胚胎。他之沒有系統，則是中國的局面下好幾個不同世紀的事物同時存在，談不上系統。

陳志讓說，蔣之拉攏軍閥與政客，利用感情的激勸、金錢上的策動和自己的武力作撐持。[21]作者並未有意歪曲事實，只是這些不得已的辦法，出於無可奈何，不能當作蔣的志願與癖好。要是我們仔細考察其背景，則可看出他所能實際控制之至微。一九三七年抗戰之前夕，國民政府一年的預算才十二億元[22]。以當日三比一之匯率計算，值美金四億元，也只能與一個中級公司的資本相比。在軍事上面講，則雖抗戰時仍有東北軍、西北軍、桂系、粵系，山西之閻錫山，四川之劉湘、劉文輝、楊森，雲南之龍雲和盧漢。甚至還有些地方，戰區內重要的軍事會議尚用粵語交換意見。他們的下層既沒有一個全國都能相互交換的公式與原則，則每個集團都是一個地方性的組織和私人組織，那又如何叫蔣介石與他們交往時，忽視這種私人性格？我曾親自聽到國軍的一位將領訴苦。在他組織一個軍部時，不能任用他想任用的人，此是一難，而有時他又不得不任用他不願引用的人，此是二難。蔣介石的困難，則又數百倍於這位將軍的處境，所以他也只能利用傳統的「忠恕」，去包涵這種私人關係。

蔣所能實際掌握的，則是所謂「黃埔嫡系」，外國人稱Chiang's own；蔣介石自己對史迪威談話時也提到黃埔學生與他自己事業的重要。他對我們訓話時，也就是期望我們做無名英雄，專心戰術，以便盡瘁於下層工作。（以後我們畢業後，雖在戰時要實際服務六年半才能升少校。）這種訓誨不足，則再繼之以宗教式的呼喚，甚至以必死相號召。上段已經說過

20　黃埔同學會編《黃埔軍校建校六十周年紀念冊》（一九八四），頁一〇七。

21　Jerome Ch'en, *Mao and the Chinese Revolution* (NY: Oxford University Press, 1965), p. 146.

22　Arthur N. Young, *China's National-Building Effort 1927-1937: The Financial and Economic Record* (Hoover Institute Press, 1971).

我們即做軍校學生時也並沒有忘記個人名利，可見得一種組織之內，要個人完全放棄私利觀的艱難。大凡一個社會和一個集團之內，個人私利已達到一種平衡而可以公平交換的局面，則為公盡善的精神，能夠發生實際的效用，也比較容易鼓舞提倡。即是黃埔初期學生參加東征之役時，因為全部生員都未受名利的沾染，與這種理想的情形接近，因之攻惠州時前仆後繼，具有革命軍的精神。以後黃埔學生既為國軍將領，又與過去的軍閥為鄰，同時中國的局面也未能做到各種私利能自由交換、個人的功績統被認識的局面，尚要他們保持這種精神，就不免困難了。如是這也產生歷史上一種離奇的現象：蔣介石之不能徹底發揮他的能力，是由於他的成功過於迅速。他還認為自己是革命軍人，旁人已經認為他是國家元首，而要他對一個現代國家的功能負責。他之管及庶務，則是因為下面沒有一種適當的組織。很多人責備他不注重組織，可是又逼迫他準備不及時去對付日本。那他也就只好以個人的力量去拉攏當中缺少法制作為聯繫的各種因素了。

蔣介石被批評為縱容部下貪汙，按理他沒有破壞自己的系統之道理。只是當日後勤的組織，實際上掛一漏萬。即軍事上的經理，也部分的採取承包制。例如十四師在馬關縣，附近居民的騾馬，已被我們徵調一空去運送最基本的補給，如彈藥及食鹽。這時軍政部縱有能力供應我們各項需要，也無交通工具使物資能夠下達。所以一九四一年的夏天，我們的士兵每人領有棉布制服一套，此外並無一巾一縷，足供換洗。只能在雨季中偶一的晴天，由我們帶著士兵在河畔洗澡，趁著將制服洗濯，在樹枝上曬乾算數。到九月份，軍政部又發給每人衣服一套。所發的已非實物，而係代金，由師部設法就地採購。其實發下時法幣貶值，錢數也不夠，本地也無處購買。好在我們師裡也是全面缺員，於是師長命令一位軍需，化裝為商人，往日軍占據的越南，購得白棉布若干匹，回頭用當地土法蘸染為土黃色，交各村莊裡縫製成短袖短腿運動員式的制服，以節省材料，這樣我們的兵士雖仍無內衣與外衣的區別，總算才不致裸體在河邊等候衣乾了。至於制服是否合式，帳目如何交代，都無從考問。師級以上的戰區和集團軍司令都在這種承包制下半公開的集體經商，更不能禁止。重慶、昆明、柳州間很多的「通訊處」和「辦事處」也就是這些半官半商的堆棧和分店。總而言之，傳統中國社會從來就沒有一個能全面動員、對外作戰的體系，這時候無中生有。蔣介石的高層機構全靠牽扯鋪並而成，既沒有第一線第二線的縱深，有時也官商不分。當然，所有情事尚不是如此簡單，他一定堅持的話，也可能選出一兩件貪汙特注的案件雷厲風行的懲治。只是當時全國都捉襟見肘，承包制又如是普遍，那樣的懲罰也不見得能有功效，而只是徒然暴露自己的弱點而可能使自己更不能下臺了。

蔣介石對國內社會的成員，採取兼容並包的辦法，舉凡北洋政府的遺老、已被褫奪兵權的軍閥、社會名流、重要紳商，或在他的政府裡擔任名譽上或實際上的職務，或被他推崇而擁有優厚的社會地位。但是他對於共產黨黨人及左翼作家則毫不假借。並且於一九二七年的寧漢分裂開始，極力排共。這中間雖然經過抗戰初期的一度國共合作，但是除了一段極短的時間之外，兩方總是貌合神離，終至決裂，並且內戰期間兩方的下端都有不擇手段的情事，有些也記入外國作家報導之內。

今日之治史者很難斷定誰是誰非。可是歷史家又不能自命為中立，因為他們的任務，則是闡述各種情事之背景的真意義。要是他們對眾所周知的事實還規避，那也難能達成他們的任務了。

在這裡我們也可以看出時間因素的重要。捲入國共衝突的人物，自己在歷史後端，把當時事看作歷史的前端，因此和我們的眼光不同。我們則站在他們的前端，連所有寧漢分裂、國共合作、二次內戰都是歷史事蹟，至少有三四十年的距離。因此他們視為的道德問題，今日我們可以視為技術問題了。

我也要在此申明：所有歷史上的內戰，都只能用技術的角度分析，不能以道德的成分作結論。即縱是美國的南北戰事，其中有種族及奴隸的問題，牽涉到道德的色彩，可是今日分析南北戰爭的原因，首先就要在技術上考慮北美合眾國這「聯邦」的真意義，不能首先就說北方都是好人，南方都是壞人。這和一八六一年的觀點，當然不同了。

上面我也說過：道德是真理最後的環節，陰陽的總和，不能分割，也無法轉讓。當日在這種條件之下，蔣介石以埋頭苦幹、忍辱負重自勉，對內則凡參加他運動的人即來者不拒，對外則尚要考慮英美各國的區別，而在這時候中共卻提倡階級鬥爭、「痞子運動」，向蘇聯一邊倒，也就是否定他的一切作為，那也難怪他把他們視作寇仇了。所以內戰期間，他的軍事機構，稱為「剿匪總部」。他之株連左翼作家，以一九二〇年代「清黨」期間為尤甚，也是基於此種邏輯，在他看來，他包涵容忍，是一切事物的「保全者」（preserver），中共以毛澤東為代表則是一個「破壞者」（destroyer）。要是他又容納某種分裂運動，則他就難能指揮自己部下的將領和士兵了。

蔣介石表徵著歷史上的一種現象。我們寫歷史的人，可以毫無疑問的讚揚他的偉大，因為他的氣魄，就代表這種現象和運動牽涉的幅度及縱深。但是不能說他所做事全無差錯，尤其不能說他所做事都可以為後人效法；因為他活動於一個極不平常的環境之內，他的手段，並不一定就是他的目的。同時有些今昔之不同，尚是他自己的運動之所創造的成果。

我所說蔣介石和國民黨創造了一個新中國的高層機構，毛澤東和共產黨創造了一個新的低層機構，首先一定會被人非難的。旁人就可以說這些論調不合於邏輯。毛和蔣不僅在戰場上相見，並且彼此都用最不堪的字眼形容對方，那又如何能說他們在合作？

但是什麼是邏輯？邏輯無非是使一種事物或者一種組織或者一種運動中各項因素在語言間能夠互相銜接互相支持的一種紐帶。蔣和毛都在革命期間領導一種群眾運動，當然他們都只顧及這群眾運動內部組織與協定的能前後一致。他們人身方面（personally）或為對頭，但是在歷史上他們前後的成就卻能夠加得起來。並且所述高層機構及低層機構也不一定要原封不動的交代，只要具備其社會條件即可。毛澤東和中共造成的低層機構，掃除了農村間小規模放債收租和官僚政治編排保甲以真理由上至下的習慣。可是「文革」期間，他又倚靠暴民及痞子運動去強迫執行他理想上的道德觀念和社會價值，才弄得乾坤顛倒。這農村組織的根柢，則仍可以改造利用，作為新中國法治的基礎。

總而言之，中國一百多年來遇到的困難，則是問題之龐大，時間之緊迫，以及內外壓力之令人喘不出氣來。這種種情形都為以前歷史之所無，尤非個人經驗可能概括。如果現存邏輯不能包括中國人民針對這種挑戰的各種狂熱反應，則不妨借哲學和神學的力量替代。世界上事物之有「正」、「反」和「合」，也不始於「唯物論辯證法」。印度的婆羅門教，即認為「保全者」可以維希奴（Vishnu）做代表，「破壞者」可以薛瓦（Siva）做代表，他們彼此卻都源始於婆羅門（Brahman）。這種說法也就是利用人身性格（human attributes）去闡述一個大宇宙繼續運轉的力量。也就是以美術化的辦法，去解釋在大範圍之中很多相反的因素終能融合。中國的革命既是超世紀的事蹟，也要在人身經驗之外創造新邏輯。

我寫這文的目的，不僅是希望確定蔣中正先生的歷史地位，更是因為這問題不解決，中國現代史便留下了一個大空洞。而現存「歷史」，一片呻吟嗟怨，滿紙謾罵。不外袁世凱錯，孫中山錯，蔣介石錯，毛澤東錯，鄧小平又錯，而可能蔣經國也錯。這樣的歷史，讀時就抬不起頭來。而一個外國大學的研究生，即可以將一篇博士論文，否定中國萬千人士冒險犧牲的群眾工作。這種情勢，對美國亦為不利。如果中國現代史確是如是，則美國承認的中國政府豈非一個沒有靈魂的軀殼？並且美國政府宣揚希望中國和平統一，旨非製造兩個中國，又憑什麼作理論的根據？中國經過一百多年的長期革命，若是至今猶在十里煙霧之中，美國之旅遊者豈非到中國去參觀一個迷惑世界？美國的銀行家工商家在中國投資，若不是因為基本的條件業已具備，可以在經商之中，順便參與固定中國的商業習慣的工作，則豈不是白費功夫，自找麻煩，冒不必要之險？這中間種種問題都是由於我們研究歷史的人顧忌太多，沒有盡到自己的責任，以致在著書論說時，也把我們的立腳點，擺在一般政客、外交家、國際貿易主持人和遊歷觀光者之後。

對我家庭講，先父的種族觀念因為革命成功，業已過時。但是他既命我名為「仁宇」，則以推己及人之心在著書立說時擴大其範圍，針對世界而言，應當也符合他的遺志。即使今日我為美國公民，也要告訴所有美國人，如果中國不能適當的找到她的歷史地位，絕非人類之福。所以我更不能不盡我所看到的、聽到的、閱讀到的和想像到的，據實直言。

我第一次看到陶希聖先生，則已在半個世紀前。一九三七年我在南開大學做一年級學生，他到天津來演講，我就得瞻丰采。又真料不到前年去年在臺北再看到他，而他仍精神灼爍如故。今逢九十嘉辰，屈指百年人瑞可期，這篇論文講到中國長期革命業已成功，也可算敷切情景。目前以展開視界為前提，說得唐突的地方希望先生見宥。最後則要引用先生近著裡的小段結束本文：

在文革失敗公社瓦解之今日，鄧小平非改革不足以圖存，要改革就是從毛澤東「以農村包圍城市」的戰略轉向「以城市領導農村」的道德，謀求工業革命，以救死求生。時至今日鄧小平標榜「門戶開放政策」乃是大勢所趨，必然的方向。[23]

這文字的目的也無非闡述歷史上的長期合理性，從這點追溯上去，則不能不確定蔣介石的歷史地位，其目的不是「褒貶」陶先生的居停和文字間的摯友，而是讓人們公認中國現代史裡一段無從忽視、不可或缺的重要一節。

原載《國史釋論：陶希聖先生九秩榮慶祝壽論文集》（楊聯陞、全漢昇、劉廣京主編，臺北：食貨，一九八八年四月）下冊，頁六六五—六九〇。

23　陶希聖《中國之分裂與統一》（臺北，食貨，一九八五），頁一五二—一五三。

站在歷史的前端

蔣經國先生繼蔣介石先生撐持著一個艱難的局面，使臺灣由穩定而趨向繁榮，由被人遺棄而被人崇敬。他個人遭遇身前的危險，而持之以恆靜。他不矜誇，不走極端，近年在他領導下之臺灣逐漸由戰時體制而趨向平時體制，開放輿論，准許同胞回大陸探親。今日一朝捐軀，深值得海內外同胞悼念。我們希望他的接班人繼續他的堅毅精神，保持並發揚兩位蔣先生對中國的貢獻。

無疑的，今日臺灣海峽兩岸的人士極為關注的一個問題則是寶島與大陸的關係。我們的看法則是兩方將來終歸統一，但是需要一段長時間的準備。目前以保持現有的平衡，避免無端的顛簸為宜。

我多年讀歷史的一段經驗則是傳統中國歷史的發展，與西洋史、美國史和日本史完全不同。中國地廣人多，政治組織初期早熟。其結構只注重上端的理想，不注重下端的實際情形，所以規模龐大，表面冠冕堂皇，實際內中結構鬆脆，效率極低。換言之，這是一個農業社會的特殊產物，無法在現代世界生存，也不具備進入共產主義的條件。

中共在四人幫倒臺之後，一切顯然，階級鬥爭不能解決中國的問題，要替中國開出路，還是要推行商業化的社會組織，即稱之為資本主義也好、社會主義也好，首先則應確定私人財產權利，然後下層機構裡的各種因素才能加減乘除，然後全國才能逐漸進入到以數目字管理的階段。目前大陸各部門已開始朝這方面前進。例如證券市場之開設，破產法之被提出檢討，保險事業之抬頭，而尤以最近提議承包土地耕作人得將承包權利價讓於人最為重要。不過，開創伊始，各處互相矛盾，其缺乏聯繫則為一般狀態。

如此，今後大陸中國只能更將其經濟多元化，增強工商業成本，積極的投入國際市場。因其規模之大，我們不相信其國營事業可缺乏民間企業的第二線、第三線支持。而此時，如仍缺乏私人財產之穩定性，其上層機構的事業就加不起來。不僅十九世紀的自強運動是在這種條件之下沒有後果，即我們翻閱歷史，十一世紀王安石變法，希望將財政片面商業化，還是因為沒有民法和商法的支持而宣告失敗。

所以從各種跡象看來，大陸的體制只能更和臺灣的體制接近，不應當相差更遠，但是我們說「用數目字管理」究竟採用何種數目字，還要看實際情形，在摸索中展開。這也就是說，大陸的財政稅收政策還只能按實際情形逐步定奪。同時經濟之現代化，則不能保證不受國內外不景氣的影響。如果在這時間引起政治上波折，也並非不可能。

可是我們總希望臺灣的朋友們，增加自己的樂觀和自信，因為你們已經站在歷史的前端，大陸經濟改革有成果也是臺灣方面的好事。因為你們縱使「反攻」大陸成功，也要採取類似的步驟。我不主張接受誘導，但是在能掌握自主權的條件之下，可以穩健的增加兩方的接觸。我想這也是蔣先生的遺志。

我年輕時親身親眼看到內戰的展開，也有親友在兩方之中犧牲，我不敢說他們家人的悲痛可以一筆勾銷，只好希望他們體會到歷史長期的合理性，知道死者沒有白死，從此中得到一種安慰。蔣緯國將軍也是我們在駐印軍的資深僚友（senior officer），我也以同樣的心情悼唁，並向其他臺灣的長官和同事問好。

原載《中國時報》，一九八八年一月十五日。

我們的問題，我們的思考

中國與日本現代化的分野

中國歷代都在追求全國的對稱與均衡，在社會上構成了不少阻礙經濟發展的因素。

我們所謂一個國家的現代化，無非是從過去農業社會的管制方式，進入以新型商業條理為依歸的管制方式所產生之後果。這不僅是一種政治體制的改革，而且要透過社會的各階層。當中各種經濟因素都能公平而自由的交換，這個國家才能進入「可以在數目字上管理」的境界。

大凡管理人類的方法，基本上只有三個：一是精神上的激動，以神父牧師和政治指導員為主。二是以武力和警察權強之就範，以軍隊、法庭為執行的工具。三是策動個人的私利觀。當個人都趨利務實時，就不期而然的產生了一種新的社會秩序。雖說沒有一個國家只執著以上的一種方案而置其他兩種不顧，但是很顯然的，以第三種方案為主，即促進各種經濟因素公平而自由的交換，最有實效。這種體制既能越做越大，而且經濟效率提高之後，生產與分配越合理化，人民的生活程度也隨著增高。

又因社會上分工合作的條件越繁複，個人也有選擇的機會，人與人間的關係成為多元。

施政時又以數目字作根本，則免除了以私人人身關係作主的曖昧游離。凡此種種後果都使這個國家與社會產生一種流線型的觀感。

可是一個國家和社會能否進入此種體制，並不全由意志作主。它與地理條件和歷史背景有不可分的關係。從世界史上看來，現代化之程序先由人口少面積小的國家開始，如在歐洲由義大利的自由城市發動，又由海岸線長的國家漸及於大陸性格的國家，荷蘭與英國就較法國占先。日本較中國占優勢，大體上已由這地理的環境決定。

日本的現代化以明治維新為最重要的里程碑。然則維新之前的一百年，社會體制已向商業化的路途上演進。德川幕府管制之下，全國承平，武士階級已失去他們原來的用途。各藩「大名」則在各地成為帶著競爭性的農業生產者。他們多在大阪設有指派的商業經理，稱為「藏元」，其堆棧則稱「藏房敷」。同時由於幕府的各項規定，江戶（即日後之東京）、京都和大阪已成為了全國性的消費市場。批發商則稱「問屋」，同業公會則有「株仲間」。銀行業也由幕府督導下的「十人兩替」和「三人組」承當。海上交通又有了「回船」的出現，不僅有定期航線和固定的腳價，而且將船貨漂失的損失，分攤給組員之間，等於兼辦海上保險。

及至十九世紀初期，幕府和各藩之間展開了所謂的「天保改革」。各處減輕賦稅，擴充公賣，以特產作為擔保，發行票據，整理公債，使商業化的趨向越為明顯。因之明治維新之後順著這歷史上的潮流，新建設和新措施持續展開，已成為一種有組織有體系之運動，所以事半功倍。

中國不僅沒有如此歷史上有利的背景，而且歷代都在追求全國的對稱與均衡，在社會上構成了不少阻礙經濟發展的因素。譬如說宋儒朱熹執行「人子不蓄私財」的原則，幾百年後還在社會上構成「清官不問家務事」的風尚，使私人財產權無從確定，阻礙了現代法律的發展。民國成立之後，既無適當稅收之來源，足以產生一個有效率的政府，況且又受外強不平等條約的壓迫，政權的獨立自主尚成問題，更不容易談到突破環境創造新體制了。

臺灣的機會與困境

臺灣現行很多工商業的規定，不由法律作主，而仍是沿襲行政機構所頒的章程。

臺灣在十九世紀後期，農業已有片面商業化的趨向。日據時代，這種趨勢仍在繼續，如糖、米、樟腦和茶葉已向日本輸出。顯然的，光復之後因內戰的發展使全島處於戰時體制，很多特殊的措施才能超速的付諸實施。譬如一九五三年的「耕者有其田法案」，不僅使貧農的生活獲有保障，而且強迫將農業裡剩餘的財富投資於工商業。一九八八年我到基隆附近的鄉下巡視，就知道了電氣已在一九六〇年間就進入農村。當地的田地仍由家中中年以上的人手耕種，年輕人則在臺北市裡另有工作，只到星期天才回家休歇。這一點很重要，因為中國歷來的問題，不盡在人民失業，而是就業的程度不夠。

臺灣接受美援之後，先不注重有名望的超級工業，而以「加工」的方式，將勞動力當成資源向外輸出，以存積資本，這樣使農村經濟與城市經濟交流，先構成了低層鞏固的基礎。以後的發展，就有了根據。

這當然不是抹殺最初大陸來的移民胼手胝足墾地開荒的功績。只是若問到「特別有利的機會點」，我不能不尊重這些特殊環境下所遺留下來的積極性格。

此外要講到一九四九年後，由大陸遷移過來的人才與師資的重要。今日臺灣有十九所大學，留美的學生，至今與中國大陸的全部留美人數相當，每年又出版書籍兩萬多冊，這些因素對現代化的貢獻，都不可忽視。再有水運之便利也不能不提及。如果花蓮的大理石擺在大陸之腹地，就難能對外推銷了。

我把現代化與資本主義之展開視作兩位一體，是從技術角度看資本主義，不是從意識形態的立場看資本主義。所以我會注重資金廣泛的流通，經理人才不分畛域的雇用，和技術上的支持因素：如交通通信、法庭與保險事業等的全盤活用。這也就是上面所說的，各種經濟因素要能公平而自由的交換。要是一個國家進入這境界，也就稱得上是在數目字上可管理。

在這種大前提之下，資本主義與社會主義沒有質上的區別，只有程度上的不同。如果其組織以私人財產為主，以致私人財產在公眾生活之中，占有特殊之比重，則可以視作資本主義。如果注入公眾之資本，又使私人資本之使用受社會福利的限制，則為社會主義。

現在我們還停留在一種名目混淆之際，如果要和很多國家所標榜的社會主義對照，則臺灣現行的體制下，個人有投資與就業之自由，應為資本主義之社會，可是政府開設銀行，主持國營事業，掌握著交通、通信的設備，現在更展開「六年國建計畫」，就免不了沾染著社會主義的性格，至少也可與斯堪地那維亞的國家，如瑞典之體制相比擬。

我所學的是歷史，雖來臺灣數次，卻來去匆匆，不能對此間的問題有深切認識。只知道現行很多工商業的規定，不由法律作主，而仍是沿襲行政機構所頒的章程，亦即是尚未構成一種社會習慣，使行政長官亦當向法律低頭。這樣很容易重新再造中國傳統上官僚主義的作風，也就是官僚機構，以保持本身之邏輯的完備為依歸，而忽視問題之本質，逐漸使本身的機構僵化。

此外政黨政治剛展開，個人尚未思考對人民有何貢獻，即先利用機會作爭奪權力的憑藉，已受到中外新聞界的指摘。既然提到檢討，則光是批評仍不夠，應當從這些問題的根源，找到改正的方針。

中國歷史的規律、節奏

現下最重要的工作就是在交換與經營之中創立法制，使一切能用數目字管理。

中國這個概念究竟應該是個什麼樣的東西？這個問題，我想可以分幾個層次來說。過去的中國因為防洪救災以及抵禦北方游牧民族之需要，就在技術尚未發展之際，先造成一種中央集權的體制，以致用儀禮代替行政，以紀律代替法律，政府離不開特殊的宗教性格，是一種政教合一的統治形態。當中教條主義濃厚，國家與社會凝合為一而不可區分。這樣的體制在舊時代裡不是沒有它的積極性格。

但在承繼這文化傳統的過程裡，臺灣本省人之祖先與大陸同胞之間並無軒輊，因為這種體制只注意以家族為單位構成政治上的向心力，不鼓動各地域各就其特點及經濟上的長處發展，即使如是的發展，也不足以讓它作為造成分裂局面之根據。哈佛大學講授東亞史的專家賴世和及費正清，在他們合著的教科書裡即強調這種注重倫理和教育之長處。他們也提出羅馬帝國崩潰之後，無從再造；中國自唐朝以來，卻成為了「一個幾乎無可毀滅的政治單位」。

可是自鴉片戰爭以來，這種體制的弱點逐漸暴露，因為它注重形式而不注重實質。在「尊卑、男女、長幼」的社會秩序之下，人與人之關係為單元。又因為這種體制忽視個人之經濟性格，對於私人財產權沒有保障，民法不能展開，以致整個組織缺乏結構上之堅實性，也因此無從發揮功能上的機動能力。迄至世紀之末，滿清君臣還企圖局部的修正。實際上的問題之大，牽涉之多，有如讓一隻走獸化為飛禽，非脫胎換骨不可。

民國肇造以來仍然萬事紛紜、了無是處，乃因為當日憲法、約法都是紙上文章，所謂內閣議會也是社會上之外界體。實際上舊體制業已崩潰，新體制尚未登場，軍閥割據無可避免，因為過渡期間只有私人軍事力量可以彌補組織上的真空，而這種私人的軍事力量以個人間之私交（或是裝飾門面的忠信）作聯繫，也很難在三兩個省區之外生效。

在這種情形下，蔣介石和國民政府因藉著北伐與八年抗戰，替新中國創造了一個高層機構，包括新型的軍隊在統一的軍令下作戰，因為一切都是無中生有，所以缺陷重重。他的門面既是千扯百拉勉強拼成，尚無適當的財政作支援，而下面的農村組織也仍是和明朝接近，和外界的二十世紀距離遠。也只有在這種情形之下，毛澤東與中共，因藉著內戰與外界隔絕的機會，以土地革命的手段翻轉了中國的低層機構。

在這改革的過程中，他們也不另設高層機構，整個的城市文化，儘量的擠斥避免，大部隊只用無線電聯繫，幹部的組成以會議的方式，代替永久性和職業性的組合（一九四七年華北四省在太行山的會議即有一千七百個幹部參加，討論了八十五天）。這樣尚且犧牲了三百萬到五百萬的人命，才在中國農村中造成一個龐大的扁平體，初看起來好像隋唐之均田。

從以後的發展看來，則其在歷史上的真意義在便於初期存積國家的資本，使農業上之剩餘能轉用到工商業上去。一九八六年北京國務院的一份非正規性的刊物即指出，中共執權的初三十年內，「隱蔽著農民的總貢賦」達六千億元以上。

在上述程序之內，臺灣與大陸的關係雖然經過各種「正反離合」的階段，最後的結局，仍有殊途同歸的趨向。尤其在中共開放門戶，接受外界投資，創設個體戶之後，私人資本之門一開，不可能再整個退縮，恢復到毛澤東時代，以意識形態左右一切的狀態中去。最近紐約「時報週刊」的一篇報導，即指出過去兩年來北京高倡增強中央管制，執行經濟緊縮，而實質上則仍是市場經濟的繼續擴大，證券市場開放，和金融機構的多元化。可見一種經濟組織既已逐漸成形，當中的因素有公平而自由交換的可能，則個人依自己的私利觀去做，是一股蓬勃的力量，不再容易被任何意識形態阻擋。現下最重要的工作就是在交換與經營之中創立法制，使一切能用數目字管理。

再回頭針對這個問題：中國到底是怎麼一個東西？

我可以概括的說，中國過去是一個大帝國。但是中樞不賴武力及經濟力量操縱全國，大部分時間靠文教的力量統御。最近一個多世紀，中國有一個空前未有的群眾運動，也可以說是一段長期革命，一切都在流動狀態之下。因為革命的過程業已超過一般人生命之長度，通常不容易看出當中的端倪。我們要把遠古史裡和西洋史裡類似的例子拿出來比較，才可以看清表面上的漫無頭緒。宏觀看來，中國歷史仍有它的規律與節奏，其目的是脫胎換骨，使中國能在數目字上管理，融合於世界的潮流，即完成所謂的現代化。

放眼未來，我覺得我們應當承認中共之成就，但是不接受共產主義。我認為他們的共產實為「戰時共產主義」（Wartime Communism），不能在平時存在。在這種大前提之下可以儘量的交往，先有文化上的接觸，經濟上的往來。並且希望在不久的將來，能因非正式的接觸造成例規，成為一種法制性的聯繫，只要雙方果真為國為民，則名分問題不應存在，統一的工作也沒有時間表。

原載《聯合報》，一九九一年十二月三十一日。

黃仁宇著作目錄

《緬北之戰》，上海：大東書局，一九四五。

———，臺北：聯經，二〇〇六、二〇一八。

Fiscal administration during the Ming dynasty. Columbia University Press, 1969.

Taxation and Governmental Finance in Sixteenth Century Ming China. London: Cambridge UniversityPress, 1974.

《十六世紀明代中國之財政與稅收》，阿風、許文繼、倪玉平、徐衛東譯，臺北：聯經，二〇〇一。

《中國並不神秘》（*China is not a Mystery*），一九七四（未出版）。

1587, A Year of No Significance: The Ming Dynasty in Decline. New Haven & London: Yale UniversityPress, 1981.

《萬曆十五年》，北京：中華書局，一九八二。

——，臺北：食貨，一九八五（食貨出版，聯經總經銷，一九九四）。

The Grand Canal during the Ming Dynasty, 1368-1644. Thesis (Ph.D.), The University of Michigan, 1964. Ann Arbor, Michigan: University Microfilms International, 1983.

《明代的漕運：1368-1644》，張皓、張升譯，北京：新星，二〇〇五。

——，臺北：聯經，二〇〇六、二〇一三。

Broadening the Horizons of Chinese History. Armonk, New York: M.E. Sharpe, 1987.

China: A Macro History. Armonk, New York: M.E. Sharpe, 1988.

《中國大歷史》，臺北：聯經，一九九三。

《放寬歷史的視界》，臺北：允晨，一九八八。

——，新世紀增訂版，臺北：允晨，一九九九。

《赫遜河畔談中國歷史》，臺北：時報，一九八九。

《長沙白茉莉》（*White Jasmin of Changsha*），宋碧雲譯（小說，以筆名李尉昂發表），臺北：時報，一九九〇。

——，臺北：臺灣商務，一九九八。

《地北天南敘古今》，臺北：時報，一九九一。

《資本主義與廿一世紀》，臺北：聯經，一九九一。
《從大歷史的角度讀蔣介石日記》，臺北：時報，一九九三。
《近代中國的出路》，臺北：聯經，一九九五。
《汴京殘夢》（小說，以筆名李尉昂發表），臺北：聯經，一九九七、二〇一一。
《新時代的歷史觀：西學為體，中學為用》，臺北：臺灣商務，一九九八。
《關係千萬重》，臺北：時報，一九九八。
《黃河青山：黃仁宇回憶錄》（*Yellow River and Blue Mountains*），張逸安譯，臺北：聯經，二〇〇一。
《大歷史不會萎縮》，臺北：聯經，二〇〇四。
《黃仁宇書信集》，北京：新星，二〇〇六。
《我相信中國的前途》，北京：中華書局，二〇一五。
《現代中國的歷程》，臺北：聯經，二〇一八。

黃仁宇作品集

黃仁宇的大歷史觀

2019年1月初版　　定價：新臺幣450元
2019年7月初版第三刷

著者	黃仁宇
叢書主編	沙淑芬
校對	馬文穎
封面設計	許晉維
編輯主任	陳逸華

出版者	聯經出版事業股份有限公司
地址	新北市汐止區大同路一段369號1樓
編輯部地址	新北市汐止區大同路一段369號1樓
叢書主編電話	(02)86925588轉5310
台北聯經書房	台北市新生南路三段94號
電話	(02)23620308
台中分公司	台中市北區崇德路一段198號
暨門市電話	(04)22312023
郵政劃撥帳戶	第0100559-3號
郵撥電話	(02)23620308
印刷者	文聯彩色製版印刷有限公司
總經銷	聯合發行股份有限公司
發行所	新北市新店區寶橋路235巷6弄6號2F
電話	(02)29178022

總編輯	胡金倫
總經理	陳芝宇
社長	羅國俊
發行人	林載爵

行政院新聞局出版事業登記證局版臺業字第0130號

本書如有缺頁，破損，倒裝請寄回台北聯經書房更換。　ISBN 978-957-08-5233-2 (平裝)
聯經網址 http://www.linkingbooks.com.tw
電子信箱 e-mail:linking@udngroup.com

國家圖書館出版品預行編目資料

黃仁宇的大歷史觀/黃仁宇著．初版．新北市．聯經．
2019年1月（民108年）．336面．14.8×21公分
（黃仁宇作品集）
ISBN 978-957-08-5233-2（平裝）
[2019年7月初版第三刷]

1.中國史

610　　107020643